QUESTIONS DE VIE

À mes parents qui ont été les premiers
à répondre à mes questions...
S. de M.

MAME EDIFA

Direction : Guillaume Arnaud
Direction éditoriale : Sarah Malherbe, Sophie Cluzel
Édition : Astrid de Moussac, assistée d'Alice-Hélène de Clermont
Mise en page : les PAOistes
Fabrication : Thierry Dubus, Sabine Marioni

Imprimatur : Père M. Vidal, Paris, le 5 février 2014.
Nihil obstat : Père G. Pelletier, Paris, le 5 février 2014.

ISBN : 978-2-7289-1923-9 MDS : 531 339

« Loi n°49-956 du 16 juillet 1949 sur les publications destinées à la jeunesse. »

QUESTIONS DE VIE

LE LIVRE DE LA VIE CHRÉTIENNE DES JEUNES

Textes de Sophie de Mullenheim

Illustrations de Lili la baleine,
Julie Olivier et Florian Thouret

MAME EDIFA

Homme et femme
il les créa...
La Terre
est vraiment
belle !
ET LA SCIENCE
ALORS...

QUI SUIS-JE ? | MA FAMILLE, MES AMIS ! | OUI ! JE CROIS | L'ÉGLISE ET MOI... | BIEN DANS MA TÊTE ! | PLUS TARD, JE SERAI...

Le monde VISIBLE ET invisible

7 JOURS OU 15 MILLIARDS D'ANNÉES ?

EST-CE VRAI QUE DIEU A CRÉÉ LE MONDE ?

Lorsque les scientifiques explorent les mystères de la nature, ce qu'ils découvrent est si bien organisé que beaucoup se disent : « Non, cela ne peut pas être le fruit du hasard ! » Certains pensent que cet ordre est voulu par une intelligence supérieure qu'ils appellent « grand architecte » ou « grand horloger ». Nous, les chrétiens, nous croyons que c'est Dieu qui est à l'origine de la création du monde.

Au commencement

Aujourd'hui, la plupart des scientifiques (chrétiens ou non) considèrent que c'est la théorie du « big bang » qui permet de comprendre ce qui s'est passé au commencement du monde. Selon cette théorie, une gigantesque explosion a eu lieu, il y a quinze milliards d'années. Cette explosion a « donné naissance » à l'univers, mais cela a pris… beaucoup plus de sept jours.
Que dire alors du récit de la création dans la Bible ? Invention ou vérité ? Nous, chrétiens, pensons que ce récit est vrai même si nous savons que les choses ne se sont pas passées en une semaine.
Est-ce contradictoire ?
Non, parce que ce texte de la Genèse n'est pas un exposé scientifique : il ne nous explique pas comment l'univers et le monde ont été créés, mais pourquoi ils l'ont été. Le récit de la création n'est pas là pour répondre à la place des savants. Il nous révèle que Dieu a créé le

Témoin d'hier

SAINT FRANÇOIS D'ASSISE

Saint François d'Assise aimait passer du temps en pleine nature, dans le silence de la montagne italienne. Au XIIIe siècle, ce jeune homme a abandonné tous ses biens et toutes ses ambitions pour fonder un ordre, les Franciscains, et vivre la pauvreté de l'Évangile. Il a écrit un jour un texte sur la création. Retrouve-le page 9.

« Dieu vit tout ce qu'il avait fait ; et voici : cela était très bon.
Il y eut un soir, il y eut un matin : sixième jour. »

GENÈSE 1, 31

monde par amour. Il nous dit que Dieu a placé l'homme au centre de la création.

Création quotidienne

La Bible nous apprend que Dieu s'est reposé le septième jour. S'est-il alors retiré de la scène, une fois son travail accompli ? A-t-il laissé les hommes se débrouiller tout seuls ? Non ! Dieu n'a pas façonné l'homme pour aussitôt s'en désintéresser. À chaque instant, il continue d'être créateur, il appelle sa création à la vie : une naissance, une nouvelle plante, un autre jour... Dieu veille en permanence sur sa création. À chaque moment de notre vie, il nous fait exister, il nous pétrit. Il est toujours présent, et nous, nous devons achever sa création. C'est pourquoi en regardant chaque chose, nous pouvons voir l'œuvre de Dieu.

POUR FAIRE LE LIEN

DIEU CRÉATEUR	P. 20
L'HOMME	P. 42
SCANDALE DU MAL	P. 120
SCIENCE ET FOI	P. 292
VIE ÉTERNELLE	P. 33, 36

Et toi ?

Devant le monde qui t'entoure, ne cède pas au pessimisme mais cherche plutôt les occasions de t'émerveiller. Et n'oublie pas que Dieu est aussi le créateur de tout ce que tu ne vois pas, qui est infiniment grand et infiniment beau : la vie éternelle.

Témoin d'aujourd'hui

GEORGES LEMAÎTRE

Dans le monde scientifique, on a d'abord beaucoup ri de Georges Lemaître, ce prêtre féru de sciences. Et on a moqué sa théorie, en lui donnant ce surnom ironique : « Le big bang du père Lemaître ! » En 1931, personne ne peut croire l'étrange étude qu'il publie. Il y décrit le commencement du monde comme une sorte de feu d'artifice, où l'explosion d'un minuscule atome aurait créé tout l'univers.

Quelques années plus tard, on ne plaisante plus à propos du big bang – la théorie se révèle juste, on a maintes occasions de la vérifier. Georges Lemaître avait raison contre tous ; il a probablement « inventé » l'origine de l'univers. Mais il ne jette pas sa bible aux orties pour autant, il sait que les croyants continueront d'y chercher la place de Dieu et celle de l'homme dans la création.

“Loué sois-tu, Seigneur, dans toutes tes créatures,
spécialement messire frère soleil,
par qui tu nous donnes le jour, la lumière [...].
Loué sois-tu, mon Seigneur, pour soeur lune et les étoiles :
dans le ciel tu les as formées, claires, précieuses et belles.
Loué sois-tu, mon Seigneur, pour frère vent,
et pour l'air et pour les nuages [...].
Loué sois-tu, mon Seigneur, pour soeur eau [...].
Loué sois-tu, mon Seigneur, pour frère feu,
par qui tu éclaires la nuit [...].
Loué sois-tu, mon Seigneur,
pour soeur notre mère la Terre
qui nous porte et nous nourrit,
qui produit la diversité des fruits,
avec les fleurs diaprées et les herbes.”

SAINT FRANÇOIS D'ASSISE,

CANTIQUE DES CRÉATURES, VERS 1224-1226.

SAUVONS LA PLANÈTE !

LES ÉCOLOGISTES PARLENT DU RÉCHAUFFEMENT DE LA PLANÈTE, DE LA POLLUTION, DES FORÊTS QUE L'ON DÉCIME… POURQUOI FAUT-IL PRENDRE SOIN DE LA PLANÈTE ?

Une chambre où les affaires s'entasseraient pêle-mêle, où les poubelles ne seraient jamais vidées, où les fenêtres resteraient toujours fermées finirait par devenir irrespirable. Certes, le monde est infiniment plus grand qu'une chambre, mais il est aussi infiniment plus peuplé ! Déchets, pollutions, bruits, ceux qui habitent la Terre peuvent y rendre la vie impossible. Et ils n'ont pas de planète de rechange. Le bon sens nous dicte donc de prendre soin de la planète si nous voulons pouvoir y vivre encore longtemps. C'est la préoccupation de ceux qui défendent l'environnement.

Terre en danger

Aujourd'hui, les écologistes ont été entendus : tout le monde est à peu près d'accord pour dire qu'il ne faut pas faire n'importe quoi avec notre planète. Personne ne souhaite laisser aux générations futures un monde pollué, appauvri, à l'air irrespirable. Mais que peut-on faire ? Faut-il tout arrêter, revenir en arrière, vivre dans la forêt, se chauffer au feu de bois et marcher à pied, pour ne rien polluer ? Ce n'est pas ce que Dieu attend des hommes lorsqu'il leur remet la création. Il ne dit pas : « Conservez précieusement la Terre telle que je vous la donne », mais : « Soyez féconds et multipliez-vous, remplissez la Terre et soumettez-la. »

La planète n'est pas un musée !

Quand Dieu demande à l'homme d'être responsable de sa création, il ne lui demande pas de veiller sur elle comme un conservateur de musée qui n'oserait toucher à rien. L'homme est libre de disposer de la création selon son bon

« À voir ton ciel, ouvrage
de tes doigts, la lune et les étoiles
que tu fixas, qu'est-ce que l'homme
pour que tu penses à lui, le fils d'un homme,
que tu en prennes souci ?

Tu l'as voulu un peu moindre qu'un dieu,
le couronnant de gloire et d'honneur ;
tu l'établis sur les œuvres de tes mains,
tu mets toute chose à ses pieds. »

PSAUME 8, 4-7

vouloir. Aujourd'hui, il pourrait décider de détruire toutes les forêts du globe. Simplement, ce serait imbécile, et mauvais. Imbécile car il n'aurait bientôt plus d'oxygène à respirer puisque ce sont les arbres qui le produisent. Et mauvais, car l'homme, ou ses enfants, en pâtiraient. Pour Dieu, l'homme est infiniment plus important que la forêt amazonienne, les baleines ou la couche d'ozone. Mais Dieu a créé les arbres, les baleines et la couche d'ozone pour l'homme, et ils lui sont utiles.

Cadeau de confiance

En nous confiant la création, Dieu nous a laissés libres de la gaspiller ou d'en prendre soin pour le bonheur des futures générations. Si nous croyons vraiment que nous sommes créés à l'image de Dieu, alors, nous considérerons la création comme un don de Dieu et nous voudrons qu'elle en soit toujours le reflet auprès des hommes.

Aujourd'hui, on parle de « développement durable » : les humains apprennent à utiliser la nature, sans empêcher que demain leurs enfants puissent l'utiliser aussi. Maîtriser la nature, cela veut dire dominer notre planète, l'exploiter... sans la gâcher !

POUR FAIRE LE LIEN
CRÉATION P. 6
ENVIRONNEMENT P. 120, 238
LIBERTÉ P. 267
RESPONSABILITÉ P. 70, 289

Et toi ?

Protéger l'environnement, cela passe par des gestes simples et quotidiens. Éteindre la lumière, fermer le robinet, économiser l'énergie et l'eau. Trier les déchets permet de les recycler en réutilisant leur matière pour en faire de nouveaux objets. Couper n'importe quel arbre, ou laisser les restes d'un pique-nique dans une clairière sont de mauvais réflexes. Il y a mille occasions de prendre soin de la nature que Dieu nous a confiée.

Témoin d'hier

SAINTE HILDEGARDE

Les plantes ? Sainte Hildegarde les a bien connues. En plein Moyen Âge, elle consacre toute sa vie à chercher leurs secrets. Cette religieuse allemande ne cesse d'étudier les propriétés des « simples », qu'elle cultive dans le jardin de son abbaye. Elle découvre que certaines plantes apaisent, que d'autres guérissent, que d'autres encore endorment, stimulent... Elle va en chercher de nouvelles, échange ses informations avec d'autres monastères. Tout est ensuite consigné dans des manuscrits.

Aujourd'hui encore, l'homéopathie utilise certaines découvertes de Hildegarde. Elle ne s'est pas contentée de respecter la nature, de ne pas abîmer les plantes ou de les conserver : elle les a mises au service des malades qui venaient la voir à l'abbaye.

1+1+1 = UN

NOUS CROYONS EN UN SEUL DIEU EN TROIS PERSONNES. POURQUOI NE PAS PLUTÔT CROIRE EN TROIS DIEUX ? CE SERAIT MOINS COMPLIQUÉ À COMPRENDRE !

Chaque fois que nous faisons le signe de croix en disant « au nom du Père, et du Fils et du Saint-Esprit », nous affirmons, sans forcément le savoir, que nous croyons en la Sainte Trinité. Nous y croyons, mais cela ne veut pas dire que nous la comprenons parfaitement. Et pour cause : c'est le plus grand mystère de la foi chrétienne. Mais un mystère n'est ni une énigme insoluble ni une chose incompréhensible. C'est au contraire une réalité tellement belle et profonde que nous n'avons jamais fini de la comprendre et d'en vivre.

Trois + amour = Trinité

La Trinité est le mystère de l'Amour. En Dieu se déploie l'amour parfait, éternel : l'amour dont le Père aime le Fils, l'amour dont le Fils aime le Père, et l'Esprit qui est le mouvement même de l'amour. Les trois personnes s'aiment tellement qu'elles sont parfaitement unies : elles ne forment qu'un. Mais il ne s'agit pas d'un amour fusionnel, qui confond tout.
Le véritable amour respecte les différences, c'est pourquoi il y a bien trois Personnes dans la Trinité.
Mais nous, en quoi cela nous concerne-t-il ? Le véritable amour veut toujours donner

Témoin d'hier

SAINT PATRICK

Sais-tu pourquoi l'emblème de l'Irlande est le trèfle ? Cela vient du « catéchisme » de saint Patrick, au ve siècle. C'est l'époque des druides et Patrick, un rude moine venu de Bretagne, va combattre sur cette île les croyances des Celtes. Il n'hésite pas à se montrer parfois cinglant. Il affronte prêtres et rois. Et puisque les Irlandais croient que des esprits et des dieux habitent la forêt, Patrick les instruit en leur montrant… un trèfle. Ce trèfle a beau avoir trois feuilles, il forme pourtant un tout. N'est-ce pas la meilleure image de Dieu, qui est Un en trois Personnes ?

Les méthodes musclées et les trèfles de Patrick remportent un vrai succès : un siècle plus tard, l'Irlande n'a plus besoin de missionnaires, c'est elle qui en envoie à travers le monde.

la vie. L'amour parfait de la Trinité, c'est celui dont Dieu aime les hommes. Et, malgré notre fragilité et nos limites, nous sommes appelés à vivre la même chose, à aimer de la même façon.

Le mystère de la Trinité est tellement incroyable que Dieu l'a révélé progressivement aux hommes. Dans l'Ancienne Alliance, Dieu proclame qu'il est le Dieu unique. Dans la Nouvelle Alliance, le Père envoie aux hommes son propre Fils. Et si on ne trouve pas le mot « Trinité » dans l'Évangile, Jésus parle très clairement de la relation privilégiée qui l'unit à son Père : « le Père et moi, nous sommes UN » (Jean 10, 30). Jésus promet aussi à ses disciples qu'ils seront éclairés par l'Esprit Saint : « Le Défenseur, l'Esprit Saint que le Père vous enverra en mon nom, lui, vous enseignera tout, et il vous fera souvenir de tout ce que je vous ai dit » (Jean 14, 26). Enfin, Jésus demande à ses apôtres de baptiser ses disciples « au nom du Père et du Fils et du Saint-Esprit » (Matthieu 28, 19). Voilà enfin nommées les trois Personnes...

Jamais l'un sans l'autre

Le Père crée l'homme par amour. Le Fils sauve l'homme par amour. L'Esprit habite en l'homme par amour. Mais en chacune de ces actions toute la Trinité est présente. Le Père nous envoie son Fils et le Fils nous parle du Père et de son amour. Le Fils nous envoie l'Esprit et l'Esprit nous fait entrer dans la relation d'amour entre le Père et le Fils.

Si tu sais que l'amour parfait qui unit les trois Personnes de la Trinité est la source de ta vie, alors tu comprends que tu es né parce que tu es aimé, mais aussi pour aimer. Croire en la Trinité, ce n'est pas adhérer à une idée, à une image ; c'est vouloir aimer comme Dieu aime.

Témoin d'aujourd'hui

SAINTE ÉLISABETH DE LA TRINITÉ

Entrée au Carmel à 21 ans, Élisabeth Catez n'y restera que peu de temps : elle meurt cinq ans plus tard, en 1906. On a retrouvé, dans ses papiers, cette prière qui a fait le tour du monde :

« Ô mon Dieu, Trinité que j'adore, aidez-moi à m'oublier entièrement pour m'établir en vous, immobile et paisible comme si déjà mon âme était dans l'éternité. Que rien ne puisse troubler ma paix, ni me faire sortir de vous, ô mon immuable, mais que chaque minute m'emporte plus loin dans la profondeur de votre mystère. Pacifiez mon âme, faites-en votre ciel, votre demeure aimée et le lieu de votre repos. Que je ne vous y laisse jamais seul, mais que je sois là tout entière, tout éveillée en ma foi, tout adorante, toute livrée à votre action créatrice. »

POUR FAIRE LE LIEN

UN SEUL DIEU P. 106
MYSTÈRE P. 127
AMOUR DE DIEU P. 45, 55
VIE ET MORT P. 95
FOI P. 106

« Dès que Jésus fut baptisé, il remonta de l'eau,
et voici que les cieux s'ouvrirent :
il vit l'Esprit de Dieu descendre comme une colombe et venir sur lui.
Et des cieux, une voix disait : "Celui-ci est mon Fils bien-aimé, en qui je trouve ma joie." »

MATTHIEU 3, 16-17

L'œuvre d'art

Cette icône peinte vers 1400 par Andrei Roublev, un moine russe, est mondialement connue. Elle est inspirée d'une scène de la Bible : trois mystérieux personnages rendent visite à Abraham qui les accueille et leur offre un repas. Le texte biblique parle tantôt de trois hommes, tantôt d'un seul. Pour les chrétiens, c'est la première évocation du mystère de la Trinité. Le Père, le Fils et l'Esprit sont représentés ici comme trois anges et le peintre veut rendre visible leur unité : leurs visages sont identiques, leurs ailes se touchent, l'ensemble de la composition forme un cercle qui n'est pas fermé. Une coupe est posée tout au bord de la table d'autel, à notre place : nous pouvons nous approcher !

ESPRIT SAINT, QUI ES-TU ?

IL FAUDRAIT SE METTRE D'ACCORD ! L'ESPRIT SAINT EST-IL UNE COLOMBE, UNE LANGUE DE FEU OU UN SOUFFLE ?

Depuis notre baptême, l'Esprit Saint nous accompagne. Mais nous sommes bien incapables de dire à quoi il ressemble. Peut-on être l'ami d'une idée abstraite ? Chacun aimerait se « représenter » cet Esprit Saint. Le mot « esprit » ne nous aide pas vraiment à le décrire : on imagine une onde ou une énergie. La Bible n'est pas plus précise : elle évoque l'Esprit de Dieu tantôt comme une brise légère, tantôt sous la forme d'une colombe ou de langues de feu. Il y a de quoi s'y perdre... En fait, ces évocations ne sont pas des images gratuites ou inutiles. Au contraire, elles nous aident à comprendre comment l'Esprit agit dans nos vies tout comme le Père et le Fils.

Esprit Saint, souffle sur moi !

Le jour de notre baptême, l'Esprit nous fait entrer dans la vie des enfants de Dieu. Son souffle nous « aspire » pour nous introduire dans la relation d'amour qui unit Jésus à son Père, pour que nous vivions de leur amour. On pourrait dire que nous entrons dans la respiration de Dieu. Le souffle, c'est l'image de la légèreté qui nous élève vers Dieu. Mais c'est aussi la douce brise qui murmure, et le vent qui gonfle les voiles du bateau pour aller vers l'autre rive : celle du Royaume de Dieu.

Témoin d'hier

SÉRAPHIM DE SAROV

Retiré en pleine forêt, cet ermite n'a qu'un désir : laisser vivre en lui l'Esprit Saint. Alors qu'il explique cela à son disciple Nicolas Motovilov, voici qu'ils sont illuminés par la lumière de l'Esprit Saint. Nicolas n'a pas besoin d'autre preuve. L'Esprit est vraiment dans sa vie.

Séraphim sait que la prière, le jeûne, les veilles, l'aumône et toute autre bonne action faite au nom du Christ sont de bons moyens pour devenir la demeure du Saint-Esprit. « Seule une bonne action faite au nom du Christ nous procure les fruits du Saint-Esprit », dit-il.

Esprit Saint, réchauffe-moi !

Un bon feu de cheminée réchauffe le corps. Un feu d'écobuage permet de débroussailler un chemin ou un terrain. L'Esprit Saint fait de même en nous : il réchauffe l'âme et la débarrasse de toutes les ronces qui l'encombrent, qui l'empêchent d'aimer comme Dieu aime.
Le feu, c'est aussi ce qui éclaire. Et au jour de la Pentecôte, les apôtres virent se poser sur eux comme des langues de feu. Dès lors, ils ne purent plus cacher leur foi, comme on met une lanterne « sous un boisseau » : ils se mirent à proclamer Jésus au grand jour.

Esprit Saint, donne-moi ta paix !

La colombe tenant un brin d'olivier est devenue un symbole de paix universel. L'origine de ce signe, on la trouve dans la Bible : le jour où la colombe que Noé a envoyée revient vers l'Arche avec un rameau d'olivier frais dans le bec, Noé et ses fils comprennent que le Déluge prend fin. Les eaux redescendent, la terre émerge... La paix est revenue entre Dieu et les hommes.

Champion, l'Esprit Saint !

Le plus important à retenir, c'est que l'amour dont le Père aime le Fils et dont le Fils aime le Père est présent lorsque l'Esprit Saint demeure dans le cœur de l'homme.
Il est là en personne, quand nous l'appelons par son nom : « Viens, Esprit Saint ! »

POUR FAIRE LE LIEN

ESPRIT SAINT	P. 67, 200
BAPTÊME	P. 45
CONFIRMATION	P. 130, 133
PAIX	P. 248, 301

Question d'aujourd'hui

À QUOI SERVENT LES SEPT DONS DU SAINT-ESPRIT ?

À notre confirmation, l'évêque nous marque du saint-chrême en disant : « Sois marqué de l'Esprit Saint, le don de Dieu. » Mais parce que l'Esprit agit en nous de différentes façons, on parle aussi des dons du Saint-Esprit.
Le don de crainte : c'est éprouver un immense respect pour Dieu, notre créateur.
Le don de piété : c'est apprendre à nous tourner spontanément vers Dieu.
Le don de science : c'est chercher à toujours mieux connaître Dieu.
Le don d'intelligence : c'est vouloir comprendre la volonté de Dieu.
Le don de sagesse : c'est aimer faire la volonté de Dieu.
Le don de conseil : c'est rechercher la meilleure façon de faire le bien.
Le don de force : c'est avoir le courage de tenir bon dans les moments difficiles ou de doute.

« Moi, je prierai le Père, et il vous donnera un autre Défenseur
qui sera pour toujours avec vous : l'Esprit de vérité,
lui que le monde ne peut recevoir, car il ne le voit pas et ne le connaît pas ;
vous, vous le connaissez, car il demeure auprès de vous, et il sera en vous. »

JEAN 14, 16-17

L'AMOUR À PLEINE PUISSANCE

DANS LE CREDO, ON DIT QUE DIEU EST TOUT-PUISSANT. ÇA ME FAIT PEUR. EST-CE QU'IL TÉLÉCOMMANDE TOUT DE LÀ OÙ IL EST ?

Difficile d'entendre parler de puissance sans avoir froid dans le dos : on n'en voit que trop, de ces tyrans qui utilisent leur pouvoir pour bâillonner leur peuple. La liste de leurs méfaits est longue. Ils oppriment, ils brutalisent, ils volent, ils emprisonnent… Et ce Dieu qu'on proclame « tout-puissant », ne serait-il pas pire encore ? En tout cas, il en aurait les moyens : il a créé le monde, donc il pourrait disposer de tous les pouvoirs. Entre ses mains, nous ne serions que des marionnettes. Mais alors, que deviendrait notre liberté ? C'est normal qu'une telle idée t'effraie. Personne n'a envie d'être manipulé, ni d'être privé de ses capacités de choisir ni encore moins d'agir sous la contrainte. Mais rassure-toi. Ce qui est tout-puissant, chez Dieu, c'est l'amour. Et le véritable amour respecte absolument celui que l'on aime.

Dieu ne s'impose pas

Dieu est bien le « Tout-Puissant », le maître de toute chose. Au commencement, il lui « suffit » de laisser agir sa Parole pour créer le monde. « Dieu dit : “Que la lumière soit.” Et la lumière fut » (Genèse 1, 3). Mais cette puissance-là ne s'exerce pas au hasard, arbitrairement. Quand Dieu crée, il donne la vie. Quand Dieu façonne

Témoin d'hier

SAINTE GENEVIÈVE

« Les Huns arrivent ! » La population de Lutèce, capitale de la Gaule, est paniquée. On redoute les Huns. D'affreux récits circulent sur leur chef, Attila, qui rase tout sur son passage. Geneviève, en 451, n'a pas encore 30 ans. Alors que tous s'apprêtent à fuir, elle garde son calme : « Restons et prions Dieu de nous protéger. » On la traite de folle, d'insensée. Quelques femmes la suivent cependant et se mettent à prier avec elle. Malgré les moqueries et les critiques, elles prient inlassablement. Et… les Huns s'éloignent, épargnant Lutèce. Geneviève a triomphé car elle s'est confiée à la toute-puissance de Dieu.

le monde, il met au sommet de sa création l'homme et la femme afin qu'ils dominent les autres créatures. Tout se passe comme si Dieu « offrait » à l'homme sa création. On est bien loin d'une quelconque idée de tyrannie ! Bien plus, Dieu met à notre disposition sa toute-puissance pour que nous puissions vivre librement en ce monde. Les Psaumes ne cessent de louer Dieu et de le remercier d'être tout-puissant pour cette raison.
Le meilleur exemple de cela se trouve certainement dans le récit de l'Annonciation (Luc 1, 26-38), qui évoque très clairement la toute-puissance de Dieu. Il y est effectivement question de « la puissance du Très-Haut » qui vient solliciter le libre consentement de Marie pour déposer sa propre vie. La toute-puissance divine vient comme se « cacher » dans le sein de Marie pour abriter le Fils de Dieu.
Tandis que César, l'empereur de Rome, se fait adorer comme un dieu et que Hérode est prêt à tuer tous les nouveaux-nés de Bethléem pour garder son trône, Dieu, le seul tout-puissant, donne au monde son Fils Jésus dans la discrétion, le secret et l'humilité.

Pas un despote, un père !

Quand nous récitons le Credo, nous disons : « Je crois en Dieu, le Père, tout-puissant... », et non : « Je crois en Dieu, tout-puissant. » En effet, sa toute-puissance s'applique d'abord à sa paternité. Parce qu'il est Dieu Notre Père, son amour pour nous est tout-puissant, mais jamais il ne nous contraindra à l'accueillir par la force. Si nous disons « oui » comme Marie, nous découvrirons comme elle que « le Tout-Puissant fait pour nous des merveilles ». Au lieu de nous faire peur, cette toute-puissance peut nous remplir de confiance et de joie. Alors nous n'aurons plus envie de lui dire : « Non ! »

Et toi ?

Si tu crois que Dieu est tout-puissant, cela ne te dispense pas d'être responsable. Ce serait commode d'attendre que Dieu arrange tout ce qui cloche, mais qu'il ne se mêle pas du reste. Puisque nous ne voudrions pas d'un Dieu-tyran, comment pourrions-nous désirer un Dieu-magicien ? La liberté, cela s'apprend. En mobilisant ton intelligence, en exerçant ton sens critique, tu éviteras des pièges. Sans compter que tu as un guide, le meilleur, à tes côtés : l'Esprit Saint. Car c'est cela, la toute-puissance du Créateur : plus on se met à son écoute et plus on devient soi-même !

POUR FAIRE LE LIEN
CRÉATION P. 6
DIEU PÈRE P. 45, 52
LIBERTÉ P. 55, 267
FOI P. 13, 106, 110

“Voici que tu vas concevoir et enfanter un fils. [...]
Marie dit à l’ange : “Comment cela va-t-il se faire puisque je n’ai pas de relations avec un homme ?” L’ange lui répondit : “L’Esprit Saint viendra sur toi, et la puissance du Très-Haut te prendra sous son ombre ; c’est pourquoi celui qui va naître sera saint, il sera appelé Fils de Dieu.”

LUC 1, 31 ET 34-35

QU'IL AILLE AU DIABLE LE DIABLE !

J'AIME AVOIR LA CHAIR DE POULE. POURTANT LES TRUCS DIABOLIQUES ME FONT PEUR. EST-CE QUE LE DIABLE EXISTE VRAIMENT ? N'EST-CE PAS UNE INVENTION ?

Il faut parfois faire confiance à sa peur : si le diable t'effraie, c'est qu'il n'est pas une invention, mais une réalité. Et certains ont d'ailleurs dit que sa plus belle ruse est de faire croire… qu'il n'existe pas.
La Bible en parle dès les premiers chapitres de l'Ancien et du Nouveau Testament. Elle dit qu'il est malin (c'est l'un de ses noms), rusé, raisonneur, menteur. Il semble aussi qu'il soit dangereux de commencer à discuter avec lui ; il suffit de voir à quoi cela conduit Ève. Même Jésus refuse de débattre avec ce « beau parleur ». Il lui oppose simplement la Parole de Dieu. Un conseil : quand on croit que le diable n'est pas loin, mieux vaut s'éloigner sans discours…

Témoin d'hier

SAINT ANTOINE DU DÉSERT

À 20 ans, Antoine répond à l'appel de Jésus : « Va, vends ce que tu possèdes et suis moi », et il part vivre au désert. Mais le diable l'attend là-bas et use de tous les stratagèmes pour le mettre à l'épreuve. En vain : Antoine reste fidèle à Dieu.

Un jour, Satan envoie même une légion de démons à Antoine, qui les repousse en disant : « Si vous essayez de m'effrayer par votre nombre et vos apparences de brutes, c'est un signe de votre faiblesse ! » Antoine mourra à 105 ans, victorieux du diable par K.-O. !

Le séducteur

Le diable ne manque pas de noms. Jésus l'appelle « le père du mensonge » (Jean 8, 44). On le surnomme aussi le « tentateur » ou le « séducteur ». Il est enfin « Satan » (l'adversaire) et « Diabolos » (le diviseur). Tous ces noms en disent long sur sa façon d'agir ! Qui divise-t-il ? L'homme et Dieu, et les hommes entre eux. Contre qui nous dresse-t-il ? Contre Dieu, et contre les autres.
Le soupçon, la jalousie, le mensonge, la calomnie sont ses signatures.
Mais on a parfois tendance à mettre le diable à toutes

« Oui, il fut rejeté, le grand Dragon, le Serpent des origines,
celui qu'on nomme Diable et Satan, le séducteur du monde entier.
Il fut jeté sur la terre, et ses anges furent jetés avec lui. [...] Eux-mêmes [nos frères] l'ont vaincu par le sang de l'Agneau, par la parole dont ils furent les témoins ;
détachés de leur propre vie, ils sont allés jusqu'à mourir. Cieux, soyez donc dans la joie. »

APOCALYPSE 12, 9-12

les sauces – et c'est lui faire trop d'honneur. Car si tout le bien vient de Dieu, ce serait un peu facile de dire que tout le mal vient du diable. Il cherche souvent à se faire passer pour un autre dieu, aussi puissant que le Dieu d'amour, ce qui lui permet de nous convaincre que nous ne pouvons lui résister. Or, c'est faux. Ne cherchons pas à nous dédouaner ! Reconnaître que nous sommes les auteurs du mal qui nous détourne de Dieu, c'est déjà commencer d'en sortir.

Vaincu d'avance

Sans nous, sans notre intérêt, sans notre consentement, le diable est réduit à l'impuissance. Car il a perdu ! Les chrétiens d'autrefois qui sculptaient des démons aux faces grimaçantes et déformées sur les cathédrales avaient raison de se moquer du diable. Ils le remettaient à sa juste place – celle d'un perdant. Le diable a été vaincu une fois pour toutes. Jésus l'a emporté sur le péché et la mort, les armes de Satan. Chaque fois que tu te tournes vers Dieu en le priant – « Délivre-nous du mal » –, tu participes à cette victoire.

Et toi ?

Le mieux, avec le diable, c'est de ne pas lui laisser de place. Occupe-toi plutôt de Dieu, des autres, aime et pardonne sans compter, prie sans te lasser.
Et puis, si d'aventure tu te décourages dans la prière, si tu cèdes à la colère dans une dispute, tu entendras Satan « hurler » de joie. Mais ne crois pas ce grand trompeur : ce n'est pas parce que tu tombes une fois que tout est perdu.

POUR FAIRE LE LIEN

DIABLE	P. 30
PÉCHÉ	P. 206
VICTOIRE SUR LE MAL	P. 152
MAL	P. 120
PEUR	P. 30, 152

Question d'aujourd'hui

UNE FILLE DU COLLÈGE S'HABILLE TOUT EN NOIR. EST-CE QUE CELA VEUT DIRE QU'ELLE AIME LE DIABLE ?

S'habiller en noir ne suffit pas à devenir un disciple du diable. Heureusement ! Mais si, à cette simple mode vestimentaire, on ajoute d'autres signes (croix renversées, musique violente, goût du morbide...), cela devient plus dangereux. Car le satanisme, qui vénère le diable, n'est pas très loin : il recrute parmi les jeunes fragiles et mal dans leur peau. Or le satanisme ne leur apporte pas le bonheur. Seul le Dieu de Vie fait grandir, donne confiance en la vie et l'amour.

CHER COMPAGNON AILÉ

MA GRAND-MÈRE M'A DIT QUE J'AVAIS UN ANGE GARDIEN ET QUE JE POUVAIS LE PRIER. LES ANGES NE SONT-ILS PAS LE FRUIT DE NOTRE IMAGINATION ? S'ILS EXISTENT, OÙ SONT-ILS ET À QUOI SERVENT-ILS ?

Les anges, encore un truc de grand-mère ? Dans ce cas, ce sont les grands-mères qui ont écrit la Bible, car on n'y compte plus les passages qui les évoquent ! Plus sérieusement, à la suite de la Bible, l'Église reconnaît l'existence des anges. À la messe, nous nous unissons à leur louange pour nous adresser à Dieu : « Saint, saint, saint, le Seigneur ! » Et en récitant le Credo, nous affirmons que Dieu est « créateur de l'univers visible et invisible ».

Pas facile à voir !

Les anges appartiennent au monde invisible, par définition pas facile à voir. Tout le monde n'est pas comme Jacob, le petit-fils d'Abraham, qui vit en songe qu'« une échelle était dressée, son sommet touchait le ciel, et des anges de Dieu montaient et descendaient » (Genèse 28, 12). Mais si nous ne voyons pas les anges, nous savons lire la Bible : l'échelle de Jacob nous rappelle que les anges sont un trait d'union entre la terre et le ciel.

Ils sont ces êtres spirituels et immatériels, chargés de nous conduire à Dieu et d'ouvrir notre cœur à l'univers invisible. Ils travaillent sans cesse à nous rapprocher du ciel et à nous faire découvrir sa splendeur.

Témoin d'hier

SAINTE FRANÇOISE ROMAINE

Sainte Françoise Romaine ne sort jamais sans son ange. D'ailleurs, il ne la quitte pas non plus au couvent, où cette mère de famille italienne est entrée après la mort de ses enfants. Et même si personne ne peut jamais voir son gardien, elle continue d'avoir de grandes discussions avec lui, sans cesse, jusqu'à sa mort.

Folle ? Hallucinée ? On pourrait le penser... Mais un mirage, ça n'éclaire pas, ça ne console ni ne fortifie. Et l'ange de Françoise Romaine fait tout cela. Il pénètre les cœurs des visiteurs de Françoise et lui révèle leurs secrets ; il la réconforte devant le mal. Finalement, le confesseur de la religieuse doit en convenir : il y a toujours quelqu'un d'ailé dans la pièce, avec eux, quand ils parlent.

« Les anges ne sont-ils pas tous des esprits chargés d'une fonction,
que Dieu envoie pour le service de ceux qui doivent avoir en héritage le salut ? »

HÉBREUX 1, 14

Et le tien, que fait-il ?

Ton ange, il fait tout simplement... son travail d'ange : il est auprès de toi le messager de Dieu.
Le principal message de Dieu, c'est de nous appeler vers lui, par notre nom. Cet ange gardien dont t'a parlé ta grand-mère porte donc ton nom, et il est aussi le porte-voix du ciel auprès de toi.
Mais c'est un haut-parleur très discret ; alors, prête l'oreille, et traite ton ange en ami.

POUR FAIRE LE LIEN

ANGES	P. 188
SAINT	P. 48
PRIÈRE	P. 58
ANNONCIATION	P. 20

Et toi ?

**Tu as besoin de soutien, de conseil ? Appelle ton ange gardien à l'aide !
Tu peux aussi lui demander de mobiliser ses « confrères » anges pour veiller sur telle ou telle personne de ton entourage que tu sens en difficulté.
Le pape Jean XXIII, par exemple, priait pour que son ange gardien aille toucher le cœur des hommes politiques qu'il devait rencontrer.**

Témoin d'aujourd'hui

PADRE PIO

Le Padre Pio est rarement seul. On vient de toute l'Italie, et même d'ailleurs, pour se confesser auprès de ce prêtre capucin ou pour voir ses stigmates. Après sa mort, en 1968, les pèlerinages continueront. Mais loin des foules, le Padre évoque aussi une autre compagnie plus discrète, mais précieuse :

« Comme il est consolant de savoir que nous sommes toujours sous la garde d'un ange céleste qui ne nous abandonne même pas (chose admirable) dans l'action par laquelle nous déplaisons à Dieu... Que, à côté de nous, il y a un esprit céleste qui, du berceau à la tombe, ne nous quitte pas un instant, qui nous guide, qui nous protège comme un ami [...]. Qui doit aussi nous consoler toujours, spécialement dans les heures qui sont, pour nous, les plus tristes. Sachez que ce bon ange prie pour vous [...]. Par charité, n'oubliez pas cet invisible compagnon, toujours présent pour vous écouter, toujours prêt à vous consoler. »

SUPERSTARS CHEZ LES ANGES

LEURS PRÉNOMS SE TERMINENT TOUS PAR « EL ». EN HÉBREUX, « EL » SIGNIFIE « DIEU ». PAS ÉTONNANT QUE LES TROIS ARCHANGES SOIENT INVESTIS DE MISSIONS DE LA PLUS HAUTE IMPORTANCE.

Prénom : Gabriel.
Traduction : « Dieu est fort. »
Profession : Ange messager ou annonciateur. Il fait connaître la volonté de Dieu aux hommes.
Son histoire : Il annonce à Marie la venue du Sauveur et recueille son « oui ».
Saint patron : des communications.
Signes particuliers : un sceptre, symbole de puissance et d'autorité, un lys, pour représenter la pureté, et une branche d'olivier, qui figure la paix.

Prénom : Michel.
Traduction : « Qui est semblable à Dieu. »
Profession : Chef des armées célestes. Il a la garde du ciel. Il est aussi chargé de peser les âmes et de les guider au paradis.
Son histoire : À la fin des temps, Michel et son armée d'anges terrassent le dragon et ses démons.
Saint patron : de la France, des parachutistes et des métiers qu'on exerce avec un four.
Signes particuliers : une épée et une balance.

Prénom : Raphaël.
Traduction : « Dieu guérit. »
Profession : Ange de miséricorde. Raphaël vient en aide à ceux qui demandent soutien et guérison.
Son histoire : Il accompagne Tobie pour lui servir de guide. Il guérit son père aveugle et délivre Sara, sa future femme, du démon qui la tourmente.
Saint patron : de la santé du corps et de l'âme.
Signe particulier : un bâton de pèlerin.

LES TABLES NE TOURNENT PAS ROND !

DES COPAINS M'ONT DIT QU'ILS SE RÉUNISSAIENT POUR FAIRE TOURNER DES TABLES. EST-CE QUE ÇA MARCHE VRAIMENT ?

Le spiritisme, cela peut « marcher », disent certains. Mais est-ce bien la question ? Est-ce un jeu dont on parle, avec ses gagnants et ses perdants ? On va tirer les rideaux, un soir, un après-midi de pluie. On va se mettre à trois ou quatre, autour d'une table, d'un guéridon. Suffisamment sérieusement pour se faire un peu peur, mais en se disant tout de même que c'est « pour rire »... Il n'y a pourtant pas de quoi rire. Toutes ces pratiques ont un seul but, entrer en contact avec le monde des morts. Et pour y entrer, il faut quitter le monde de la vie – et donc celui de Dieu.

Témoin d'hier

JEAN-JOSEPH SURIN

En 1634, Jean-Joseph Surin est envoyé en mission pour délivrer des religieuses possédées par le diable. Le prêtre défie alors Satan : « Laisse-les tranquilles, et viens chez moi, si tu l'oses... » Le diable ne se le fait pas dire deux fois. Il ne s'attaque plus aux religieuses et prend possession de Jean-Joseph. Le prêtre sombre aussitôt dans la folie : il ne peut plus lire, ni écrire, parfois il est paralysé et commet des actes délirants. Le cauchemar durera vingt ans. Enfin délivré de Satan, Jean-Joseph Surin deviendra un père spirituel exceptionnel.

Place à l'angoisse

Tu voudrais peut-être essayer, rien qu'une toute petite fois, juste pour voir. Pas sûr cependant que cela puisse se passer de façon aussi anodine. Jouer avec la mort, cela peut être très excitant et fascinant au début. Cela peut aussi déclencher de l'angoisse, beaucoup d'angoisse : cauchemars, terreurs, souvenirs douloureux risquent d'accompagner ce voyage plus du tout d'agrément. Avec, au bout, le danger de graves troubles psychologiques.

Je suis le Dieu de la vie

La foi demande de la cohérence. Tu crois que Dieu est le Dieu de la vie, qu'il nous appelle à la vie avec lui ; tu crois que Jésus a triomphé de la mort et du

péché pour qu'à sa suite nous aussi nous soyons vivants éternellement.
C'est donc que Dieu n'appelle pas les hommes à passer leur vie à faire tourner des meubles ; il les invite à la vie éternelle. Dieu ne joue pas avec des fantômes, il aime des hommes ressuscités. Une chose est sûre, à propos de ces tables « tournantes » : s'il se passe quelque chose, cela ne vient pas de Dieu.

Priez pour nous, nous prions pour vous

Il y a une autre façon, plus « catholique », de communier avec les morts. Depuis toujours, les croyants prient pour ceux qui sont morts, afin qu'ils soient accueillis dans la vie de Dieu. Ils prient aussi ceux qui sont déjà dans cette lumière d'intercéder pour eux auprès du Père.

Voilà un usage de la prière qu'on peut consommer sans aucune modération : c'est ce qu'on appelle la « communion des saints ». Cela n'a rien de mortifère, parce que notre désir est tourné vers la vie.

POUR FAIRE LE LIEN

DIABLE P. 23
PEUR P. 23, 152
L'AU-DELÀ P. 33, 36
FIN DES TEMPS P. 152
COMMUNION DES SAINTS P. 185

« Or, il y avait dans leur synagogue un homme tourmenté par un esprit impur, qui se mit à crier : "Que nous veux-tu, Jésus de Nazareth ? Es-tu venu pour nous perdre ? Je sais qui tu es : tu es le Saint de Dieu." Jésus l'interpella vivement : "Tais-toi ! Sors de cet homme." L'esprit impur le fit entrer en convulsions, puis, poussant un grand cri, sortit de lui. Ils furent tous frappés de stupeur et se demandaient entre eux : "Qu'est-ce que cela veut dire ? Voilà un enseignement nouveau, donné avec autorité ! Il commande même aux esprits impurs, et ils lui obéissent". »

MARC 1, 23-27

Question d'aujourd'hui

EST-CE VRAI QU'IL EXISTE DES PRÊTRES EXORCISTES ?

Nous savons que Jésus, ressuscité, est victorieux de la mort et du mal. Mais notre délivrance ne sera définitive qu'à la fin des temps. En attendant, le mal est toujours à l'œuvre… Parfois, très rarement, il semble envahir toute une personne : il déborde, il se déchaîne, étouffe tout amour, toute tendresse – il « possède » cette personne.

La plupart des hommes et des femmes qui s'estiment ainsi possédés sont en réalité victimes des difficultés et des souffrances psychologiques qu'ils traversent. Mais parfois, une personne est vraiment sous l'emprise de Satan. Et seuls les prières et les rites d'exorcisme, au nom de Jésus Christ, libèrent cette personne de la présence du mal.

Dans chaque diocèse, un prêtre est nommé par l'évêque pour assurer le service de l'exorcisme, pendant quelques années, si cela s'avérait nécessaire. Ce ne sont pas des hommes dotés de pouvoirs « spéciaux », ou des « spécialistes » du démon. Ce sont simplement des hommes capables de discernement et d'écoute, pour soulager ceux qui souffrent psychologiquement et libérer ceux qui sont emprisonnés, au nom du Christ. L'évangile des Tentations (Matthieu 4, 1-11) nous le rappelle : seul Jésus peut mettre Satan en fuite, pour toujours.

ALLÔ ? LE CIEL…

MON PARRAIN EST MORT TRÈS JEUNE. JE L'AIMAIS BEAUCOUP. EST-CE QUE JE LE RETROUVERAI AU CIEL ? EST-CE QUE JE PEUX ENCORE ME CONFIER À LUI ?

L'amour de Dieu est immense. Et Jésus nous a fait une promesse : si nous croyons en lui, nous vivrons avec lui auprès du Père. L'humanité tout entière est appelée à la vie éternelle : toi, tes parents, tes amis et, bien sûr, ton parrain, qui est déjà sur le chemin de la plénitude de la rencontre avec Dieu. Un jour, nous serons tous réunis auprès de Dieu.

En relation par la prière

Le lien privilégié que tu entretenais avec ton parrain continue d'exister. Et l'affection que tu éprouves pour lui peut toujours s'exprimer, désormais par la prière. C'est elle qui t'unit à ton parrain, comme elle te lie à tous ceux qui aiment Dieu et le prient, hier et aujourd'hui.

Nous croyons, et nous disons dans le Credo, que tous les chrétiens, vivants et morts, forment une seule famille, l'Église. Tandis que les vivants prient pour que les morts entrent dans la pleine lumière de Dieu, les morts, eux, intercèdent pour les vivants dans leur chemin sur terre. Cette interrelation, c'est la « communion des saints » dont nous parlons à la messe.

Prière

« La famille ne se détruit pas, elle se transforme. Une part d'elle part dans l'invisible, et ceux qui restent se sentent entourés, gardés, inspirés par ceux qui sont partis. On croit que la mort est une absence quand elle est une présence secrète. […] Plus il y a d'êtres qui ont quitté le foyer, plus les survivants ont d'attaches célestes. Le ciel n'est plus alors uniquement peuplé d'anges, de saints inconnus et du Dieu mystérieux, il devient familier. »

Père Sertillanges

Complice avec Dieu

Le jour de ton baptême, tes parents ont choisi ton parrain pour qu'il te guide dans ta vie de foi. Il peut encore le faire, comme lorsqu'il était sur terre. Auprès du Père, il continuera de t'aider à grandir dans la foi comme il l'aurait fait s'il était encore là. Et toi, tu peux lui confier tes joies et tes soucis,

et lui demander de prier pour toi. Il n'est pas devenu un dieu, encore moins un esprit magique – mais s'il vit près de Dieu, il ne cesse de te remettre à l'amour de Dieu. Mais ce n'est pas tout : ton parrain était ton appui, quelqu'un que tu aimais, que tu admirais. Il était ton aîné dans la foi. Et cependant il a désormais besoin de ta prière, de ta fidélité. Sur le chemin qui le conduit à la rencontre avec Dieu, il a besoin de sa miséricorde ; et comme ta prière a du prix aux yeux du Père, tu peux le prier pour ton parrain. Chaque jour, à la messe, l'Église prie ainsi pour « les vivants et les morts ».

« Dans la maison de mon Père, il y a de nombreuses demeures ; sinon, vous aurais-je dit : "Je pars vous préparer une place" ? Quand je serai parti vous préparer une place, je reviendrai et je vous emmènerai auprès de moi, afin que là où je suis, vous soyez, vous aussi. Pour aller où je vais, vous savez le chemin. »

JEAN 14, 2-4

Et toi ?

Comment t'appelles-tu ? Sans doute, ton prénom a-t-il été porté par un saint avant toi ! D'un « patronyme » à un « patron », il n'y a qu'un pas, celui de la prière. Tu peux donc le prier régulièrement, ce saint, pour te confier à lui. L'amour qu'il a dispensé sur terre ne s'est pas éteint ; il peut t'éclairer aujourd'hui encore.

Témoin d'hier

SAINTE THÉRÈSE DE LISIEUX

Thérèse de l'Enfant-Jésus, obligée d'affronter la maladie quand d'autres commencent à peine leur vie, n'a pas peur de sa mort. « Je ne meurs pas, j'entre dans la vie », dit-elle au moment de mourir en 1897. D'ailleurs, comme en témoigne cette lettre rédigée à l'attention de son père, pour elle ceux qui ont quitté cette terre sont bien vivants.

« Rappelle-toi qu'autrefois sur la terre ton seul bonheur était de nous chérir. De tes enfants exauce la prière. Protège-nous, daigne encore nous bénir. Tu retrouves là-haut notre mère chérie qui t'avait précédé dans la Sainte Patrie. Maintenant dans les cieux vous régnez tous les deux. Veillez sur nous ! »

POUR FAIRE LE LIEN

VIE ÉTERNELLE	P. 6, 36, 146
L'AU-DELÀ	P. 30, 36
ESPÉRANCE	P. 146
FOI	P. 133
PRIÈRE	P. 58, 146

APRÈS LA MORT, LA VIE !

J'AIMERAIS TANT SAVOIR CE QU'IL Y A APRÈS LA MORT... PARFOIS, J'AI PEUR DE M'EMBÊTER AU PARADIS. ÇA VA ÊTRE LONG, L'ÉTERNITÉ !

Un humoriste disait : « L'éternité c'est long, surtout sur la fin... » Ce n'est qu'un trait d'esprit, car il n'y a place ni pour l'ennui ni pour la peur dans notre espérance : après la mort, il y a la VIE ! Souviens-toi de ce que tu dis à chaque messe : « Je crois à la résurrection de la chair, à la vie éternelle. » Bien sûr, ce sera une vie différente, dans sa forme et son expression. Une vie ressuscitée. Mais ce sera bien TA vie.

Un corps glorieux

Tu te demandes quelle tête tu auras alors, et à quoi ressemblera ton corps ? Tu n'es pas le premier... Certains pensent qu'à la résurrection nos os, notre peau, nos organes et nos muscles seront reconstitués, comme si Dieu conservait toutes les pièces détachées dans des bocaux de formol. D'autres ont imaginé que notre corps prendrait la forme parfaite d'une sphère. Ces hypothèses, tout comme les films de morts vivants ou de

Témoin d'hier

BIENHEUREUX ERO

Un jour Ero sort de l'enceinte de son monastère, pour une promenade dans les bois voisins. Le moine est coutumier de ces balades solitaires, et aussi des sempiternelles questions sur le paradis qui l'obsèdent. Il a beau faire, il craint vraiment de s'ennuyer dans l'éternité !

Un petit oiseau, venu se poser sur un arbre tout proche, se met à chanter. Son chant est si magnifique, si « divin », que le moine s'assied sur la mousse pour l'écouter. Oh, il doit bien rêver ainsi pendant un quart d'heure... Du moins c'est ce qu'il pense !

Quand il regagne son monastère, il est stupéfait : tout a changé, les lieux, les arbres, même ses frères moines qu'il ne reconnaît pas. Il lui faut quelque temps pour trouver la clé du mystère : lui qui a commencé sa promenade un jour d'août 1162, il en revient... en 1367 ! Inutile de dire qu'à partir de cette « minute » Ero n'eut plus jamais peur de s'ennuyer au paradis : si deux siècles peuvent durer le temps d'un chant d'oiseau, combien l'éternité sera courte à entendre chanter les anges !

fantômes, sont sans fondement et n'ont rien à voir avec la vie éternelle !
Nous, chrétiens, nous croyons que le premier corps ressuscité est bien sûr celui de Jésus et nous avons le témoignage des disciples auxquels il est apparu. C'est bien Jésus, mais il est autre. Les évangiles racontent que les disciples ne le reconnaissent pas tout de suite. C'est en parlant avec ses disciples ou en partageant un repas avec eux que Jésus ressuscité se fait reconnaître par ceux qui l'aimaient.
Depuis sa résurrection, Jésus est entré dans la gloire, mais même ceux à qui il s'est manifesté n'ont pas la perception de ce qu'est Jésus depuis qu'il est retourné auprès du Père au jour de l'Ascension. Nul n'a sur terre révélation de ce mystère mais tous nous espérons devenir un corps glorieux pour vivre nous aussi auprès du Père et du Fils dans l'amour éternel.

Le mal sera vaincu

La promesse que Dieu nous a faite, concernant la vie éternelle, ne porte pas sur notre apparence et nos « activités ». Non, il nous affirme autre chose, de plus essentiel : le mal n'existera plus. La Bible utilise souvent, à ce propos, l'image d'un grand festin où tous les invités sont rassemblés autour de Dieu. Une seule condition pour participer à ce repas : chacun devra revêtir l'habit de fête. Cela veut dire que nous devrons être purifiés de nos péchés. L'Église appelle cette étape le « purgatoire ». Nul ne sait ce qui s'y passe. Nous savons seulement que nous séparer de nos péchés ne sera sans doute pas chose facile ; et nous sommes sûrs que Dieu nous fera sortir du purgatoire, joyeux et saints, pour nous accueillir au paradis.

Nous vivrons alors dans un éternel bonheur et une paix sans... nuages. Un peu monotone, penses-tu ? As-tu remarqué comme le temps passe vite lorsque tu es avec des personnes que tu aimes ? Imagine l'immense foule de tous les « habitants » du paradis ; et imagine aussi que tu aimeras chacun comme Dieu nous aime. Pas le temps de s'ennuyer, donc !

POUR FAIRE LE LIEN

L'AU-DELÀ	P. 30, 33
MYSTÈRE	P. 13, 117
RÉSURRECTION	P. 117, 152
AMOUR DE DIEU	P. 13
FIN DES TEMPS	P. 152
ESPÉRANCE	P. 301

« Voici la demeure de Dieu avec les hommes ; il demeurera avec eux, et ils seront ses peuples, et lui-même, Dieu avec eux, sera leur Dieu. Il essuiera toute larme de leurs yeux, et la mort ne sera plus. »

APOCALYPSE 21, 3-4

Question d'aujourd'hui

EST-CE QUE HITLER EST EN ENFER ?

Personne ne le sait, sinon Dieu seul. Ce n'est pas aux hommes de juger si telle ou telle personne « mérite » d'aller au paradis ou en enfer. Qui sommes-nous pour mesurer la « limite » de la miséricorde de Dieu, ou décider qu'untel n'a aucune chance d'être pardonné ? Dieu seul peut juger selon le repentir qu'il trouve au fond du cœur de chacun de nous.

Regarde le bon larron crucifié en même temps que le Christ. Ce criminel était vraiment au bord de la mort lorsqu'il s'est tourné vers Jésus... Et Jésus lui promet le paradis ! Dieu a l'ouïe fine. Il entend le moindre appel, même à peine articulé. Encore faut-il faire comme le bon larron de l'Évangile : nous tourner vers lui.

Et toi ?

On peut toujours imaginer la vie après la mort. Mais c'est du temps perdu, dans notre vie avant la mort. Et si Dieu avait voulu que nous ayons une description précise du paradis, il nous l'aurait donnée. C'est une question de confiance : Dieu veut notre bonheur, la vie qu'il nous promet dépassera tout ce que nous avions pu imaginer.

Vivre ou vivoter...
MA VIE
Suis-je vraiment libre ?
ÊTRE SAINT ? AUJOURD'HUI !

Qui SUIS-je ?

TOUS DIFFÉRENTS ET... ÉGAUX !

DIEU NOUS A CRÉÉS À SON IMAGE... POURQUOI ALORS SOMMES-NOUS TOUS DIFFÉRENTS ?

Petit, blond, noir, gros ou musclé, nous sommes tous différents. Pourtant, la Bible dit que nous avons tous été créés à l'image de Dieu...
La contradiction n'est qu'apparente. Être créé à l'image de Dieu ne signifie pas lui être identique – d'ailleurs, personne ne sait à quoi il ressemble. Cela rappelle que tout homme peut refléter quelque chose de Dieu : nous pouvons aimer comme il aime.

Ressemblance d'amour

C'est évidemment autrement plus exigeant que se contenter d'avoir un « air de famille ». Mais Dieu nous donne les moyens d'y arriver : il nous « suffit » de regarder la vie de Jésus, vrai homme, pour nous en inspirer tous les jours. D'ailleurs l'Esprit Saint nous accompagne pour nous faire entrer dans la ressemblance avec Dieu.
Nos différences sont une richesse qu'il a voulue : Dieu ne sépare pas les choses pour qu'elles s'affrontent ou s'opposent, il les distingue pour qu'elles se complètent. Cela suppose, entre elles, une relation d'amour.

Vive la différence !

L'histoire est jalonnée de sombres moments où les hommes ont pris prétexte des différences entre eux pour opprimer, ou exploiter

Témoin d'hier

SAINT MARTIN DE PORRÈS

Jamais Don Juan, le fier conquistador, ne reconnaîtra Martin comme son fils : l'enfant a la peau noire. Qu'importe, Martin grandit dans la Lima du XVIe siècle. À 15 ans, il entre au couvent et ira vers tous les marginaux de la société péruvienne : indigènes opprimés, esclaves noirs ou métis... Dans ce siècle qui suit la conquête espagnole et ses terribles massacres, alors que les Espagnols se demandent si les Indiens ont une âme, Lima a de grands évêques : Jérôme de Loaisa, Turibe de Mogrovejo. La capitale du Pérou a aussi un saint bâtard, Martin. Sous l'action décidée de ce trio, les conquérants vont devoir regarder les Indiens de Lima comme des personnes aimées de Dieu.

« À partir d'un seul homme, [Dieu] a fait tous les peuples
pour qu'ils habitent sur toute la surface de la terre [...] ;
Dieu les a faits pour qu'ils le cherchent et, si possible, l'atteignent
et le trouvent, lui qui, en fait, n'est pas loin de chacun de nous.
Car c'est en lui que nous avons la vie, le mouvement et l'être.
Ainsi l'ont également dit certains de vos poètes : *Nous sommes de sa descendance.* »

ACTES DES APÔTRES 17, 26-28

– certains ont même été jusqu'à décréter des races inférieures. Ce racisme n'a pas sa place dans le projet de Dieu : l'homme est au-dessus de toutes les créatures, mais aucun être humain n'en surpasse un autre. En cultivant nos différences, en essayant de mieux comprendre celles des autres, nous nous approchons de l'image de Dieu.

POUR FAIRE LE LIEN

CRÉATION	P. 6
DIFFÉRENCE	P. 110
HOMME ET FEMME	P. 64
AIMÉS DE DIEU	P. 95, 225

Et toi ?

Il est toujours agréable de partager ses idées, ses goûts vestimentaires et ses passions – quitte parfois à vouloir ressembler à d'autres, coûte que coûte. Mais cultive aussi ta différence ! Sans chercher la provocation ou l'anticonformisme pour le principe, il y a des choses qui te distinguent, et qui, pour les autres, seront des richesses.

Témoin d'aujourd'hui

MARTIN LUTHER KING

Le pasteur noir américain Martin Luther King lutte par la non-violence contre la ségrégation raciale dans son pays. En 1963, il prononce son célèbre discours « I have a dream » (« Je fais un rêve ») :

« Je rêve qu'un jour les fils des anciens esclaves et les fils des anciens propriétaires d'esclaves pourront s'asseoir ensemble à la table de la fraternité. Je rêve que mes quatre enfants vivront un jour dans une nation où ils ne seront pas jugés par la couleur de leur peau mais par la nature de leur caractère. Telle est mon espérance. Avec cette foi, nous serons capables de travailler ensemble, de prier ensemble, de lutter ensemble, de nous dresser ensemble pour la liberté. »

Depuis, le rêve de Martin Luther King a commencé à se réaliser puisque, en 2008 et en 2012, les Américains ont élu… un Président noir !

BIENVENUE DANS LA FAMILLE DE DIEU !

MON PETIT COUSIN A ÉTÉ BAPTISÉ À TROIS ANS. LE PRÊTRE A DIT QU'IL ÉTAIT MAINTENANT « ENFANT DE DIEU ». CELA VEUT-IL DIRE QU'IL NE L'ÉTAIT PAS AVANT ?

La famille s'agrandit ! Chez les Amarie, la joie est à son comble. Le tribunal vient de leur accorder l'adoption plénière pour les trois enfants qui font déjà leur bonheur depuis quelques semaines. Officiellement, ces enfants sont désormais les leurs. Sur leur acte de naissance, il est maintenant écrit « fils (ou fille) de B. et C. Amarie ». Pour ces trois petits, cette procédure administrative est comme une nouvelle naissance.

Un nouveau départ

Ce qui se passe au baptême ressemble un peu à cette histoire. Le baptême est pour chaque baptisé une nouvelle naissance par laquelle il devient enfant de Dieu. C'est pourquoi ton petit cousin est devenu ce jour-là, lui aussi, un enfant de Dieu. Jusqu'à ce jour, il était une créature de Dieu. Une nouvelle relation est née entre Dieu et cet enfant, belle et forte comme celle qui unit un père et son enfant. En grandissant il découvrira que Dieu est son créateur et qu'il peut lui dire « papa » (« abba » en hébreu), comme le dit Jésus.

Aimé depuis toujours

B. et C. Amarie portaient déjà en eux un profond désir d'amour maternel et paternel avant d'être parents adoptifs et avant même de connaître « leurs » enfants. Pour Dieu

Témoin d'hier

NICODÈME

« Il y avait un homme, un pharisien nommé Nicodème ; c'était un notable parmi les Juifs. Il vint trouver Jésus pendant la nuit. Il lui dit : "Rabbi, nous le savons, c'est de la part de Dieu que tu es venu comme un maître qui enseigne, car personne ne peut accomplir les signes que toi, tu accomplis, si Dieu n'est pas avec lui." Jésus lui répondit : "Amen, amen, je te le dis : à moins de naître d'en haut, on ne peut voir le royaume de Dieu." Nicodème lui répliqua : "Comment un homme peut-il naître quand il est vieux ? Peut-il entrer une deuxième fois dans le sein de sa mère et renaître ?" Jésus répondit : "Amen, amen, je te le dis : personne, à moins de naître de l'eau et de l'Esprit, ne peut entrer dans le royaume de Dieu." » (Jean 3, 1-5)

“En effet, tous ceux qui se laissent conduire par l'Esprit de Dieu, ceux-là sont fils de Dieu. Vous n'avez pas reçu un esprit qui fait de vous des esclaves et vous ramène à la peur ; mais vous avez reçu un Esprit qui fait de vous des fils ; et c'est en lui que nous crions “Abba !” c'est-à-dire : Père !”

ROMAINS 8, 14-15

c'est pareil ! Il aime d'un amour absolu chaque être qui vient au monde. C'est pourquoi il veut pour chacun le meilleur, c'est-à-dire le bonheur de vivre avec lui et de le connaître comme un Père aimant. Jésus a confié à ses apôtres puis à l'Église la mission de baptiser tous les hommes pour que chacun devienne enfant de Dieu.

Une grande famille

Jour après jour, les enfants de B. et C. Amarie vont apprendre à vivre avec leurs parents, à leur faire confiance pour savoir ce qui est bon pour eux. De même, Dieu nous accueille comme ses enfants, mais nous devons à notre tour l'adopter comme Notre Père.

Ce que nous sommes devenus à notre baptême n'est que le commencement d'une vie nouvelle. Depuis ce jour, il nous faut apprendre à grandir dans l'amour de Dieu et dans celui de nos frères chrétiens.

POUR FAIRE LE LIEN

ESPRIT SAINT P. 17, 67, 200

CONFIRMATION P. 130, 133

DIEU PÈRE P. 20, 52, 55

GRANDIR DANS LA FOI P. 70, 133, 162

FAMILLE P. 82, 86

Et toi ?

Les souvenirs de ton baptême sont sans doute déjà lointains. Pourquoi ne pas les évoquer avec ceux qui y étaient ? Mais surtout, n'oublie pas que la grâce de ton baptême ne s'est pas limitée à ce jour-là. Elle est en action chaque jour de ta vie.

Questions d'aujourd'hui

TROP JEUNE POUR COMPRENDRE ?

Les bébés ne peuvent pas comprendre le jour de leur baptême... Sans doute, mais qui sait ce qui se passe dans la tête d'un nourrisson ? Qui n'a jamais vu un enfant braillard se taire soudain lorsque le prêtre le baptise ? La grâce de l'Esprit nous dépasse.

En demandant le baptême pour leur bébé, ce sont donc les parents qui s'engagent. Ils acceptent de lui donner un enseignement religieux et de lui faire découvrir l'amour de Dieu. Et lorsque l'enfant sera plus grand, fortifié par ce qu'il a reçu, il pourra dire lui-même ce en quoi il croit le jour de sa profession de foi, et être confirmé dans sa vie de chrétien par la confirmation.

ÊTRE SAINT ? POURQUOI PAS TOI ?

**JE PORTE LE PRÉNOM D'UN « GRAND » SAINT.
POURTANT IL N'A PAS TOUJOURS ÉTÉ EXEMPLAIRE.
TOUT LE MONDE PEUT DONC DEVENIR SAINT ? MÊME MOI ?**

Contrairement à ce qu'on peut penser, la sainteté n'est pas la chasse gardée de quelques grands hommes : ceux qui ont décidé un jour de tout quitter pour le Seigneur, qui sont morts martyrs ou qui ont leur statue. Les saints sont bien plus nombreux que tu ne le crois. Peut-être en croises-tu tous les jours, peut-être certains vivent-ils chez toi. Ils n'ont pas besoin d'être parfaits – aucun homme ne l'est devant Dieu. Dès la Bible, on apprend que Dieu seul est saint, et source de toute sainteté. Devenir saint, c'est donc ressembler de plus en plus à Dieu, comme des enfants ressemblent à leurs parents.

À chacun sa sainteté

L'Église ne canonise pas tous les saints, loin de là ! Les « grands noms » du calendrier ont été choisis pour servir de référence : ils nous disent quelque chose de Dieu et nous indiquent un chemin pour aller vers lui. Mais beaucoup de saints sont discrets, secrets, connus de Dieu seul. Tous, innombrables, nous les fêtons à la Toussaint. Ils sont autant de compagnons sur notre route vers le Père.
Car plus on est de saints, plus on rit, et Dieu compte sur nous pour rejoindre cette joyeuse troupe.

Témoin d'hier

SAINT PAUL

Si quelqu'un déteste les disciples de Jésus, c'est bien Saül. Le jeune Juif venu de Tarse sait bien que leur nouvelle foi n'est pas celle de ses pères. Alors il veut en découdre. Il est chargé de surveiller les vêtements des bourreaux, le jour de la lapidation d'Étienne ; bientôt, on lui demande de mener la persécution des chrétiens à Damas. Alors qu'il s'y rend, Saül est jeté à terre et ébloui par une lumière qui l'aveugle. Il entend le Christ lui demander : « Saül, Saül, pourquoi me persécutes-tu ? » Bouleversé, il change de vie. Il reçoit le baptême, prend le nom de Paul, et met sa fougue et son intelligence au service du Christ. Les lettres qu'il écrit figureront même dans la Bible juste après les évangiles. Pas mal pour un ancien persécuteur !

Sainteté, mode d'emploi

Comment faire, pour devenir un saint ? Nul n'est obligé de collectionner les bonnes actions comme d'autres les médailles. Il s'agit plutôt de mettre de l'amour même dans les petites choses : services, école, amitiés, solidarité… Il y a beaucoup d'occasions, et une seule clé, l'amour. « Tu aimeras le Seigneur ton Dieu de tout ton cœur, de toute ton âme et de tout ton esprit » et « tu aimeras ton prochain comme toi-même », nous rappelle Jésus.
Pour devenir saint, il vaut mieux compter d'abord sur Dieu. La sainteté ne s'atteint pas à la force du poignet ; tout costaud ou vertueux que tu

« Le Seigneur parla à Moïse et dit :
"Parle à toute l'assemblée des fils d'Israël.
Tu leur diras : Soyez saints, car moi, le Seigneur votre Dieu, je suis saint." »

LÉVITIQUE 19, 1-2

sois, c'est Dieu qui te donnera la force de faire ce qui est bien. La prière, voilà le meilleur entraînement. Et puis le saint, c'est surtout celui qui ne se décourage pas de ne pas l'être ! Même les grands saints ont « oublié » parfois d'être exemplaires.

POUR FAIRE LE LIEN

ANGES P. 26

SAINT P. 185

AIMER LES AUTRES P. 192, 203

PRIÈRE P. 58, 113, 123

Témoin d'hier

SAINT JEAN-PAUL II

En vingt-sept ans de pontificat, Jean-Paul II a créé presque 500 nouveaux saints et plus de 1 300 bienheureux : c'est un record ! Il y a des religieux, des prêtres ; il y a des laïcs mariés, des enfants, des hommes politiques, des savants... Originaires des cinq continents, ils nous montrent que nous sommes tous concernés par la sainteté. D'ailleurs, le pape polonais l'a dit aux jeunes à Paris, lors des J.M.J. en 1997 : « N'ayez pas peur d'être des saints du nouveau millénaire. Soyez des contemplatifs et des amoureux de la prière, en harmonie avec votre foi et généreux dans le service de vos frères, soyez des membres actifs de l'Église et des artisans de paix. »

Le sais-tu ?

Le culte des saints commence dès le IIe siècle. Les chrétiens de ces temps troublés célèbrent l'eucharistie sur les tombeaux des premiers martyrs – ce sont les témoins (c'est le sens du mot « martyr ») du Christ qui donne sa vie pour les hommes. Plus tard, on honorera également des évêques, des moines évangélisateurs. Pendant longtemps, les nouveaux saints seront proclamés par les évêques. Depuis le XIIe siècle, seul le pape peut le faire.

ENQUÊTE POUR UN SAINT PROCÈS

MIEUX VAUT NE PAS SE TROMPER, QUAND ON DONNE LA VIE DE QUELQU'UN EN EXEMPLE. LA CANONISATION, QUI PROCLAME UNE PERSONNE SAINTE, OSCILLE DONC ENTRE ENQUÊTE QUASI POLICIÈRE ET PROCÈS D'EXPERTS...

Il faut attendre cinq ans,
après la mort du « candidat »,
pour entamer la procédure.
L'euphorie et l'émotion sont retombées,
place à la vérité.
L'évêque du lieu où a vécu
la personne recueille
les témoignages.
On examine d'éventuels écrits,
on expertise les miracles s'il y en a.

À la fin de ce travail, l'évêque
rend ses premières conclusions.
Si le cas est intéressant,
il est transmis à Rome,
où la Congrégation pour
les causes de saints entre
en scène. C'est le début du travail
de « l'avocat du diable ».
Étrange surnom pour
le « promoteur de la foi »,
mais c'est qu'il a la tâche
de trouver tous les arguments
contre la béatification.
Mieux vaut entendre
les objections et les étudier avant.

Au terme de l'enquête,
après plusieurs milliers de preuves
parfois, on peut décréter
« l'héroïcité des vertus » de la personne
– la voilà « vénérable » –
et les choses peuvent en rester là.
Mais si par la suite un miracle
est obtenu par son intercession,
on la proclame « bienheureuse » :
elle est désormais vénérée dans
un diocèse, un pays, un ordre religieux...

Pour que son culte devienne universel,
il faudra que l'Église la dise « sainte »,
cela peut prendre des siècles.

DIEU EST DE NOTRE CÔTÉ !

DIEU VOIT-IL TOUT CE QUE JE FAIS ?

Pas facile d'imaginer que Dieu voit tout… On aimerait bien, parfois, aller au-delà des mers ou, comme Jonas, se cacher pour échapper à son regard. Si nous pensons cela, c'est que notre imagination déforme la vérité, car Dieu n'est ni un inspecteur ni un surveillant.
La meilleure comparaison serait plutôt celle avec des parents qui gardent toujours un œil sur leur petit enfant. Ils le protègent, évitent qu'il se blesse, surveillent ses premiers pas. Nous sommes les enfants de Dieu et notre Père garde toujours son regard posé sur nous, un regard d'amour et de confiance.
Certes, nous ne restons pas des nourrissons, et au fur et à mesure que nous grandissons, nous revendiquons un peu d'indépendance. Mais en réalité, Dieu ne fait pas que nous regarder ; il marche à nos côtés, sans cesse, comme un frère. « Je suis avec vous tous les jours jusqu'à la fin du monde », promet Jésus (Matthieu 28, 20).
Nous sommes libres de l'écarter de nos vies, bien sûr. Lui ne se lassera pas, alors, d'attendre notre retour.

Dieu nous connaît

Dieu nous connaît au plus intime de nous-mêmes, mieux que nous-mêmes. C'est pour cela qu'il nous invite à grandir encore et encore : il sait de quoi nous sommes capables, alors que bien souvent nous nous sous-estimons.
Son amour et sa miséricorde sont sans limites. Il se réjouit de nous voir devenir meilleurs, il attend et offre son pardon quand nous chutons, il nous encourage et nous fait reprendre la route quand nous renonçons.

Allons de l'avant !

Nous sentir sous la présence d'un regard d'amour ne doit pas nous tétaniser ; au contraire, cela nous pousse à grandir dans notre foi et dans notre vie quotidienne. L'histoire de David est de ce point de vue exemplaire. David est ce roi sur lequel Dieu avait posé son regard alors qu'il n'était qu'un enfant, mais il est aussi le meurtrier qui fait assassiner un rival pour lui voler sa femme. Il est enfin l'homme qui supplie du fond de son péché. Tout cela Dieu le voit, et David finit par comprendre qu'il a besoin du regard de Dieu sur lui. C'est ce qu'il ne cesse de dire à travers sa prière dont nous avons la merveilleuse trace : les Psaumes.

Tu me scrutes, Seigneur, et tu sais !
Tu sais quand je m'assois, quand je me lève ;
de très loin, tu pénètres mes pensées.

Que je marche ou me repose, tu le vois,
tous mes chemins te sont familiers.
Avant qu'un mot ne parvienne à mes lèvres,
déjà, Seigneur, tu le sais. [...]

C'est toi qui as créé mes reins,
qui m'as tissé dans le sein de ma mère.
Je reconnais devant toi le prodige,
l'être étonnant que je suis :
étonnantes sont tes œuvres,
toute mon âme le sait. [...]
Scrute-moi, mon Dieu, tu sauras ma pensée ;
éprouve-moi, tu connaîtras mon cœur.

PSAUME 138, 1-4, 13-14 ET 23

Et toi ?

Si tu as des talents d'écrivain ou de poète, compose toi-même tes « psaumes ». Ils seront toujours les plus beaux ! Mais surtout, comme David, laisse-toi regarder par le Seigneur car il t'aime. Peut-être retrouveras-tu aussi son regard dans celui que les autres posent sur toi.

POUR FAIRE LE LIEN

LIBERTÉ	P. 55, 264, 267
DIEU TOUT-PUISSANT	P. 20
CONFIANCE	P. 55, 58
RESPONSABILITÉ	P. 70
PARDON	P. 168

Prière

LES JOURS OÙ JE T'AI PORTÉ...

Le poète brésilien Adémas de Borros raconte comment Dieu est toujours à nos côtés, parfois plus proche que nous le pensions.

« J'ai rêvé que je cheminais sur la plage
en compagnie du Seigneur,
et que, sur le bord du rivage,
se réfléchissaient tous les jours de ma vie.
J'ai regardé en arrière, et j'ai vu qu'à ce jour
où passait le film de ma vie
surgissaient des traces sur le sable ;
l'une était mienne, l'autre celle du Seigneur,
ainsi nous continuions à marcher
jusqu'à ce que mes jours fussent achevés.
Alors je me suis arrêté, j'ai regardé en arrière.
J'ai trouvé qu'en certains endroits il y avait
seulement une empreinte de pied...
Et ces lieux coïncidaient justement
avec les jours les plus difficiles de ma vie,
les jours de plus grande angoisse,
de plus grande peur et de plus grandes douleurs...
J'ai donc interrogé :
"Seigneur, tu as dit que tu étais avec moi
tous les jours de ma vie,
et j'ai accepté de vivre avec toi.
Mais, pourquoi m'as-tu laissé seul,
dans les pires moments de ma vie ?"
Et le Seigneur me répondit :
"Mon fils, je t'aime, j'ai dit que je serais avec toi
durant la promenade, et que je ne te laisserais pas
une seule minute.
Je ne t'ai pas abandonné.
Les jours où tu as vu à peine une trace sur le sable
furent les jours où je t'ai porté..." »

QUE TA VOLONTÉ SOIT FÊTE !

DANS LE *NOTRE PÈRE*, ON DIT : « QUE TA VOLONTÉ SOIT FAITE. » MAIS SI DIEU ME DEMANDE QUELQUE CHOSE D'IMPOSSIBLE OU QUELQUE CHOSE QUE JE N'AI PAS ENVIE DE FAIRE...

Un chrétien, ce n'est pas le sujet d'un roi tyrannique. Il a le choix, lui ! Notre foi est personnelle, et c'est la confiance que nous avons en Dieu qui nous anime. De quel étrange amour Dieu nous aimerait-il s'il nous piégeait, nous demandait l'impossible, ou nous imposait ses désirs ? Dieu nous a voulus libres et, parce qu'il est notre Père, il nous connaît mieux que quiconque, il connaît nos faiblesses et notre fragilité. Sa volonté ne peut donc être inaccessible, ni intolérable.

Grandir dans la confiance !

Dieu est le premier à nous faire confiance : il nous donne du temps pour grandir, faire fructifier nos talents, pour apprendre à aimer. Cela

Témoin pour toujours !

SAINTE MARIE

« Voici la servante du Seigneur ; que tout m'advienne selon ta parole » (Luc 1, 38). Par ces quelques mots, Marie offre son « oui » à Dieu. La jeune femme de Nazareth engage toute sa vie librement, sans contrainte. Et sans méconnaître les risques : pour cette grossesse hors mariage, son fiancé Joseph pourrait demander qu'elle soit lapidée... Marie a confiance. Elle sait – et proclame – que Dieu l'aidera toujours sur la voie qu'il lui propose : « Il s'est penché sur son humble servante ; désormais tous les âges me diront bienheureuse » (Luc 1, 46-49). Cette conviction, même les promesses de douleur, même les disparitions, l'arrestation, la Croix ne pourront l'ébranler. Elle vivra tous ces moments en cherchant la volonté de Dieu.

commence au quotidien, avec les plus proches : parents, frères et sœurs, copains, professeurs… On part rarement de rien. Nos « oui » pour des détails annoncent d'autres « oui » décisifs : faire la volonté de Dieu dans un choix de métier, en se mariant, en se consacrant à son service, cela se prépare. Nous ne pouvons pas brûler les étapes cependant. Nous ne pouvons que bien faire ce qu'on a à faire, aujourd'hui.

Dire « oui » comme le Fils

À certains moments, être fidèle à la volonté de Dieu est difficile : comment pardonner une trahison de son meilleur ami, par exemple ? Jésus a connu cela lui aussi. Pour sauver les hommes, il a dû donner sa vie. Mais qui peut envisager la croix sans frémir ? À Gethsémani, Jésus est dans l'angoisse, il tremble, sue des gouttes de sang. Il dit pourtant à son Père : « Mon Père, s'il est possible, que cette coupe passe loin de moi ! Cependant, non pas comme moi, je veux, mais comme toi, tu veux » (Matthieu 26, 39).

Ce « oui » à son Père, cet amour consenti n'est pas une soumission d'esclave – à ce moment, Jésus est l'homme le plus libre de tous les temps, car la mort est déjà vaincue, et c'est la vie qui gagne.

POUR FAIRE LE LIEN

AMOUR DE DIEU P. 13
DIEU PÈRE P. 45, 52
LIBERTÉ P. 267
CHOISIR P. 70, 200
CONFIANCE P. 52, 58
GRANDIR DANS LA FOI P. 133

« Ce n'est pas en me disant : "Seigneur, Seigneur !" qu'on entrera dans le royaume des cieux, mais c'est en faisant la volonté de mon Père qui est aux cieux. »

MATTHIEU 7, 21

Et toi ?

Il y a dans la vie des moments où il est bien difficile de choisir. Tu sens qu'il serait bon de faire ceci mais en même temps tu as envie de faire le contraire. Tu n'aimes pas tricher mais c'est tout de même bien tentant pour le contrôle de maths ! Dans les petites choses comme dans les grandes, préfère toujours la décision qui fera naître en toi la paix intérieure et la joie. Même si c'est le fruit d'un combat, il y a de fortes chances qu'elle corresponde vraiment à ce que Dieu veut pour toi.

Témoin d'aujourd'hui

BIENHEUREUX CHARLES DE FOUCAULD

Après une jeunesse « agitée », Charles de Foucauld redécouvre la foi. L'ancien officier entend un appel : retourner dans le désert marocain, vivre pauvre, s'enfouir au milieu des populations arabes, lui le mondain amoureux du luxe...

Dans son ermitage, il écrit cette prière : « Mon Père, je m'abandonne à toi ; fais de moi ce qu'il te plaira. Quoi que tu fasses de moi, je te remercie. Je suis prêt à tout, j'accepte tout. Pourvu que ta volonté se fasse en moi, en toutes tes créatures, je ne désire rien d'autre, mon Dieu. Je remets mon âme entre tes mains : je te la donne mon Dieu avec tout l'amour de mon cœur, parce que je t'aime, et que ce m'est un besoin d'amour de me donner, de me remettre entre tes mains sans mesure, avec une infinie confiance, car tu es mon Père. »

À L'ÉCOUTE 24 H/24

AVEC TOUT CE QUI SE PASSE DE GRAVE DANS LE MONDE, DIEU A BIEN TROP DE CHOSES À FAIRE. POURQUOI ÉCOUTERAIT-IL MA PRIÈRE ET MES DEMANDES ?

Lorsqu'un enfant est très malade, ses parents passent beaucoup de temps auprès de lui. Mais si un de ses frères demande de signer son carnet de notes, crois-tu que le père le renvoie, au prétexte que c'est moins important ? N'importe quel père, s'il est juste, trouvera toujours un moment pour regarder le carnet, conseiller ou féliciter son fils. Dieu fait de même, il écoute à chaque instant nos prières – son « agenda » n'est pas surchargé, quoi qu'il arrive dans le monde.

Question d'aujourd'hui

COMMENT DIEU RÉPOND-IL À NOS DEMANDES ?

Il faut apprendre à découvrir la réponse du Seigneur là où nous ne l'attendons pas !

« Une grave inondation menace un village, le curé est devant son église. Les pompiers passent : "Il faut partir, monsieur le curé, l'eau arrive." "Merci mais je vais prier Dieu de faire cesser la pluie." Lorsque l'église est envahie par les eaux, le curé refuse encore de rejoindre les pompiers et continue de prier. Au troisième passage des pompiers, il persiste à prier. Finalement, il se noie. En arrivant au ciel, il se plaint : "Seigneur, tu n'as pas écouté ma prière. Tu m'as laissé tomber !" "Pas du tout ! Je t'ai envoyé trois fois les pompiers !" »

Seigneur, écoute nous...

Il écoute, mais si on lui demande d'obtenir une bonne note en maths ou de gagner au Loto, Dieu ne répondra pas. Il n'est pas un magicien ! Celui qui demande le courage pour faire ses révisions, la joie avant une visite qui l'ennuie, celui-là fait une vraie prière : il essaie d'écouter ce que Dieu attend. Cette prière-là est capable de changer les cœurs.
Cela ne signifie pas que Dieu ne prête pas l'oreille à des demandes précises, par exemple pour une personne malade. Jésus nous a encouragés à demander.
La personne pour laquelle nous prions ne va peut-être pas guérir : Dieu ne change pas la nature des choses et des hommes. Mais il peut donner force et courage à ceux qui

« Demandez, on vous donnera ; cherchez, vous trouverez ;
frappez, on vous ouvrira. En effet, quiconque demande reçoit ; qui cherche trouve ;
à qui frappe, on ouvrira. Ou encore : lequel d'entre vous donnera une pierre à son fils
quand il lui demande du pain ? Ou bien lui donnera un serpent, quand il lui demande un poisson ?
Si donc vous, qui êtes mauvais, vous savez donner de bonnes choses à vos enfants, combien plus
votre Père qui est aux cieux donnera-t-il de bonnes choses à ceux qui les lui demandent ! »

MATTHIEU 7, 7-11

souffrent, et à ceux qui les entourent.

Seigneur, exauce nous...

Nous rêvons d'un miracle, et rien ne vient, parfois même les choses empirent. Dieu a une bien étrange façon d'écouter... Mais cette impression du silence de Dieu ne vient-elle pas de notre cécité ? On ne sait pas voir qu'il se manifeste sans cesse à travers ceux qui nous aiment, les rencontres que nous faisons ; même en nous, quand nous faisons silence et que nous l'attendons.
Nous n'avons pas à imposer à Dieu notre vision du bien. Nous avons tous besoin d'apprendre, pour que notre prière devienne bonne et juste.

POUR FAIRE LE LIEN

SAINT	P. 48
PRIÈRE	P. 113, 123
DIEU ÉCOUTE	P. 120
PERSÉVÉRER	P. 67
ADORER	P. 139

Et toi ?

Prier n'est pas toujours évident et tu ne sais pas forcément quoi dire. Alors, laisse ces trois paroles guider ta prière : PARDON, MERCI, S'IL TE PLAÎT. PARDON pour tout ce que j'ai fait de mal. MERCI pour les grâces que tu me donnes. S'IL TE PLAÎT rends-moi meilleur et accorde-moi ce que je te demande.

Témoin d'aujourd'hui

BIENHEUREUX DANIEL BROTTIER

Qui l'eût cru ?

En 1923, le père Brottier reprend la tête de l'Œuvre des orphelins apprentis d'Auteuil qui périclite. Cette année-là, il n'y a que 170 jeunes dans les réfectoires et dans les ateliers. Ils peuvent y être reçus pour apprendre un métier et repartir dans la vie. Dix ans plus tard, un ouragan semble avoir soufflé sur Auteuil : de nombreux centres ont été ouverts en province et plus de 20 000 jeunes passés par l'Œuvre sont repartis avec une formation et un travail !

Quel est donc le secret de ce prêtre à la longue barbe blanche ? Une fortune colossale ? Non. Est-il un génial sergent recruteur, un publicitaire hors norme ? Peut-être. En tout cas, ce que Daniel Brottier ne cache pas, c'est son « secret de fabrication ». Quand les difficultés sont trop grandes il continue de travailler mais abandonne l'Œuvre entre les mains de Dieu. Ce n'est pas son œuvre mais celle du Seigneur.

On raconte que lorsqu'il était dans le besoin il trouvait toujours dans son courrier un billet pour lui permettre de payer une facture urgente. Si Dieu a tant exaucé le père Brottier, c'est sans aucun doute parce que la prière de ce saint homme n'avait d'autres intentions que l'amour des plus déshérités et de celui qui les lui confiait : Dieu lui-même.

SAIN DE CORPS ET D'ESPRIT

J'AI LES CHEVEUX GRAS ET DES BOUTONS SUR LA FIGURE. JE SUIS MOCHE ! JE DÉTESTE MON CORPS !

Bon, c'est vrai ! À l'adolescence, le corps se transforme, parfois rapidement, et pas toujours en mieux. Les boutons, les cheveux gras, les odeurs de transpiration, les poils... tout cela arrive en même temps et ce n'est pas facile à vivre.
Il y a des métamorphoses que l'on pourra dompter – il existe des traitements contre l'acné, des déodorants très efficaces et des shampoings adaptés aux cheveux gras –, d'autres qui passeront avec le temps et d'autres encore qui resteront, avec lesquelles il faudra apprendre à vivre.

Ton corps, c'est toi !

Dieu a créé l'homme avec un corps, un cœur et un esprit. Que serait le cœur s'il n'avait pas de corps pour exprimer ses émotions ? Comment aimer, rire ou pleurer ? Que serait l'esprit s'il n'avait pas de corps pour regarder le monde et pour agir ? Nous sommes notre corps, notre cœur et notre esprit sans que nous puissions rien retirer, rien séparer. Alors, ce corps qui semble parfois si pesant est aussi notre richesse, Dieu l'a voulu ainsi, et nous devons apprendre à l'aimer, envers et contre tout.

Prends soin de toi !

Il est important de s'occuper de son corps pour être « bien dans sa peau », pour s'aimer soi-même et mieux aimer les autres. C'est dans ce sens

Témoin d'hier

SAINT JOSEPH CAFASSO

Joseph Cafasso est le « Quasimodo » de Turin, en ce XIXe siècle. Ce prêtre italien presque nain et bossu, la nature ne l'a pas gâté. D'ailleurs, ses élèves du séminaire, parfois dissipés, pourraient s'en moquer ; comme les prisonniers qu'il visite, et qui ne sont pas des anges. Pourtant, les quolibets ne durent pas. C'est que le prêtre ne se démonte pas. Il a le jugement précis, la gentillesse têtue, la piété constante. « Un seul mot de lui – un regard, un sourire, sa grande présence – suffisait à chasser la mélancolie, à faire disparaître la tentation et à nous faire prendre de saintes résolutions », dira de lui Jean Bosco, son plus fameux élève.

« Ne le savez-vous pas ? Votre corps est un sanctuaire de l'Esprit Saint,
lui qui est en vous et que vous avez reçu de Dieu ;
vous ne vous appartenez plus à vous-mêmes, car vous avez été achetés à grand prix.
Rendez donc gloire à Dieu dans votre corps. »

1 CORINTHIENS 6, 19-20

qu'on se nourrit, se lave, se repose. Ce qui compte, ce n'est pas le grain de la peau, la taille ou la couleur des yeux. L'important, c'est ce que le corps exprime. Avec ses qualités (et ses défauts !), il reflète les sentiments de chacun, sa richesse intérieure. Il peut devenir signe extérieur de beauté, qui rayonne et témoigne de ce que l'on est « à l'intérieur ».

POUR FAIRE LE LIEN

CORPS	P. 64
PUDEUR	P. 64
RESPECT DU CORPS	P. 64, 222, 255, 258
HUMOUR	P. 195
S'AIMER SOI-MÊME	P. 283

Question d'aujourd'hui

PEUT-ON FAIRE CE QUE L'ON VEUT AVEC SON CORPS ?

Aujourd'hui, tout le monde a conscience qu'il faut prendre soin de la planète pour préserver notre avenir. Mais la planète n'est pas la seule à avoir besoin d'attention, notre corps aussi. Notre avenir dépend également de lui. Malheureusement, certains trouvent normal de faire ce que l'on veut avec son corps. On l'abîme (piercings, tatouages, chirurgie esthétique), on le brutalise (sport à outrance), on le rend malade (drogue) ou on en fait un simple objet de plaisir (sexualité sans réfléchir).

Apprends plutôt à t'occuper de ton corps pour qu'il reste sain. Mets-le en valeur avec justesse, entretiens-le par une bonne hygiène et du sport sans tomber dans l'excès. Et surtout, tente de résister à tout ce qui a pour but d'en faire un objet. Car ton corps forme un tout avec ton cœur et ton esprit. Si tu le maltraites, c'est ta personne tout entière que tu blesses.

FILLES OU GARÇONS ?

JE N'AIME PAS TROP LES FILLES… EST-CE QUE CELA VEUT DIRE QUE JE SUIS HOMOSEXUEL ?

Aujourd'hui, tu aimes les maths et tu veux être pilote de chasse. Demain, tu auras peut-être la bosse du commerce… Tu as bien le temps de changer. Ce qui est vrai pour ton futur travail l'est aussi pour ton inclination sexuelle. Ce que tu penses ou aimes maintenant ne t'engage pas pour la vie, ce que tu ressens n'est pas définitif.

Laisser du temps au temps

À certains moments de l'adolescence, les filles et les garçons sont très différents. Le grand chambardement ne se passe pas au même rythme. Une fille de 12 ans peut déjà avoir un corps de jeune fille, alors qu'un garçon du même âge gardera ses airs d'enfant et mesurera quinze centimètres de moins. Cela ne rendra pas les relations très faciles… D'autant plus que les « histoires de filles » et les « trucs de garçons », les conversations, les activités, les plaisanteries ne sont pas les mêmes.

Un garçon se sentira donc parfois beaucoup mieux avec ses copains, et très intimidé par les filles. Il ne sera pas pour autant homosexuel demain. Et en tout cas, une chose est sûre : il faut du temps pour que la véritable personnalité se forme.

Une attirance homosexuelle peut être une étape passagère dans une personnalité juvénile – et il est vraiment trop tôt

Question d'aujourd'hui

QU'EST-CE QUE LA THÉORIE DU GENRE, LE « GENDER » ?

La théorie du « gender » n'est pas nouvelle, elle est née aux États-Unis dans les années 1950. Elle consistait à faire reconnaître que les hommes et les femmes avaient le droit d'être considérés sur un même pied d'égalité. Cette théorie a du bon car elle défend la dignité de l'homme et de la femme. Seulement beaucoup s'en sont emparés pour faire croire que, parce que les hommes et les femmes sont égaux, ils sont pareils et que leur sexe biologique n'a aucune importance.

Poussée à l'extrême, cette théorie amène à croire qu'un garçon n'est qu'un garçon que parce qu'il est éduqué comme tel et qu'on peut en faire une fille seulement en l'éduquant comme une fille… ce qui est absurde !

pour en conclure que c'est une inclination irréversible.

De la pudeur avant toute chose

L'adolescence est en effet une période un peu troublée. On peut se sentir bouleversé par des émotions et des désirs qu'on ne comprend pas bien ou qu'on interprète mal. Mieux vaut donc éviter les ambiguïtés en observant quelques règles de bon sens. Les vestiaires, les douches, les dortoirs sont des endroits propices aux troubles, aux confusions ; des endroits où chacun doit veiller à éviter d'avoir des attitudes équivoques et d'entretenir celles de ses copains.
La pudeur n'est pas ridicule, y compris entre garçons ou entre filles. Si tu te poses des questions sur ce sujet,

> Dieu créa l'homme à son image, à l'image de Dieu il le créa, il les créa homme et femme. Dieu les bénit et leur dit : "Soyez féconds et multipliez-vous."
>
> GENÈSE 1, 27-28

essaye d'en parler avec un adulte en qui tu as confiance : médecin, membre de ta famille, parrain ou marraine. Mieux vaut parler que de s'enfermer dans l'angoisse et la culpabilité.

Ce n'est pas une fatalité !

On ne sait pas, aujourd'hui, pourquoi ni comment une personne est homosexuelle, si elle l'est depuis son enfance ou si elle le devient. Longtemps rejetés et obligés de se cacher, les homosexuels sont aujourd'hui mieux acceptés. Cela ne rend pas toujours leur situation plus facile à vivre et beaucoup souffrent encore de leur différence.
L'Église ne condamne pas les personnes homosexuelles, même si elle n'approuve pas l'homosexualité. Elle accueille tous les hommes, quelle que soit leur orientation sexuelle, et elle les invite à essayer de ne pas succomber à leurs pulsions et à vivre dans la chasteté.

Et l'amour ?

Par contre, l'Église souffre de voir l'homosexualité banalisée et mise au même niveau que l'amour homme-femme. La Bible nous le dit : l'amour d'un homme et d'une femme, voulu par Dieu n'est ni une passion, ni une pulsion.
Il révèle l'amour de Dieu lui-même. L'homme et la femme, si différents, sont pourtant capables de se découvrir et de s'aimer. Alors ils peuvent devenir un couple, ne faire qu'un, parce que Dieu les bénit. Le Livre de la Genèse dit magnifiquement ce projet de Dieu.

POUR FAIRE LE LIEN

DIFFÉRENCE P. 42
HOMME ET FEMME P. 6, 20
PUDEUR P. 61
SEXUALITÉ P. 222, 277

UN PEU DE PATIENCE... BEAUCOUP D'AMOUR

ENCORE DEUX SEMAINES AVANT LES VACANCES. JE N'EN PEUX PLUS ! JE N'AURAI JAMAIS LA PATIENCE D'ATTENDRE JUSQUE-LÀ !

La fatigue et l'excitation aidant, les dernières semaines avant les vacances sont souvent éprouvantes. Pourtant, s'impatienter ne sert à rien sinon à s'énerver davantage et à faire paraître le temps plus long qu'il n'est. Dans ces moments-là, mieux vaut cultiver la patience.
Mais la patience, qu'est-ce que c'est ? Une qualité qui permet de jouer seul aux cartes pendant des heures ? L'art de ne jamais regarder sa montre ? La capacité de tout supporter sans rien dire ? En réalité, la patience est bien plus que cela. Elle est un don de l'Esprit Saint.

Divine patience !

C'est sans doute dans le sacrement de réconciliation que l'on peut mesurer le mieux la patience de Dieu à notre égard – ce père qui guette nuit et jour le retour de son fils parti au loin, dont nous a parlé Jésus en parabole. Souviens-toi aussi du saint curé d'Ars qui passait ses journées dans son confessionnal, toujours prêt à écouter et à pardonner. Ainsi en est-il de la patience de Dieu : toujours à l'écoute.

L'Esprit Saint à la rescousse

Le secret de la patience, c'est l'amour. Être patient ne signifie pas supporter d'attendre dans une queue de cinéma, les dents serrées... tout en pestant intérieurement, en insultant untel qui aurait dû fixer le rendez-vous plus tôt, une telle

Témoin d'hier

JACOB

Lorsque Jacob rencontre Rachel et tombe amoureux d'elle, il ignore qu'il lui faudra attendre bien longtemps avant de pouvoir l'épouser enfin. En effet, Laban, le père de Rachel, lui promet sa fille en mariage si Jacob travaille pendant sept ans pour lui. Jacob accepte mais, sept ans plus tard, Laban lui donne en mariage Léa, son autre fille. Jacob a été trompé ! Alors Laban lui promet Rachel de nouveau mais contre sept nouvelles années de travail. Fidèle à son premier amour, Jacob attendra donc encore sept ans avant de pouvoir vraiment épouser Rachel.

« Puisque vous avez été choisis par Dieu, que vous êtes sanctifiés, aimés par lui, revêtez-vous de tendresse et de compassion, de bonté, d'humilité, de douceur et de patience. »

COLOSSIENS 3, 12-14

qui est en retard, le gérant du cinéma qui pourrait ouvrir les portes, et le monde entier qui veut voir ce fichu film.
La vraie patience accepte les choses comme elles viennent, avec une totale égalité d'humeur. C'est donc un combat permanent contre l'incertitude, l'urgence, le doute... Mais puisque la patience vient de l'Esprit Saint, chacun peut la lui demander, et la redemander encore : sa patience est inusable ! Et il nous fait découvrir que l'attente d'une chose désirée, c'est déjà du bonheur, que persévérer quand une chose est ardue, quand la solution semble lointaine, c'est dur mais souvent possible, et profitable.

POUR FAIRE LE LIEN

ESPRIT SAINT P. 17, 45

EFFORT P. 77

PATIENCE DE DIEU P. 168

GRANDIR DANS LA FOI P. 133, 162

Test

TESTE TA PATIENCE ! RÉPONDS AUX QUESTIONS PUIS COMPTE TES POINTS.

Tu croises un ami dans la rue. Tu lui dis :
- ★ « Salut ! Ça va ? » en continuant ta route sans attendre la réponse.
- ◆ « Salut ! » puis tu poursuis ton chemin.
- ● « Salut ! Ça va ? » et tu t'arrêtes pour discuter un peu.

Tu décides de bricoler mais cela se révèle plus compliqué que prévu.
- ◆ Tu continues tout en accusant tes outils d'être mauvais.
- ★ Tu mets de côté ton travail. Tu le reprendras plus tard.
- ● Tu demandes conseil à un adulte pour trouver une solution.

Quel est ton jeu de cartes préféré ?
- ◆ Une crapette rapide.
- ★ Une patience.
- ● Une bataille.

Le vendeur n'a pas le disque que tu veux acheter.
- ◆ Tu vas chez le concurrent pour essayer de le trouver.
- ★ Tant pis, tu viens d'en découvrir un autre qui a l'air aussi bien.
- ● Tu le commandes pour la semaine prochaine.

Il est vraiment temps de partir en cours.
- ● Tu embrasses ta mère et tu t'en vas.
- ◆ Tu pars en claquant la porte.
- ★ Tu ne te presses pas : de toutes les façons, tu es déjà en retard.

Solutions

Tu as un maximum de ◆
Difficile de te faire tenir en place. Ton impatience n'est pas simplement le signe d'un caractère fougueux. Elle révèle aussi que tu ne maîtrises pas ton humeur et que les autres t'énervent vite. Prends sur toi plus souvent et n'accuse pas le monde entier en cas de problème.

Tu as un maximum de ●
Bravo ! Tu es patient dans le bon sens du terme. Tu restes calme en toute situation mais tu sais aussi écouter les autres et rester disponible. Tes proches te trouvent très posé mais tu recherches beaucoup la compagnie et tu aimes rendre service.

Tu as un maximum de ★
Au premier abord, tu es le plus patient de tous : rien ne te fait sortir de tes gonds. Tu caches bien ton jeu. Tu es plutôt un peu paresseux et très solitaire. Cela demande trop d'efforts de considérer les autres et tu préfères vivre dans ton coin. Dommage !

PETIT COUP DE POUCE POUR LA VIE

MES PARENTS N'ARRÊTENT PAS DE ME DIRE : « SOIS RESPONSABLE ! » DE QUOI SUIS-JE RESPONSABLE ?

À l'abri d'une immense serre, des arbres minuscules sont alignés dans des pots. Tous les jours le pépiniériste vient les arroser, les tailler et leur donner de l'engrais, jusqu'au moment où il sera temps de mettre ces jeunes arbres en pleine terre car ils pourront grandir seuls.

Les parents sont un peu comme le pépiniériste. Avant de laisser un enfant voler de ses propres ailes, ils veulent lui donner tout ce dont il aura besoin pour être fort et solide plus tard : l'amour, la foi, la confiance en soi et le sens des responsabilités. Ils savent qu'ils ne seront pas toujours à ses côtés, alors ils l'aident à se construire.

Responsable aujourd'hui et demain

Mais c'est quoi, « être responsable » ? Dans « responsable », il y a « réponse » : cette capacité de répondre de ses actes, d'assumer les conséquences, bonnes ou mauvaises, de ce que l'on a fait, c'est essentiel. Parce qu'à ce prix on devient quelqu'un sur qui les autres peuvent compter.

Quand on s'engage à faire quelque chose, on peut l'« oublier ». Quand les choses tournent mal, on peut chercher un coupable, mentir ou disparaître dans la nature. Mais rapidement on ne sera plus fiable pour personne. Mieux vaut donc apprendre à réfléchir avant, et à écoper après, le cas échéant...

C'est ta vie, prends-la en main !

Nul n'a besoin d'être déjà adulte pour faire des choix qui l'engagent, le font grandir : les études et l'avenir professionnel, les loisirs et ce qu'ils impliquent d'organisation, les amitiés fidèles sont autant d'occasions.

La foi, c'est aussi une responsabilité dès l'adolescence : c'est à ce moment qu'on reprend à son compte la foi dont les parents ont témoigné. Dieu veut chacun de ses fils libre et responsable devant lui, parce qu'il appelle chacun à une tâche. C'est la vocation (ce mot vient du verbe « appeler ») de tout baptisé.

« Celui qui est digne de confiance dans la moindre chose est digne de confiance aussi dans une grande. Celui qui est malhonnête dans la moindre chose est malhonnête aussi dans une grande. »

LUC 16, 10

POUR FAIRE LE LIEN

ÉCOLOGIE P. 10

GRANDIR DANS LA FOI P. 133, 162

CHOISIR P. 55

LIBERTÉ P. 52, 267

BIEN ET MAL P. 200

Témoin d'aujourd'hui

LES SCOUTS

Quand le père Jacques Sevin crée les Scouts de France en 1920, il marche sur les traces de Baden-Powell. Pour lui, le scoutisme est une école de la responsabilité et de la foi. Il doit former de futurs adultes chrétiens et solides. Les jeunes qui rejoignent une troupe découvrent le respect de la nature, des autres et en particulier des plus faibles. Dans l'équipe ou la patrouille, les plus jeunes sont confiés aux aînés. Chacun prend des responsabilités à la mesure de son âge, de ses capacités et de ses goûts : la cuisine, les installations du camp, etc. Celles-ci doivent être solides en cas d'orage !

Et toi ?

Si tu veux faire bouger les choses, que tu agis en équipe, que tu aimes le travail bien fait, que tu as des idées... on recrute un peu partout ! Pas besoin d'être diplômé, ni majeur, il y a des postes à pourvoir immédiatement :

- **Dans la famille : collaborateur souriant aux tâches ménagères, intervenant « SOS devoirs » pour petit frère/sœur, gardien du calendrier des anniversaires et des fêtes...**
- **Au collège : délégué de classe, médiateur, journaliste, spécialiste en accueil des nouveaux...**
- **À l'aumônerie, à la paroisse : lecteur, animateur de messe, choriste, musicien, chef de projets solidaires...**

CRÉATEUR DE JEUNES TALENTS

JE SUIS DOUÉ POUR LE PIANO MAIS JE N'AIME PAS LES COURS. TOUT LE MONDE ME DIT QUE JE GÂCHE MON TALENT. EST-CE GRAVE ?

Les uns manient les pinceaux à la perfection. Les autres sont nés avec un ballon au bout des pieds. Certains ont les mathématiques dans le sang. D'autres encore trouvent toujours les mots justes pour réconforter. Toi, tu es doué pour le piano.
Sans doute le mot « talents » te fait-il penser à la parabole du même nom où un maître distribue des talents à ses serviteurs et attend d'eux qu'ils les fassent fructifier. Mais on a trop vite fait de convertir les talents dont il est question en qualités, en capacités : faire du piano, jouer au foot, résoudre un problème de maths… Le don de Dieu, celui qu'il nous confie, c'est bien autre chose que la virtuosité musicale ou le « génie » mathématique ; c'est sa parole d'amour et sa promesse de vie éternelle. Et ce don est offert à tous :

Témoin d'hier

FRA ANGELICO

Guidolino di Pietro n'a pas 17 ans lorsqu'il quitte sa campagne pour rejoindre Florence. En ce siècle de Renaissance italienne, c'est l'une des villes les plus brillantes d'Europe. Mais très vite, Guido sort du lot. Il a tout pour devenir un peintre de la cour des Médicis. Pourtant le jeune homme a d'autres projets en tête : il veut devenir dominicain. Vers 1420, c'est chose faite. Va-t-il gâcher son talent pour autant ? Non, puisque désormais c'est de sa foi et de l'amour du Christ qu'il témoigne à travers sa peinture. Ses frères dominicains trouvent qu'il le fait divinement, on le surnomme bientôt Fra Angelico, « frère angélique ». Aujourd'hui, ses fresques du couvent San Marco de Florence sont connues dans le monde entier.

après sa résurrection, Jésus a chargé ses apôtres d'aller annoncer la Bonne Nouvelle à tous les hommes de la Terre. Car aux yeux de Dieu, il n'y a pas les doués et les moins doués : tout le monde, du plus simple au plus intelligent des hommes, est appelé à devenir son disciple.

Et le piano dans tout cela ?

Si tu es doué pour le piano mais que les cours t'ennuient, mieux vaut réfléchir un peu avant de prendre une décision. Est-ce toi qui as voulu apprendre à jouer de cet instrument, ou tes parents ont-ils choisi pour toi ? Est-ce la méthode qui t'ennuie, le professeur, les exercices, ou le temps que cela te prend ? Demande conseil. Parles-en avec tes parents. Réfléchis à ce qui est le mieux pour faire fructifier ce don tout en restant en harmonie avec toi-même. Peut-être faut-il que tu abandonnes pendant un temps le piano plutôt que de te forcer et de risquer d'en être dégoûté à tout jamais. Peut-être faut-il simplement que tu trouves un autre professeur ? Bien sûr, pour être bon, on ne peut se passer des gammes – en musique comme en foot... Mais cela vaut la peine si tu éprouves de la satisfaction à jouer quand tu as réussi à bien apprendre un morceau, et si tu peux partager ce plaisir. Alors ce qui est une chance pour toi deviendra aussi une joie pour les autres.

Peut-être que la guitare ou la batterie te plairaient davantage ? À ton âge, c'est le moment de s'essayer à faire ce qu'on aime vraiment. Mais là aussi, il faudra de la discipline, et beaucoup de travail.

POUR FAIRE LE LIEN

AMOUR DE DIEU P. 13

DIEU PÈRE P. 45, 52

LIBERTÉ P. 267

CHOISIR P. 70, 200

CONFIANCE P. 52, 58

GRANDIR DANS LA FOI P. 133

« Le Royaume des cieux est comparable à une graine de moutarde qu'un homme a prise et qu'il a semée dans son champ. C'est la plus petite de toutes les semences, mais, quand elle a poussé, elle dépasse les autres plantes potagères et devient un arbre, si bien que les oiseaux du ciel viennent et font leurs nids dans ses branches. »

MATTHIEU 13, 31-32

Et toi ?

Ce qui compte, ce n'est pas la multitude des dons que tu as reçus, ce n'est pas que tu sois doué pour le piano, ou pour autre chose. Ce qui compte c'est le don que tu ne vois pas, celui de Dieu, et qui peut devenir si grand, bien plus grand que tu ne peux l'imaginer ; cette vie nouvelle que Dieu t'offre et qui va te faire vivre pleinement si tu acceptes de l'accueillir et de la faire fructifier. Comme la graine de sénevé, si petite et qui peut devenir si grande.

Témoin d'aujourd'hui

PAUL VI

En 1968, le pape Paul VI s'adresse aux artistes et leur rappelle leur rôle dans l'Église :

« À vous tous, artistes, qui êtes épris de la beauté : l'Église a besoin de vous et se tourne vers vous. Ne refusez pas de mettre votre talent au service de la vérité divine ! Ne fermez pas votre esprit aux souffles du Saint-Esprit !

Ce monde dans lequel nous vivons a besoin de beauté pour ne pas sombrer dans la désespérance. La beauté, comme la vérité, c'est ce qui met la joie au cœur des hommes. Et cela par vos mains... »

LES ARTISTES DE DIEU

LES ARTISTES QUI ONT MIS LEUR TALENT AU SERVICE DE LEUR FOI SONT NOMBREUX. RECONNAIS-TU CEUX-LÀ ?

Compositeur, je suis né en 1685 en Allemagne. Je compose ma première cantate à 19 ans. Fidèle à ma devise « Soli Deo Gloria » (« À la seule gloire de Dieu »), j'essaye de faire passer dans mes œuvres un message de foi pour l'éducation de mon prochain. Je suis un musicien génial : ma *Messe en si mineur* reste l'un des piliers de la musique sacrée. Mais la gloire viendra surtout après ma mort, en 1750.
Je suis ?

Jean-Sébastien Bach

Écrivain, diplomate, j'entre dans Notre-Dame de Paris le jour de Noël 1886. Et soudain, la foi de mon enfance que j'avais abandonnée se révèle à moi comme une évidence. Désormais, tout mon travail sera centré sur cette révélation mystique. Ma poésie et mon théâtre chantent la gloire de Dieu : *L'Annonce faite à Marie* et *Le Soulier de satin* sont mondialement connus.
Je suis ?

Paul Claudel

Architecte, je suis catalan, espagnol. Mes œuvres sont identifiables entre mille : leurs formes arrondies, les carreaux de céramique qui les couvrent sont comme ma signature. Pendant plus de quarante ans, jusqu'à ma mort en 1926, je travaille sur le projet d'une église à Barcelone : la Sagrada Familia. À la fin de ma vie, je me dépouille de mes biens et me consacre à la prière. Aujourd'hui, l'église dont je rêvais n'est toujours pas terminée...
Je suis ?

Antonio Gaudi

Peintre, je suis l'un de ceux qu'on appelle les fauves. Né en 1869, je commence la peinture à 20 ans. Je travaille beaucoup les formes, les couleurs. Je vais vers une épure des unes, vers un affrontement des autres. Pour *La Danse* et *La Musique*, ne restent plus que de simples silhouettes bleues. À 77 ans, je participe à la construction de la chapelle Notre-Dame-du-Rosaire, à Vence, en Provence. Ce sera le chef-d'œuvre de toute ma vie, et ma conversion.
Je suis ?

Henri Matisse

UN PEU D'EFFORT, BEAUCOUP D'EFFET !

À LA MONTAGNE, MES COUSINS FONT BEAUCOUP DE RANDONNÉES. MOI, JE TROUVE QUE C'EST IDIOT DE MARCHER TOUTE LA JOURNÉE EN PORTANT UN GROS SAC ! VIVE LA CHAISE LONGUE !

C'est Haddock qui est d'accord : dans *Tintin au Tibet*, il se moquait de son ami et de sa manie de monter sur des tas de cailloux pour mieux en redescendre, risquant sans arrêt de se rompre le cou. Et puis, de plus en plus de panoramas sont accessibles en voiture.

Vivre ou vivoter ?

Les efforts, ce n'est pas que pour les autres : il nous arrive à tous de souffrir sur un problème de maths, de manquer rendre l'âme au dernier tour de stade, ou de ronger son frein pour ne pas jeter sa petite sœur par la fenêtre parce qu'elle a piqué notre DVD préféré ! Sommes-nous « masos » ? Ça ne va pas de soi d'agir ainsi, le premier réflexe est d'éviter tout ce qui est fatigant, difficile. C'est donc que nous pensons que, dans certaines circonstances, le jeu en vaut la chandelle. Et alors, la volonté prend les commandes, et en avant la galère... Sans rien à perdre : si ça marche, on y gagnera la joie des vainqueurs, si on échoue, la fierté d'avoir tout tenté. L'effort, il n'y a rien de plus personnel. Tu fais travailler ta tête ou tes jambes (voire les deux), pas celles du voisin, et tu peux donc savourer le succès, il t'appartient. D'ailleurs, un autre qui aura trouvé cela plus facile le goûtera moins, mais s'emballera pour quelque chose que tu trouves ordinaire.

Témoin d'hier

SAINT IGNACE DE LOYOLA

Ils en prennent, des fous rires, les gamins du collège Montaigu... Sur les bancs de leur classe, en cette année 1528, il y a un « vieux » de 37 ans, qui transpire sur les déclinaisons latines et bredouille des réponses. Que vient-il faire là, cet Espagnol à l'air fier ? Ignace vient changer de vie. Une vilaine blessure a donné à l'ancien capitaine le temps de se questionner. Loin des bouches à feu et des chevaux d'Andalousie, il recommence tout : il faut faire des études pour devenir prêtre. Bientôt, Pierre Favre et François Xavier le rejoignent. Avec eux, il va fonder la Compagnie de Jésus (les Jésuites), qui recrute encore aujourd'hui de brillants intellectuels et d'infatigables missionnaires.

Tout ce qui doit grandir en nous

Certaines de nos richesses sont disponibles, sans y faire quoi que ce soit. Il y en a d'autres, ni plus grandes ni moindres, qui ne demandent qu'à être mises en valeur pourvu qu'on y travaille. On peut toujours se réfugier derrière des phrases définitives : « Ce n'est pas pour moi », « Faut pas forcer sa nature... » On peut aussi tenter de se dépasser, aller au-delà de soi-même, comme certains sportifs. Il y a des athlètes naturellement doués, d'autres sont plus laborieux ; mais aucun ne se dépasse sans travail, fidélité, courage. Notre foi, aussi, doit grandir. Dieu confie ses dons à notre liberté. Tout le monde passerait bien certains dimanches matin au lit, et chacun peut rêver de rendre une gifle, plutôt que de tendre l'autre joue, les dents serrées. Suivre Jésus au quotidien est un choix exigeant. Mais lui a donné sa vie, il a pris sa Croix, malgré la peur de la mort, malgré l'abandon des siens. Alors laisse ta chaise longue et marche !

> « Certes, je n'ai pas encore obtenu cela, je n'ai pas encore atteint la perfection, mais je poursuis ma course pour tâcher de saisir, puisque j'ai moi-même été saisi par le Christ Jésus. [...] Oubliant ce qui est en arrière, et lancé vers l'avant, je cours vers le but en vue du prix auquel Dieu nous appelle là-haut dans le Christ Jésus. »

PHILIPPIENS 3, 12-14

POUR FAIRE LE LIEN

EFFORT P. 73

GRANDIR DANS LA FOI P. 70, 133

AGIR P. 255, 283

OFFRIR SA VIE P. 117

CROIX DE JÉSUS P. 117

Question d'aujourd'hui

ET SI ON MARCHAIT POUR DE VRAI ?

Partir en pèlerinage, c'est se mettre en marche sous le regard de Dieu et lui offrir nos efforts et notre chemin.

Il existe de nombreux pèlerinages. Le plus célèbre est sans doute la route de Compostelle qui mène jusqu'au tombeau de saint Jacques en Espagne. Mais il existe aussi des pèlerinages spécialement organisés pour les jeunes. Renseigne-toi dans ta paroisse ou auprès de communautés religieuses. Tu peux aller à Lourdes et en profiter pour te mettre au service des malades, faire un pélérinage en VTT ou marcher simplement vers une église près de chez toi.

Et toi ?

La sueur pour la sueur, ce n'est pas le but. Mais si tu apprends à te connaître, tu découvriras ce qui te demande de l'effort, et ce qui t'est facile. À toi alors de faire profiter les autres de tes facilités et de ne pas renoncer dès qu'il faut être un peu plus laborieux.

Ma copine,
c'est pour la vie
Famille nombreuse,
famille heureuse !
MAIS
LÂCHEZ-MOI !!!

Ma FAMILLE, mes amis !

L'AMOUR ? C'EST DE FAMILLE !

À LA MAISON, TOUT LE MONDE VEUT SANS ARRÊT FAIRE DES ACTIVITÉS EN FAMILLE. J'EN AI MARRE !

Ce soir, séance cinéma à la maison ! Au programme : vidéos des vacances familiales et saladier de pop-corn ! Les fous rires et la bonne humeur sont garantis... sauf pour ceux qui préféreraient une soirée cinéma entre copains.

Souvenirs, souvenirs...

C'est précieux les souvenirs, et la famille est le premier lieu où on les cultive ! Évoquer des souvenirs, c'est partager une complicité et se redire implicitement l'amour que l'on a les uns pour les autres. Encore faut-il en prendre le temps et ne pas négliger de puiser dans ces trésors irremplaçables. Or, objectivement, on passe moins de temps en famille qu'avec ses professeurs et ses camarades de collège ou de loisirs. Il faut donc rester dans un juste équilibre. Ne vivre qu'avec et pour sa famille n'est pas une solution. Chacun a besoin d'avoir un espace personnel et de se confronter à d'autres. À l'inverse, vouloir toujours vivre à l'écart du cercle familial, c'est se priver d'appuis solides pour construire sa vie.

Témoins d'aujourd'hui

LUIGI ET MARIA QUATTROCCHI

Après deux millénaires d'histoire, et autant de vies de saints, il y a encore de nouvelles bonnes raisons d'être montré en exemple. En 2001, Luigi et Maria Quattrocchi (nés en 1180 et 1884) ont été canonisés, tout simplement parce qu'ils étaient des parents ordinaires. Selon le pape, ils avaient « vécu une vie ordinaire de façon extraordinaire. Avec les joies et les préoccupations d'une vie de famille normale, ils ont su construire une vie extraordinairement riche de spiritualité. Au centre, l'eucharistie quotidienne, à laquelle s'ajoutaient les dévotions filiales à la Vierge Marie ». Trois de leurs enfants deviendront religieux. La quatrième est laïque consacrée.

« Je vous donne un commandement nouveau :
c'est de vous aimer les uns les autres.
Comme je vous ai aimés, vous aussi aimez-vous les uns les autres.
À ceci, tous reconnaîtront que vous êtes mes disciples :
si vous avez de l'amour les uns pour les autres. »

JEAN 13, 34-35

École de vie

Dans une famille, on apprend à vivre en harmonie, tous ensemble. Cela suppose le respect, le dialogue, le partage, la patience, le service, l'écoute, l'obéissance, la joie, l'amour. Autant de valeurs sûres pour vivre en chrétien, aujourd'hui et demain, dans le monde qui nous entoure. Mais cela demande aussi beaucoup d'humour et quelquefois de bonnes mises au point pour se faire entendre et prendre sa vraie place. C'est pourquoi fuir les moments de complicité qui unissent toute la famille, c'est refuser de faire des provisions d'amour.

Prière

PRIÈRE À LA SAINTE FAMILLE

La Sainte Famille est un modèle pour nous tous. Prions-la en famille !

« Sainte Famille de Nazareth, nous nous confions à vous, tous ensemble, en famille. Parce que Dieu a choisi de venir dans une famille, et par une famille, pour sauver le monde et lui montrer son amour. Nous avons ouvert votre porte et nous sommes entrés chez vous.

Joseph, tu es le modèle des pères, attentif et doux, fort et protecteur.

Marie, lumière et joie de la maison, tu es le modèle des mamans qui aiment et qui consolent.

Enfant Jésus, tu es le modèle de l'obéissance et de l'amour pour les parents.

Faites que notre famille vous ressemble de plus en plus. Gardez-nous dans la paix et la prière. Gardez-nous des disputes, de la jalousie et de l'impatience. Gardez-nous dans la volonté de Dieu et dans le désir de nous donner aux autres. Gardez-nous dans l'harmonie et dans la charité et veillez à tous nos besoins matériels et spirituels. Amen. »

Et toi ?

Ce qui t'ennuie peut-être le plus dans les activités en famille, c'est de les subir sans jamais choisir. Ce n'est pas une fatalité : plutôt que de te plier à ces sorties familiales avec un air bougon, fais tes propres propositions ! Quitte à en discuter ensuite, afin de trouver la solution qui conviendra à tout le monde.

POUR FAIRE LE LIEN

FAMILLE P. 45

PAIX P. 248

LIBERTÉ P. 267

HUMOUR P. 195

JÉSUS EN FAMILLE

COMME DANS UN JEU DE SEPT FAMILLES, LA FAMILLE DE JÉSUS COMPTE UN GRAND-PÈRE, UNE GRAND-MÈRE, UNE MÈRE, UN PÈRE (ADOPTIF)... LES CONNAIS-TU ?

Saint Joachim

On raconte que Joachim et Anne ne pouvaient avoir d'enfant. Un jour, l'ange Gabriel apparut à Joachim. Il lui dit : « Anne, ton épouse, mettra au monde une fille ; vous la nommerez Marie et vous la consacrerez à Dieu dans le Temple ; le Saint-Esprit habitera dans son âme dès le sein de sa mère et il opérera en elle de grandes choses. »

Le grand-père

Sainte Anne

Comme pour son mari, Joachim, on ne sait que très peu de chose sur sainte Anne. La seule certitude que nous puissions avoir, c'est qu'elle a su transmettre une foi profonde et sincère à sa fille Marie. C'est elle et son mari qui ont ouvert le cœur de Marie à l'amour de Dieu et qui l'ont préparée à accueillir son dessein.

La grand-mère

Saint Joseph

La Bible parle peu de saint Joseph. On y apprend simplement qu'il était un homme juste. C'est pourquoi il accepte avec confiance de prendre Marie chez lui alors qu'elle est enceinte. C'est aussi pour cela qu'il tiendra son rôle de père sans faillir auprès de Jésus. Avec Marie, il lui offrira le cadre d'une famille aimante.

Le père

Sainte Marie

Marie est née sans le péché originel, elle est Immaculée et toute tournée vers Dieu. Par son « oui » le jour de l'Annonciation, elle a accepté de devenir la mère de Jésus, notre Sauveur. Aujourd'hui, elle est aussi notre mère à tous. Elle intercède pour nous auprès de son Fils.

La mère

Jésus

« Dieu a tant aimé le monde qu'il nous a donné son propre Fils. » Jésus est né de la Vierge Marie pour prendre notre condition humaine et nous libérer du péché par sa mort et sa résurrection.

Le Fils

Toi !

Par ton baptême, tu es devenu enfant de Dieu. Dans la Bible, lorsque l'on entend parler des frères et sœurs de Jésus, c'est de toute l'humanité qu'il s'agit. Car, par le baptême, nous sommes tous frères dans le Christ.

Le fils ou la fille

LES LIMITES POUR UN BONHEUR SANS LIMITES

MES PARENTS ME DISENT SOUVENT « NON ». JE VOUDRAIS BIEN QU'ILS ME LAISSENT UN PEU PLUS LIBRE !

En général, on empêche un enfant de manger jusqu'à l'indigestion, on prévient un ami des risques d'une tricherie... justement, parce qu'on les aime. Les parents ont le devoir de veiller sur la santé physique et morale de leurs enfants jusqu'à leur majorité. C'est la loi qui les y oblige mais c'est surtout l'amour. S'ils refusent une sortie, un supplément d'argent de poche ou un scooter, c'est parce qu'ils ont le souci du bien de leur enfant.

Témoin d'hier

SAINT JEAN BOSCO

Jean, encore enfant, fait un songe étrange : il doit séparer des garçons en pleine bagarre. Mais quand il s'y prend à coups de poing, ces jeunes se transforment en fauves. Alors Jésus lui montre la force de la douceur. Devenu prêtre, Jean Bosco va s'efforcer d'être fidèle à ce songe. Il commence dans les quartiers pauvres de Turin, en pleine révolution industrielle italienne. Aux enfants laissés à eux-mêmes et misérables, il apprend l'amour, mais aussi l'autorité. Il n'hésite pas à dire non, même quand les adolescents ont un bâton en mains. Et ça marche ! Jean aime répéter qu'il faut « non seulement que les jeunes soient aimés mais qu'ils se sachent aimés ».

Conscience et confiance

Le petit enfant qui apprend à marcher se voit d'abord interdire l'escalier. Plus tard, lorsqu'il sera plus solide sur ses jambes, ses parents le laisseront s'y engager. Les interdits des parents jouent le même rôle de protection, jusqu'à ce que les enfants soient capables de se débrouiller seuls. Mais la mission des parents, c'est aussi d'apprendre aux enfants à juger du bien et du mal. On ne fait jamais les choix complètement seul. On se construit des repères, et la conscience vient souvent s'en mêler : cette petite voix qui donne son avis, quelle que soit la décision à prendre, elle se mêle de tout. Encore faut-il l'éduquer, la former pour qu'elle prodigue les bons

conseils. Cela demande écoute et compréhension car, généralement, les situations sont compliquées, les choses ne sont ni blanches ni noires. Il faut alors apprendre à discerner dans tout cela ce qui est le mieux ou le moins mal.
Les parents participent à ce travail. Ils aident leur enfant à structurer, écouter et alimenter sa conscience. C'est la raison de leurs interdits qui ne sont pas des brimades mais des seuils pour apprendre à grandir. Il peut arriver aussi, c'est vrai, que les parents n'aient pas pris conscience que leur enfant grandissait, qu'il commençait

> « Vous les enfants, obéissez en toute chose à vos parents ; cela est beau dans le Seigneur. Et vous les parents, n'exaspérez pas vos enfants ; vous risqueriez de les décourager. »
>
> COLOSSIENS 3, 20-21

de mériter leur confiance dans beaucoup de domaines. Autant alors en discuter avec eux pour trouver un accord et ensuite, bien sûr, le respecter dans une confiance toujours grandissante.

Et toi ?

Lorsque tes parents te disent « non », essaie de comprendre pourquoi ils réagissent ainsi. Essaie aussi de réfléchir par toi-même, et confie tout cela au Seigneur. La vraie prière, ce ne sera pas de vouloir avoir raison, ni de demander à Dieu qu'il fasse changer tes parents d'avis. Demande-lui plutôt d'éclairer ta conscience pour agir de façon juste et responsable.

Le sais-tu ?

LES DIX COMMANDEMENTS

En donnant à Moïse et au peuple d'Israël ses commandements, Dieu fixait clairement des limites pour éviter à l'homme de se détruire lui-même. Si tu lis attentivement ces dix Paroles – le Décalogue –, tu t'apercevras que les trois premières concernent la relation à Dieu, car c'est lui qui est la source de notre existence.

« Tu aimeras le Seigneur ton Dieu de tout ton cœur, de toute ton âme et de tout ton esprit.
Tu ne prononceras pas le nom du Seigneur ton Dieu à faux.
Le septième jour sera un jour de repos complet consacré au Seigneur.
Honore ton père et ta mère.
Tu ne commettras pas de meurtre.
Tu ne commettras pas d'adultère.
Tu ne commettras pas de vol.
Tu ne témoigneras pas faussement contre ton prochain.
Tu ne convoiteras pas la femme de ton prochain.
Tu ne désireras rien de ce qui est à ton prochain. »

D'après Exode 20, 1-17

POUR FAIRE LE LIEN

LIBERTÉ P. 267
FORMER SA CONSCIENCE P. 200
CONFIANCE P. 70
PRUDENCE P. 136

LE DIVORCE, RUPTURE D'ALLIANCE

MES PARENTS SONT DIVORCÉS. POURTANT, ILS AVAIENT PROMIS DEVANT DIEU DE S'AIMER TOUJOURS. EST-CE QUE DIEU LEUR PARDONNE ?

L'Église peut sembler rejeter très sévèrement ceux qui ont divorcé après s'être mariés à l'Église. Cela paraît injuste, surtout quand on connaît bien des personnes divorcées, a fortiori quand il s'agit de ses propres parents. On voit bien qu'ils croient en Dieu et qu'ils sont capables d'aimer, d'aider les autres, comme les autres chrétiens. Alors, ce qu'ils ont fait est-il vraiment impardonnable ? Le divorce est-il si grave que cela ?

Le mariage à l'église, c'est pour toujours

Le divorce est autorisé par la loi. Il rompt le mariage civil conclu à la mairie : devant la société, les divorcés ne sont plus mari et femme. Mais il en est tout autrement devant Dieu. Le sacrement

de mariage, reçu à l'église, est indestructible. Pourquoi ? Parce que cette alliance qu'un homme et une femme ont voulu conclure est devenue le signe de l'amour de Dieu. Et cet amour-là n'est pas limité, c'est un amour pour toujours, un amour jusqu'au bout.

Alors, s'ils se séparent, Dieu leur en veut ?

Aucun homme, aucune femme n'est impardonnable pour Dieu, qui est un Dieu « lent à la colère et plein d'amour ». Et l'Église a toujours à cœur de montrer la miséricorde du Père envers les personnes divorcées,

Prière

SEIGNEUR, REGARDE MA FAMILLE

« Seigneur, regarde ma famille avec bonté. Me voilà parfois chez maman, parfois chez papa. Aide-les à te faire confiance et à se reposer sur toi. Qu'ils sachent que tu les aimes et que tu les accueilles comme un Père. Que ton amour soit sur nous. Aide-moi à vivre cet amour éclaté dans la paix, avec la certitude que tu aides ma famille telle qu'elle est, là où elle en est. Apprends-moi à aimer comme tu aimes tous les hommes. »

comme envers tous les autres chrétiens qui ont le désir de reconnaître leur faiblesse. Tout baptisé reste enfant de Dieu. Les catholiques divorcés ont leur place au sein de l'Église et peuvent recevoir tous les sacrements comme n'importe quel autre croyant – sauf s'ils sont remariés. Dans ce cas, ils peuvent faire baptiser leurs enfants et participer à la vie de leur paroisse (groupes de prière, actions caritatives, etc.). Ils sont bien sûr invités à participer à la messe du dimanche, mais ils ne peuvent pas communier. Pourquoi ? Ce n'est pas une punition, c'est la conséquence d'une grave décision : en se remariant, ils ont décidé de rompre leur premier engagement qui était pour toujours. Or, communier signifie que l'on veut vivre comme le Christ, fidèle jusqu'au bout.

« Des pharisiens s'approchèrent de [Jésus] pour le mettre à l'épreuve ; ils lui demandèrent : "Est-il permis à un homme de renvoyer sa femme pour n'importe quel motif ?" Il répondit : "N'avez-vous pas lu ceci ? Dès le commencement, le Créateur les fit homme et femme, et dit : 'À cause de cela, l'homme quittera son père et sa mère, il s'attachera à sa femme, et tous deux deviendront une seule chair.' Ainsi, ils ne sont plus deux, mais une seule chair. Donc, ce que Dieu a uni, que l'homme ne le sépare pas !" »

MATTHIEU 19, 3-6

Et toi ?

Il est possible que tu en veuilles beaucoup à tes parents de s'être séparés et que tu aies du mal à leur pardonner. Sans doute faudra-t-il du temps pour apaiser ta peine. Parles-en avec quelqu'un en qui tu as confiance, qui pourra t'aider à comprendre que tes parents ont simplement essayé de trouver une solution à une situation qu'ils trouvaient trop difficile à vivre. Et si tes parents se sentent rejetés par l'Église, encourage-les à ne pas se replier sur eux et à en parler avec tel ou tel prêtre ou avec un autre couple vivant la même situation.

POUR FAIRE LE LIEN

MARIAGE	P. 277
FIDÉLITÉ	P. 172
SACREMENT	P. 130
PARDON	P. 168
AMOUR DE DIEU	P. 6

Témoin d'aujourd'hui

PAPE FRANÇOIS

À la question des personnes divorcées et remariées, le pape François répond par la miséricorde de Dieu. « La miséricorde est plus grande que toutes ces situations. Le Seigneur ne se fatigue jamais de pardonner. Avant tout, donc, il faut soigner les blessés. L'Église est mère. Elle doit aller sur la voie de la miséricorde et trouver une façon d'exprimer la miséricorde pour tous. Quand le fils prodigue est revenu à la maison, son papa ne lui a pas demandé : "Qu'as-tu fait de l'argent ?" Mais il s'est inquiété pour lui et a organisé une fête pour le recevoir. L'Église doit donc faire de même : pas seulement attendre les divorcés remariés mais aller les trouver. Voilà la miséricorde ! »

L'HOMME INVISIBLE OU SUPERMAN ?

J'AI UN COPAIN QUI S'EST FAIT INSULTER MAIS JE N'AI PAS OSÉ INTERVENIR.

Qui vole au secours des malheureux et défend les opprimés ? Qui casse la figure aux « bourreaux » ? Les super-héros de nos BD ! Pour eux c'est facile, ils sont indestructibles ! Malheureusement, toi, tu es une personne ordinaire. Alors, quand quelqu'un se fait insulter ou menacer, tu n'oses pas toujours intervenir. Tu as peur...

La peur est humaine...

La peur est une expérience universelle. Tout ce qui nous menace, tout ce qui paraît plus fort que nous peut nous effrayer. Le bébé a peur du noir, l'enfant craint d'être grondé, le malade redoute l'opération. Il n'y a pas de honte à avoir. C'est tout simplement humain, et parfois très raisonnable : celui qui n'hésite jamais devant le danger, celui qui est téméraire

Témoin d'hier

SAINTE BLANDINE

En cette année 177, la persécution s'abat sur la petite communauté chrétienne de Lyon. Ceux qui osent se reconnaître fidèles du Christ sont promis à la mort dans l'arène, à l'occasion des cruels jeux du cirque. Qui ne tremblerait à cette idée ?

Les quelques chrétiens s'encouragent les uns les autres. Et ils prient particulièrement pour Blandine : c'est la plus jeune, la plus vulnérable en apparence. Elle n'est qu'une esclave. Pourra-t-elle tenir bon ? Devant les lions, sous les cornes des taureaux, elle ne cède pas, elle ne renie pas le Christ. Finalement, l'épée aura raison de sa vie, pas de son courage. Devant la foule stupéfaite, elle a donné une extraordinaire leçon aux bourreaux.

en toutes circonstances, celui-là est inquiétant pour lui-même et pour autrui.

...le courage aussi !

Le courage, ce n'est pas de vivre sans peur – c'est plutôt de vivre avec ou malgré elle. Cela consiste à surmonter sa peur, à ne pas se laisser paralyser. Rester calme, regarder la situation bien en face, évaluer le danger, voilà d'abord l'urgence. On n'est parfois pas le mieux placé pour intervenir, mais pas toujours le plus mal non plus. Être courageux, ce n'est pas demeurer seul face au danger. Ce n'est pas forcément non plus garder les dents serrées. Parfois, la sagesse impose de faire appel à des adultes. Par exemple, le racket est un acte grave, interdit par la loi et qui doit être puni. Dans des cas pareils, se taire, c'est se rendre complice des agresseurs, pas des victimes. Témoigner, pour que quelqu'un d'autre ne « trinque » pas à son tour, cela peut être une forme de courage.

« Comme Pierre était en bas, dans la cour, arrive une des jeunes servantes du grand prêtre. Elle voit Pierre qui se chauffe, le dévisage et lui dit : "Toi aussi, tu étais avec Jésus de Nazareth !" Pierre le nia : "Je ne sais pas, je ne comprends pas de quoi tu parles." Puis il sortit dans le vestibule, au dehors. Alors un coq chanta. La servante, ayant vu Pierre, se mit de nouveau à dire à ceux qui se trouvaient là : "Celui-ci est l'un d'entre eux !" De nouveau, Pierre le niait. Peu après, ceux qui se trouvaient là lui disaient à leur tour : "Sûrement tu es l'un d'entre eux ! D'ailleurs, tu es Galiléen." Alors il se mit à protester violemment et à jurer : "Je ne connais pas cet homme dont vous parlez." Et aussitôt, pour la seconde fois, un coq chanta. Alors Pierre se rappela cette parole que Jésus lui avait dite : "Avant que le coq chante deux fois, tu m'auras renié trois fois." Et il fondit en larmes. »

MARC 14, 66-72

Le respect, plus fort que l'insulte

Si tu veux réagir à l'insulte subie par ton ami, ne réponds pas sur le même ton, avec agressivité. Une insulte contre une insulte, où est le progrès ? Essaie de dire, calmement et fermement, que tu n'es pas d'accord. C'est important, surtout si ton ami est méprisé à cause de sa religion, de la couleur de sa peau, de ses parents ou de son niveau social. Certaines de ces insultes sont d'ailleurs punies par la loi. Tu peux aussi demander à l'agresseur pourquoi il parle ainsi. Il risque d'être tellement surpris que tu pourras peut-être discuter avec lui, voire le faire changer d'avis !

POUR FAIRE LE LIEN

LÉGITIME DÉFENSE P. 295

VIOLENCE P. 209

JUSTICE/LOI P. 209, 228

PEUR P. 165

COURAGE P. 30

Témoin d'aujourd'hui

MONSEIGNEUR OSCAR ROMERO

En 1977, au Salvador, en Amérique latine, une dictature s'installe. Les injustices et la terreur deviennent coutumières : s'opposer au régime, c'est tout simplement risquer sa vie. Surtout quand on est pauvre. Monseigneur Oscar Romero, archevêque de San Salvador, la capitale du pays, prend la parole pour défendre ceux qui souffrent. Sa soif de justice et son amour pour le peuple le poussent à s'opposer de plus en plus au gouvernement. On le raisonne, puis on le menace. Il continue. Il le paiera de sa vie. Le 24 mars 1980, il est assassiné alors qu'il célèbre la messe. Pour les chrétiens du monde entier, il reste un symbole du combat pour la justice mené au nom de l'Évangile.

UN AMI PAS COMME LES AUTRES

UN AMI A UN FRÈRE HANDICAPÉ. IL VEUT M'INVITER CHEZ LUI, MAIS J'AI UN PEU PEUR. JE NE SAIS PAS SI J'OSERAI PARLER À SON FRÈRE.

L'ami qui t'invite chez lui ne veut pas te présenter un frère handicapé. Il veut te faire rencontrer son frère, tout simplement. Écoute-le te parler de lui : « Hier, nous sommes allés au cinéma avec mon frère » ; « Mon frère et moi partageons la même chambre. » Jusque-là,

tu n'avais pas compris que son frère avait un handicap. Il a fallu qu'il te le dise. Car, pour ton ami, le handicap n'est pas ce qu'il y a de plus important ; ce qui compte avant tout à ses yeux, c'est la relation d'amour qu'il partage avec lui, une relation fraternelle.

Témoin d'hier

L'ABBÉ DE L'ÉPÉE

Un jour, l'abbé croise dans la rue des jumelles, les salue poliment. Elles ne répondent pas, faute de pouvoir le faire : elles sont sourdes et muettes. Ce minuscule incident va bouleverser sa vie. Le prêtre fonde une école, y accueille les deux jeunes filles – et d'autres… Son but est de faire parler les muets et entendre les sourds, rien de moins. Il veut leur offrir la possibilité de communiquer entre eux et avec le monde, leur faire connaître l'amour de Dieu pour eux. Quand il meurt, à la fin du XVIIIe siècle, il a posé les bases de la langue des signes très utilisée de nos jours, y compris dans certaines émissions de télévision.

Comme un ami parle à son ami

Un handicapé, c'est avant tout un enfant ou un adulte, un garçon ou une fille, un être humain, un fils ou une fille de Dieu. Son intelligence se développe sans doute moins vite que la moyenne ou bien son corps est déformé par la maladie. Mais il a un cœur pour aimer, il a envie et besoin d'amis. Ceux qui n'ont pas de handicaps se demandent souvent : « Que dois-je faire, que puis-je faire pour lui ? » Mais au fond, ils devraient

Gardez-vous de mépriser un seul de ces petits, car, je vous le dis, leurs anges dans les cieux voient sans cesse la face de mon Père qui est aux cieux.

MATTHIEU 18, 10

parfois simplement passer du temps avec la personne handicapée, la saluer, jouer, parler avec elle.

L'amour avant tout

Le premier contact avec une personne handicapée peut être parfois difficile. Un visage disgracieux ou un corps meurtri peut nous impressionner. Mais cette personne peut aussi nous toucher avec ses yeux qui parlent pour elle, qui disent sa joie, sa complicité, sa tristesse... Il faut savoir entendre un rire, un simple mot répété, accueillir un geste même peu démonstratif. Il n'y a pas de recettes pour trouver la bonne attitude. Seule compte la qualité de notre regard, de notre sourire, de notre attention. Le Christ, lui, a approché les malades et les handicapés, il les a aimés. En chaque personne meurtrie dans son corps ou dans son esprit, il a vu un enfant de Dieu, une âme qui pouvait être grande et belle.

Et toi ?

Souvent, on a peur de ne pas faire les choses comme il faut. Sois simplement attentif, naturel, comporte-toi avec l'idée de te faire un ami, pas de « rendre service ». Et si parfois tu es dérouté, regarde ceux qui ont l'habitude de s'occuper des handicapés. Ils connaissent des gestes aimants que nous hésitons à faire. Alors, imite-les !

POUR FAIRE LE LIEN

AIMÉS DE DIEU	P. 42, 225
ENFANT DE DIEU	P. 45
DONNER/RECEVOIR	P. 203
ENTRAIDE	P. 238
DIFFÉRENCE	P. 42

Question d'aujourd'hui

COMMENT LUTTER CONTRE LE HANDICAP ?

Certains pensent que des bébés trop handicapés ne pourraient être heureux et qu'il vaudrait mieux qu'ils ne naissent pas. Mais qui peut savoir à l'avance qui sera heureux ou non ? Les chercheurs doivent plutôt travailler à découvrir comment soigner le handicap et le rendre plus facile à vivre. Leur rôle est de protéger le plus faible, pas de le supprimer !

Le handicap nous gêne car nous aimerions que tout soit parfait. Pourtant, il est source de richesses lui aussi. Jean Vanier, qui a créé l'Arche pour accueillir les handicapés mentaux, écrit que ces personnes « ont le don de toucher les cœurs et d'appeler à l'unité ».

ADIEU RANCUNE… BONJOUR PARDON !

J'AVAIS CONFIÉ UN GRAND SECRET À UNE AMIE ET ELLE L'A RÉPÉTÉ À TOUTE LA CLASSE. ELLE M'A TRAHIE. JE NE LUI PARDONNERAI JAMAIS.

Tu es en colère et c'est normal. Pour toi, pas question de pardonner car ce serait dire à ton amie : « Ce n'est pas grave, n'importe qui aurait fait comme toi… » Or, justement, tu la croyais in-ca-pa-ble de faire cela. Lui pardonner sera plus difficile que d'excuser quelqu'un qui t'a bousculée dans la file d'attente du cinéma. Attends que la tempête soit calmée et réfléchis. Pardonner à quelqu'un qui t'a fait du mal n'a jamais voulu dire accepter le mal qui t'a été fait. Mais si ton amie a mal agi, elle n'est pas pour autant le mal incarné ! Un bon truc : regarde-toi ! Toi non plus tu n'es pas parfaite. Pourtant, tu vaux bien plus que tes défauts. Ton amie aussi est capable de faire le bien. Souviens-toi des qualités que tu lui trouvais. Tu as là une belle occasion de faire non seulement que votre amitié ne se casse pas mais qu'elle se renforce.

Témoin d'hier

SAINT ÉTIENNE

En ces temps-là, mieux vaut éviter de parler de Jésus : dans les mois qui suivent sa mort et sa résurrection, les autorités juives ont décidé de supprimer la nouvelle foi et ses adeptes. Ceux qui le proclament sont vus d'un très mauvais œil. Étienne est un des sept diacres que les apôtres ont choisis pour les aider, et il n'est pas assez « discret ». Des juifs zélés l'entraînent hors de la ville pour le lapider. Étienne se met alors à prier : « Seigneur Jésus, reçois mon esprit. » Puis, tombé à genoux, il crie d'une voix forte avant de mourir : « Seigneur, ne leur compte pas ce péché. » Un jeune homme regarde la scène. Il deviendra le grand apôtre Paul.

Sans retenue

Le Seigneur, qui pardonne toutes nos faiblesses, ne nous demande pas de juger mais de nous aimer les uns les autres. Pardonner ne signifie pas se forcer ou marmonner un pardon par politesse. Cela ne veut pas dire non plus qu'on ne voit plus le mal, ou qu'on pense que c'est devenu un bien. Cela veut dire qu'on va au-delà. Le vrai pardon dépasse le désir de vengeance. Rien à voir avec la lâcheté

de ceux qui veulent « calmer le jeu » pour éviter l'œil au beurre noir. Ceux-là, ils ne pardonnent qu'aux costauds. Le vrai pardon se donne sans condition. Lorsque Jésus nous demande de pardonner « soixante-dix-sept fois sept fois », il veut dire sans limite. Et de même que personne ne peut obliger l'autre à pardonner, le pardon ne s'impose pas : certains refusent de le donner, d'autres de le recevoir.

> « Pierre s'approcha de Jésus pour lui demander :
> "Seigneur, quand mon frère commettra des fautes contre moi, combien de fois dois-je lui pardonner ? Jusqu'à sept fois ?" Jésus lui répondit :
> "Je ne te dis pas jusqu'à sept fois, mais jusqu'à soixante-dix-sept fois sept fois." »

MATTHIEU 18, 21-23

100 % chrétien

Sur la Croix, le Christ continue d'aimer les hommes. Il pense d'abord à leur salut : « Père, pardonne-leur… » Parce qu'il est un authentique acte d'amour, le pardon est 100 % chrétien. Et les crimes ? Même les plus abominables, les plus injustes peuvent être pardonnés. Chacun sera alors rempli d'espérance car l'amour aura eu le dernier mot. C'est fort de donner son pardon. Un acte d'héroïsme ? Peut-être… Un acte d'amour ? Sûrement !

POUR FAIRE LE LIEN

AMITIÉ	P. 101
PARDON	P. 55, 168
VÉRITÉ	P. 216
PAIX	P. 212, 248

Et toi ?

Tu t'es disputé avec quelqu'un avec qui tu restes en froid ? Récite le Notre Père et médite ce passage : « Pardonne-nous nos offenses comme nous pardonnons aussi… » Puis, demande à Jésus la force de te réconcilier avec lui. Ton cœur débordera alors de paix et de joie mais pas forcément dans l'immédiat. Le vrai pardon, c'est difficile !

Témoin d'aujourd'hui

SAINTE MARIA GORETTI

Elle doit être bien jolie, Maria, du haut de ses 12 ans, pour tourner ainsi la tête d'Alexandre. Cet amoureux de 20 ans voudrait qu'elle cède à ses avances, mais pas question… Elle résiste, même quand il la menace. De rage, Alexandre finit par la poignarder. « Je veux qu'il vienne au paradis avec moi », murmure Maria dans un dernier souffle, avant de mourir. Quand son jeune meurtrier apprend, en prison, que Maria lui a pardonné, sa vie est bouleversée. Il se confesse, prie, découvre la foi. Près de cinquante ans plus tard, en 1950, Alexandre assiste à la canonisation de Maria à Rome, à côté de la mère de la jeune fille, qui, elle aussi, lui a pardonné.

GARE À TOI MON AMIE !

MA MEILLEURE AMIE S'EST MAL COMPORTÉE. EST-CE QUE JE PEUX LUI DIRE CE QUE J'EN PENSE ?

Il est bien naturel que tu veuilles quelquefois manifester à ton amie ton désaccord sur son comportement. D'ailleurs, si elle a mis sa confiance en toi, c'est peut-être ce qu'elle attend de toi, sans vraiment se l'avouer. Tu as peut-être toi-même déjà eu l'occasion de remercier une amie qui te rappelait à l'ordre. Ce n'est jamais très agréable sur le moment, mais après, on en est très reconnaissant. Et on se fait vraiment confiance !

Mutuellement responsables

Dans toute véritable amitié, ce que fait ou ce que pense l'autre ne nous laisse pas indifférents. On se sent mutuellement responsables l'un de l'autre, à la hauteur de la confiance et de l'amitié qu'on éprouve l'un pour l'autre. On peut donc se conseiller,

Témoin d'hier

THOMAS BECKET

Thomas Becket et le roi anglais Henri II Plantagenêt s'entendent comme les deux doigts de la main. Complices depuis toujours, le pouvoir va les séparer : le souverain veut mettre l'Église d'Angleterre sous sa coupe et il espère bien trouver dans son ami archevêque un fidèle soutien. Or Thomas ne peut se résoudre à voir l'Église bafouée. Il s'oppose à son ami d'enfance, à ses mesures injustes et à son désir de toute-puissance. Bientôt contraint à fuir, il ne regagnera l'Angleterre qu'après six ans d'exil. En 1170, Henri II enverra quatre hommes pour l'assassiner, comme un traître. Thomas n'a trahi personne, il a simplement voulu remettre son royal compagnon dans le droit chemin, sans y parvenir et au prix de sa vie.

se corriger, mais la tâche n'est pas facile. Notre orgueil nous empêche bien souvent d'accepter les remarques des autres, même celles d'un très bon ami, et surtout celles-là. Au fond de nous, ses critiques nous touchent plus que n'importe quelles autres car nous savons que cette personne nous connaît mieux que quiconque, qu'elle nous parle sans méchanceté ni vengeance, et nous estimons son avis.

Corriger l'essentiel

On peut se choisir mutuellement et demeurer différents. L'amitié consistera aussi à respecter ces différences. Aimer l'autre, ce n'est pas le vouloir identique. Une chose est de dire à une amie que l'on n'aime pas la couleur de son pull ou la marque de ses nouvelles chaussures de sport, autre chose est de lui dire qu'elle a mal agi. La correction fraternelle dont nous parle l'Évangile concerne en effet les choses graves et sérieuses. Éclairer un ami sur

> « Si ton frère a commis un péché contre toi, va lui faire des reproches seul à seul. S'il t'écoute, tu as gagné ton frère. S'il ne t'écoute pas, prends en plus avec toi une ou deux personnes afin que toute l'affaire soit réglée sur la parole de deux ou trois témoins. S'il refuse de les écouter, dis-le à l'assemblée de l'Église. »
>
> MATTHIEU 18, 15-17

ses mauvaises décisions est un devoir d'amitié. Cela dit, parmi les qualités d'un véritable ami, la délicatesse n'est pas en option. Les choses peuvent s'énoncer avec douceur, avec patience aussi. Si cet ami s'obstine dans son attitude, mieux vaut prendre un peu de recul en restant toujours prêt à tendre la main en cas de pépin. Sans faire écho de cette affaire « à la ronde », il ne faut pas hésiter, quand on sent que les choses peuvent devenir graves, à les confier à un adulte en qui on a confiance.

POUR FAIRE LE LIEN

CONSCIENCE P. 86

BIEN ET MAL P. 200

AMITIÉ P. 98

LIBERTÉ P. 209

Et toi ?

Quand tu veux mettre les choses au point avec un ami fâché, choisis le moment favorable et surtout évite de le faire par téléphone, mail ou sms ! Mieux vaut se parler de vive voix et « en terrain neutre ». Si tu sens que ton ami reste fâché après cette conversation, ne laisse pas s'accumuler les jours et les semaines sans vous parler. Reprends l'initiative par un petit mot ou une gentille attention !

Témoins d'aujourd'hui

JACQUES MARITAIN ET JEAN COCTEAU

L'un croit en Dieu, l'autre à l'art… Jacques Maritain le philosophe et Jean Cocteau l'écrivain sont dissemblables au possible. Ils seront pourtant de très grands amis. Jacques et sa femme ouvrent leur maison à tous ceux qui veulent discuter, se laisser toucher par la grâce. Le brillant Cocteau est de ceux-là. En 1925, il se convertit. Puis repart dans une vie de débauche. Jacques ne cesse de rappeler son ami à l'ordre, cherche à le dissuader de publier un recueil érotique, sans succès. Il reste fidèle, sans complaisance. Peu avant sa mort, Cocteau dira de lui : « Jamais je n'ai découvert chez lui la moindre faute capable d'amoindrir mes sentiments de respect et d'affection fraternelle. »

Je crois en un seul Dieu...
Prier tout seul, c'est dur !
Jesus first in my life
I
DiEU
DIEU, TU DORS ? !

OUI ! je crois

IL ÉTAIT UNE FOI...

CERTAINS COPAINS PENSENT QUE DIEU EST UNE INVENTION DES HOMMES... MOI, JE SAIS QUE DIEU EXISTE PARCE QUE J'AI LA FOI. COMMENT LEUR EXPLIQUER CE QUE C'EST « AVOIR LA FOI » ?

Quand ton professeur de maths résout un problème et que celui d'histoire te parle de Jules César, tu les crois. Pas seulement parce qu'ils sont professeurs, ou parce que tu as lu les aventures d'Astérix, mais parce que tu sais que leurs propos s'appuient sur des bases scientifiques ou historiques solides. En ce qui concerne l'existence de Dieu, c'est un peu plus compliqué. Cette connaissance de Dieu ne résulte pas d'une démonstration de type mathématique mais d'une réflexion des hommes sur leur existence et, chez les croyants, d'un acte de foi.

Divine rencontre

La foi n'est pas une certitude et encore moins une idée que l'on acquiert un jour, une bonne foi(s) pour toutes. Non. Il s'agit d'une rencontre avec le Christ. Avoir la foi, c'est donc vivre cette relation d'amitié avec le Seigneur.
Dieu nous cherche ; il attend chacun d'entre nous personnellement. C'est lui qui vient nous rejoindre en Jésus, lui qui se laisse trouver. La foi est un don. On ne peut pas provoquer soi-même le « déclic », mais simplement recevoir gratuitement les signes que Dieu nous donne...

Témoin d'hier

SAINT THOMAS

Thomas n'est pas du genre à se laisser raconter des histoires, surtout après la mort de Jésus. Parmi les douze apôtres, il est le moins crédule : jamais il n'avalera cette histoire de résurrection, sauf s'il peut toucher ce « fantôme » que certains prétendent avoir vu ! Pourtant, quelques jours plus tard, Jésus est debout devant lui, et lui dit : « Avance ton doigt ici, et vois mes mains ; avance ta main, et mets-la dans mon côté : cesse d'être incrédule, sois croyant. » Thomas tombe à genoux et s'exclame : « Mon Seigneur et mon Dieu ! » Jésus lui dit alors : « Parce que tu m'as vu, tu crois. Heureux ceux qui croient sans avoir vu. » Finalement, c'est Jésus qui a touché le cœur de son disciple.

Question piège ?

Pourquoi Dieu n'a-t-il pas livré aux hommes la formule prouvant qu'il existe vraiment ? Parce que Dieu n'est pas une abstraction, il est l'Amour. Or, l'amour ne se « démontre » pas, il se prouve. C'est pourquoi Dieu n'a pas donné une « formule », il a donné son Fils. Seulement, croire cela n'a rien d'évident ! Précisément parce qu'il nous aime, Dieu nous laisse libres d'entrer en relation avec lui. Quelle serait la valeur de cet

“Jésus demanda [à ses disciples] : "Et vous, que dites-vous ? Pour vous, qui suis-je ?" Alors Simon-Pierre prit la parole et dit : "Tu es le Christ, le Fils du Dieu vivant !" Prenant la parole à son tour, Jésus lui dit : "Heureux es-tu, Simon fils de Yonas : ce n'est pas la chair et le sang qui t'ont révélé cela, mais mon Père qui est aux cieux."”

MATTHIEU 16, 15-17

amour si Dieu ne nous laissait pas lui répondre librement ? Dieu frappe à la porte de notre cœur, de notre vie, sans jamais entrer par effraction. Il est patient, il peut attendre longtemps, très longtemps.

Témoigner

Un jour, Jésus demande à Pierre : « Pierre, m'aimes-tu ? » Il ne lui a pas dit : « Crois-tu en moi ? », mais : « M'aimes-tu ? » Il nous montre ainsi que la question de la foi et celle de l'amour ne sont en réalité qu'une seule et même question. Il n'y a aucune honte à avouer que nous ne savons pas tout, que parfois nous doutons, si l'on proclame aussi la confiance que nous mettons dans l'amour éternel du Seigneur.

POUR FAIRE LE LIEN

UN SEUL DIEU	P. 13
FOI	P. 13, 20
JÉSUS SAUVEUR	P. 55, 188
TÉMOIGNER	P. 133, 165
AMOUR DE DIEU	P. 45, 52

Et toi ?

Pourquoi ne pas chercher à approfondir ta foi ? Pour mieux répondre à l'appel du Christ qui veut te donner son amour, tu peux essayer par exemple de prier régulièrement en allant plus souvent à la messe, ou en faisant partie d'un groupe de prière et de réflexion sur les grandes questions que tu te poses. Pourquoi ne monterais-tu pas toi-même ce groupe avec des amis ?

Le sais-tu ?

On dit que la religion chrétienne est une religion « révélée » parce que Dieu s'est fait connaître à l'humanité, il s'est dévoilé. Pour cela il a d'abord choisi des hommes tels qu'Abraham, Moïse et les prophètes pour transmettre sa parole à son peuple. Puis il a envoyé son propre Fils pour venir habiter parmi les hommes et leur donner, au prix de sa vie, son amour. En Jésus, Dieu s'est donné lui-même, pour sauver toute l'humanité. Depuis Jésus, il n'y a plus d'autre révélation à attendre.

PROFESSONS NOTRE FOI...

EN QUOI CROYONS-NOUS ? LA RÉPONSE EST DANS LE CREDO (CREDO SIGNIFIE « JE CROIS » EN LATIN) QUI RÉSUME NOTRE FOI ET QUE NOUS RÉCITONS CHAQUE DIMANCHE À LA MESSE.

Je crois en Dieu,
le Père tout-puissant, Créateur du ciel et de la terre.
Et en Jésus Christ, son Fils unique, notre Seigneur ;
qui a été conçu du Saint-Esprit,
est né de la Vierge Marie,
a souffert sous Ponce Pilate,
a été crucifié, est mort et a été enseveli,
est descendu aux enfers ;
le troisième jour est ressuscité des morts,
est monté aux cieux,
est assis à la droite de Dieu le Père tout-puissant,
d'où il viendra juger les vivants et les morts.
Je crois en l'Esprit Saint, à la sainte Église catholique,
à la communion des saints, à la rémission des péchés,
à la résurrection de la chair, à la vie éternelle.
Amen.

UN DIEU, DES RELIGIONS...

AU COLLÈGE, DES ÉLÈVES MUSULMANS NE VONT PAS À LA CANTINE PENDANT LE RAMADAN. MOI CHRÉTIEN, CELA M'IMPRESSIONNE. COMMENT SAVOIR SI J'AI LA BONNE RELIGION ?

Oui, il y a des croyants d'autres religions qui prennent leur foi très au sérieux. Il y a aussi des non-croyants qui s'engagent pour un monde plus juste et plus solidaire. Tu ne te trouves pas « mieux qu'eux », tu te poses des questions ; tant mieux ! Si tu sais admirer ce qu'il y a de bon dans les autres religions, ta propre foi grandira dans la fidélité à Dieu, Père, Fils et Saint-Esprit.

Chaque religion, c'est la bonne... pour soi !

Il n'existe pas de « banc d'essai » des religions – et on imagine mal quel serait le critère pour juger des qualités de chacune, ou pour convaincre les autres : être croyant, c'est une affaire de conviction, mais cette conviction échappe à la démonstration rationnelle.
Un chrétien, c'est quelqu'un qui croit que la foi chrétienne est la vérité. Un musulman, lui, pensera que c'est l'islam. Lequel a raison ? Chacun obéit à sa conscience et à son cœur. Ce n'est certes pas la même chose d'être musulman ou d'être chrétien, d'être croyant ou d'être athée. Mais croire que sa foi est la vérité n'empêche pas, au contraire, de s'émerveiller devant la fidélité et la ferveur d'un autre croyant.

Témoins d'hier

FRANÇOIS ET LE SULTAN

1219. Les chevaliers croisés et les soldats musulmans s'affrontent sur les champs de bataille pour la possession de la Terre sainte. Mais à Damiette, le face-à-face tourne au dialogue. Deux hommes vont se parler, s'écouter, s'estimer mutuellement. L'un s'appelle François d'Assise, il a choisi la pauvreté pour compagne. L'autre est un puissant parmi les puissants, c'est le sultan d'Égypte. François est venu à mains nues pour convertir le « frère sultan » à la foi chrétienne. Il ne réussira pas, mais le souverain est impressionné par son courage, sa foi et sa loyauté.

Combattre l'ignorance et l'intolérance

Côtoyer des croyants d'autres religions est une excellente

« Je sais en qui j'ai cru. »

2 TIMOTHÉE 1, 12

occasion d'en savoir davantage sur elles. On a souvent dans la tête des idées fausses ou préconçues. Le respect commence par le désir de comprendre. Et c'est aussi un très bon moyen d'approfondir sa propre foi : la façon dont les musulmans vivent le ramadan peut questionner notre approche du carême. Il ne s'agit pas de comparer ou d'émettre des jugements car chaque religion a sa logique. Il ne s'agit pas non plus de se bricoler une religion « à la carte » : une pincée de christianisme, un soupçon de bouddhisme, trois gouttes de zen... Cela s'appelle du syncrétisme et cela ne conduit qu'à la confusion et à l'illusion.

Dieu plus grand que tout

Le contact avec les autres religions est une leçon d'humilité. Nous ne sommes pas les seuls à chercher ce qui est bon et vrai ! Si nous croyons que Jésus est mort pour sauver tous les hommes, nous ne devons en mépriser aucun ni nous estimer supérieurs à eux en vertu de notre foi, car le Christ est aussi mort pour nos péchés. Monseigneur Claverie était évêque d'Oran en Algérie lorsqu'il fut assassiné en 1996. Il avait toujours encouragé le dialogue entre chrétiens et musulmans parce que ainsi chacun apprenait à mieux connaître le Dieu unique. « Nul ne possède la vérité tout entière, disait-il. Nous avons besoin les uns des autres : l'autre a quelque chose à m'apprendre qui me manque encore aujourd'hui. Le dialogue suppose deux interlocuteurs ayant chacun ses convictions et désireux de marcher avec l'autre à la rencontre de Dieu, cette plus haute vérité qui nous dépasse tous et qu'aucun ne possède. »

POUR FAIRE LE LIEN

FOI	P. 13, 20, 106
DIFFÉRENCE	P. 42
GRANDIR DANS LA FOI	P. 45, 70, 130, 162

Témoin d'aujourd'hui

L'ESPRIT D'ASSISE

En souvenir de saint François et de Damiette, la petite ville italienne d'Assise a été choisie par le pape Jean-Paul II pour accueillir, en octobre 1986, les responsables des principales religions du monde. Le pape les a invités à prier pour la paix. Une deuxième rencontre a eu lieu en janvier 2002, après les attentats du World Trade Center. Elle a donné lieu à la publication d'un Décalogue pour la paix dans lequel les grandes religions s'engagent à refuser toute forme de violence. Les responsables y rappellent solennellement qu'on ne peut jamais tuer au nom de Dieu (voir p. 251).

MARIE, AMBASSADRICE DE SON FILS

JE SUIS ALLÉE À LOURDES. C'EST UN LIEU DE PRIÈRE EXTRAORDINAIRE. EST-CE QUE C'EST VRAIMENT MARIE QUI FAIT DES MIRACLES ?

Il y a bien plus de miracles à Lourdes que de béquilles accrochées au-dessus de la grotte. Ici, les malades sont accueillis avec respect et placés au premier rang, au lieu d'être cachés. Ici, des personnes qui se croyaient incapables de prier se joignent à la récitation du chapelet. Ici, des chrétiens redécouvrent le sens du pardon et se confessent avec joie. Six millions de pèlerins venus du monde entier passent ici chaque année, et c'est aussi... miraculeux.

Avec Marie, s'ouvrir au don de Dieu

Le « problème » avec Marie, c'est qu'elle est tellement discrète qu'il n'y a aucune chance de la voir « jouer la star »... Elle ne prétend pas faire des miracles, que ce soient des guérisons physiques ou spirituelles, mais elle nous montre combien la grâce de Dieu peut accomplir des choses merveilleuses dans nos vies. À Cana (Jean 2, 1-12), Marie dit à Jésus : « Ils n'ont pas de vin », puis aux serviteurs : « Tout ce qu'il vous dira, faites-le. » Ce n'est pas Marie qui change l'eau en vin, mais sans son

Témoin d'hier

SAINTE BERNADETTE

Bernadette vient d'avoir 14 ans, et elle n'a toujours pas fait sa première communion : la fille du meunier sait bien mal lire... Pourtant, ce jour de février 1858, c'est à cette fille de pauvres venue chercher du bois qu'une « dame » apparaît, à la grotte de Massabielle, près de Lourdes. Après plusieurs visites, elle lui révèle son nom : « Je suis l'Immaculée conception » ; elle fait aussi jaillir une source d'eau miraculeuse qui coule encore aujourd'hui. Elle apparaîtra dix-huit fois à Bernadette, qui n'est guère savante, mais qui sait écouter.

intervention, y aurait-il eu un miracle ? Aujourd'hui encore, Marie nous dit, en nous montrant son Fils : « Faites tout ce qu'il vous dira. » Et si nous acceptons, le résultat dépasse souvent ce que nous pouvions imaginer !

Marie, un modèle pour les chrétiens

Les apparitions de Marie ont quelque chose de merveilleux, mais cela ne doit jamais nous faire oublier l'essentiel : Jésus et son Évangile. Marie n'ajoute rien à ce que Jésus nous a révélé, car le Père nous a tout dit en son Fils. En nous le donnant, il nous exprime tout son amour, et c'est cela la Bonne Nouvelle que les Évangiles nous rapportent. Nous sommes toujours en chemin pour progresser dans la connaissance de Jésus. Il ne s'agit pas d'abord de connaître ou de comprendre : c'est notre cœur qui doit s'ouvrir (même si notre cerveau aussi nous aide à chercher Dieu !). Comprendre vraiment l'Évangile, c'est le mettre en pratique, c'est laisser l'amour de Dieu habiter notre vie et la transformer. Et Marie est bien placée pour nous aider dans cette voie. Elle a remis toute sa vie entre les mains du Père, elle s'est confiée à lui sans savoir ce qui allait arriver.

POUR FAIRE LE LIEN

MIRACLES P. 142

SOUFFRANCE P. 245

SACREMENT DES MALADES P. 178

MARIE P. 20

« Près de la croix de Jésus se tenaient sa mère, avec la soeur de sa mère, Marie femme de Cléophas, et Marie Madeleine. Jésus, voyant sa mère, et près d'elle le disciple qu'il aimait, dit à sa mère : "Femme, voici ton fils." Puis il dit au disciple : "Voici ta mère." Et à partir de cette heure-là, le disciple la prit chez lui. »

JEAN 19, 25-27

Et toi ?

L'Église ne t'oblige pas à croire aux apparitions de la Vierge ni aux miracles de Lourdes. Chacun est libre de se sentir touché par ces événements extraordinaires ou d'avoir une sensibilité différente. Mais avec ou sans miracle, ne te prive pas de te confier à Marie. Elle t'aidera à aimer et à suivre son fils Jésus.

Question d'aujourd'hui

LE CHAPELET EST UNE PRIÈRE À MARIE. MAIS C'EST TOUT LE TEMPS PAREIL !

10 Je vous salue Marie + 1 Notre Père + 10 Je vous salue Marie + 1 Notre Père + ... Au premier abord, le chapelet n'est qu'une longue répétition, et pourtant il est la prière préférée de nombreux saints qui aimaient s'adresser à Marie. Seraient-ils des paresseux en manque d'imagination ? Certainement pas. La répétition du chapelet est un moyen d'entrer dans le silence pour nous rendre plus disponible à Dieu. Notre esprit n'est plus accaparé par mille choses ; il se concentre avec Marie sur les événements de la vie de Jésus pour que nous soyons plus proches de Dieu.

EN ROUTE AVEC MARIE !

TU PEUX ALLER EN PÈLERINAGE À LOURDES OU EN UN AUTRE LIEU CONSACRÉ À LA SAINTE VIERGE. C'EST UNE JOIE DE PARTAGER UN TEL MOMENT AVEC D'AUTRES PÈLERINS ! VOICI QUELQUES LIEUX EN FRANCE ET LEUR HISTOIRE.

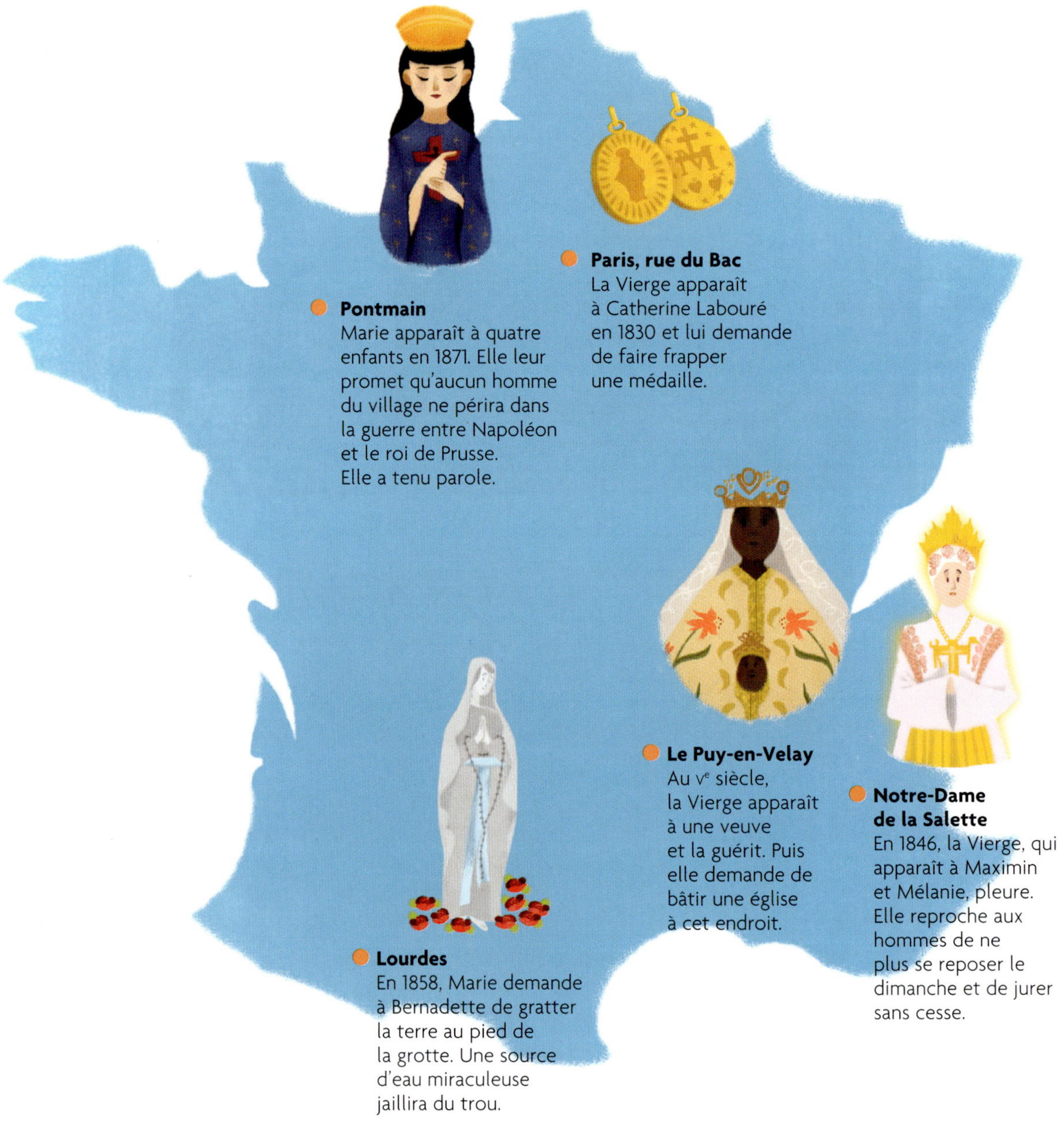

Pontmain
Marie apparaît à quatre enfants en 1871. Elle leur promet qu'aucun homme du village ne périra dans la guerre entre Napoléon et le roi de Prusse. Elle a tenu parole.

Paris, rue du Bac
La Vierge apparaît à Catherine Labouré en 1830 et lui demande de faire frapper une médaille.

Le Puy-en-Velay
Au ve siècle, la Vierge apparaît à une veuve et la guérit. Puis elle demande de bâtir une église à cet endroit.

Notre-Dame de la Salette
En 1846, la Vierge, qui apparaît à Maximin et Mélanie, pleure. Elle reproche aux hommes de ne plus se reposer le dimanche et de jurer sans cesse.

Lourdes
En 1858, Marie demande à Bernadette de gratter la terre au pied de la grotte. Une source d'eau miraculeuse jaillira du trou.

LA CROIX ? PLUS QU'UN BIJOU !

CERTAINES DE MES AMIES PORTENT DES BIJOUX EN FORME DE CROIX. POURTANT, ELLES NE SONT PAS CHRÉTIENNES. COMMENT LEUR EXPLIQUER CE QUE REPRÉSENTE LA CROIX POUR MOI ?

Depuis quelques années, les croix sont à la mode. En bijou ou sur les vêtements, on en voit partout. Les gens les portent parce qu'ils trouvent cela joli. Ils ne cherchent pas un sens à ce symbole, ils ne veulent pas provoquer non plus – ils ne savent tout simplement pas ce que la croix représente. C'est sûrement le cas de tes amies. Malheureusement, parfois aussi, certains la portent pour la ridiculiser.

Un signe d'amour

Sur la Croix, Dieu nous a donné sa plus grande preuve d'amour. L'instrument de supplice est devenu pour nous le signe que Jésus a offert librement sa vie et qu'il nous a aimés jusqu'au bout. Mais une croix est toujours un outil de torture et de mort. Celle de Jésus est aussi un scandale, scandale de la violence des hommes qui met à mort un innocent. On ne peut entrer dans le mystère de la Croix que si l'on comprend les paroles du Christ lui-même : « Il n'y a pas de plus grand amour que de donner sa vie pour ceux qu'on aime. »
La croix du Christ n'est pas seulement le signe de son amour, elle est aussi le signe de sa victoire. Jésus tombe sous le poids de notre péché, mais sur le gibet il demande pardon pour nous et nous sauve. Jésus l'emporte sur le péché et sur la mort.
Par sa résurrection, Jésus a définitivement vaincu

Témoin d'hier

SAINTE HÉLÈNE

Rien ne prédestine Hélène à laisser son nom à la postérité. Qui pourrait croire que cette fille de garçon d'écurie sera la mère d'un souverain ?

Un tribun romain la trouve à son goût, cependant, et l'épouse, avant de la répudier. Mais leur fils Constantin la rappelle auprès de lui. Et c'est Hélène qui fait abandonner les dieux romains à Constantin, devenu empereur, au IVe siècle. La légende lui prête d'avoir mis au jour la croix du Christ lors d'un voyage en Terre sainte, en 327. Une malade allongée dessus aurait guéri... Une pieuse histoire, sûrement, mais qui lance le grand mouvement de pèlerinage vers Jérusalem.

« Ils emmenaient aussi avec Jésus deux autres, des malfaiteurs, pour les exécuter. [...] L'un des malfaiteurs suspendus en croix l'injuriait : "N'es-tu pas le Christ ? Sauve-toi toi-même, et nous aussi !" Mais l'autre lui fit de vifs reproches : "Tu ne crains donc pas Dieu ! Tu es pourtant un condamné, toi aussi ! Et puis, pour nous, c'est juste : après ce que nous avons fait, nous avons ce que nous méritons. Mais lui, il n'a rien fait de mal." Et il disait : "Jésus, souviens-toi de moi quand tu viendras dans ton Royaume." Jésus lui déclara : "Amen, je te le dis : aujourd'hui, avec moi, tu seras dans le Paradis." »

LUC 23, 32 et 39-43

la mort, et il nous a promis que nous aussi, à sa suite, nous ressusciterons.

... et le signe de l'Église

La croix est aussi le symbole de notre appartenance à l'Église. En Égypte, les chrétiens la portent tatouée sur le poignet. Dans les pays où ils sont persécutés, les chrétiens se reconnaissent par le signe de croix et se trouvent en communion avec tous les autres chrétiens. Nous aussi, lorsque nous faisons le signe de la croix, nous nous enveloppons de l'amour de Dieu et nous rappelons que nous sommes membres de l'Église. Porter une croix, c'est très beau, mais ce n'est pas seulement un bijou et jamais un gri-gri qui nous protège du mauvais sort. Ce n'est pas non plus morbide : par l'amour du Christ, nous entrerons dans la vie éternelle.

Et toi ?

Tu peux te contenter de juger tes amies coquettes mal à propos. Tu peux aussi leur expliquer ce qu'est la croix pour toi. C'est moins facile, mais elles la porteront avec plus de respect, elles chercheront peut-être à découvrir dans leur vie cet amour du Christ.

POUR FAIRE LE LIEN

MYSTÈRE	P. 13, 127
RÉSURRECTION	P. 36, 152
CROIX DE JÉSUS	P. 77, 192
SALUT	P. 245
OFFRIR SA VIE	P. 77, 149

Témoin d'aujourd'hui

CHRISTIAN DE CHERGÉ

En 1996, à Tibhirine en Algérie, Christian de Chergé et six autres moines sont assassinés par des islamistes. Dans ses mémoires, Christian de Chergé discute de la Croix avec un musulman :

« – Quand tu regardes une image de Jésus en Croix, combien vois-tu de croix ? [...]

– Sûrement deux. Il y a celle de devant et celle de derrière, répond le musulman.

– Et quelle est celle qui vient de Dieu ?

– Celle de devant. (Jésus en Croix.)

– Et quelle est celle qui vient de l'homme ?

– Celle de derrière. (La croix en bois.) [...]

– Et quel est le sens de cette Croix de devant, de cet homme aux mains étendues ?

– Quand j'étends les bras, c'est pour embrasser, c'est pour aimer. »

Y A-T-IL QUELQU'UN LÀ-HAUT ?

AUX INFORMATIONS, ON ANNONCE TOUS LES JOURS UNE NOUVELLE CATASTROPHE. MAIS QUE FAIT DIEU PENDANT CE TEMPS ?

Imagines-tu que Dieu, assis sur son nuage, laisse le monde se débattre contre toutes sortes de malheurs ? Ou bien le préfères-tu à la tête d'une armée d'anges qui déchargeraient les fusils, détourneraient la lave d'un volcan et feraient jaillir des sources dans les déserts ? Dieu spectateur ou Dieu super-héros ? Il n'a voulu être ni l'un ni l'autre. Car non seulement Dieu n'a pas créé le mal, mais en Jésus il est venu souffrir avec tous ceux qui souffrent.

Le mal, des maux

Les formes du mal dans le monde sont bien différentes. Il y a les catastrophes naturelles : tremblements de terre, ouragans, tempêtes... La plupart du temps, personne n'y peut rien. Tout juste désormais, si on ne peut les

éviter, apprend-on de mieux en mieux à les prévoir et donc à lutter en partie contre leur fatalité : donner l'alerte, se calfeutrer, éventuellement déplacer les populations menacées, c'est possible.
Il y a aussi les souffrances physiques et psychiques : les maladies graves et parfois foudroyantes, les dépressions, les deuils qui frappent durement les hommes jusqu'à leur ôter toutes raisons de vivre. La science n'a pas tous les remèdes pour repousser ces maux. On se sent terriblement impuissant et on se demande alors : « Mais que fait donc Dieu ? » Ce mal reste en partie un mystère.

L'homme contre l'homme

Le mal le plus révoltant est sûrement celui que l'homme fait à l'homme par sa violence, son égoïsme, son désir de puissance – ce mal-là est sans cesse présent dans nos vies quotidiennes comme dans l'histoire qu'on lit dans les manuels scolaires. Ce mal que nous infligeons à l'autre, c'est précisément le péché. Ce n'est pas une fatalité, nous pouvons l'éviter car la connaissance du bien et du mal est notre privilège. Nous devons faire des choix et assumer notre part de responsabilité.

« La création a été soumise au pouvoir du néant,
non pas de son plein gré, mais à cause de celui qui l'a livrée à ce pouvoir.
Pourtant, elle a gardé l'espérance d'être, elle aussi, libérée de l'esclavage de la dégradation,
pour connaître la liberté de la gloire donnée aux enfants de Dieu. »

ROMAINS 8, 20-21

Une espérance

Dieu nous a promis une vie nouvelle où les souffrances seront réparées et effacées. Nous n'habitons pas aujourd'hui un monde parfait, mais nous vivons dans l'espérance qu'il advienne. Et nous croyons que Jésus, l'innocent par excellence, a connu la souffrance qui mène à la mort. Il accompagne tout homme qui souffre. Dans notre vie quotidienne, il nous faut éclairer nos pensées, nos actes, nos ambitions à la lumière de ce que Dieu veut pour le monde. Cela suppose de réfléchir et d'agir avec d'autres chrétiens, jeunes et adultes. Dieu nous a confié le monde, il nous a confié les uns aux autres pour que nous choisissions les voies du bonheur et de la liberté pour tous, et non celles du malheur et de la fatalité. Par notre prière et notre engagement, il agit en profondeur et en secret pour convertir nos cœurs et nous aider à transformer le monde !

POUR FAIRE LE LIEN

DIEU CRÉATEUR	P. 6, 20
ENVIRONNEMENT	P. 10, 238
MAL	P. 23
PÉCHÉ	P. 117

Et toi ?

Si tu te sens inquiet ou submergé par les récits des catastrophes que radios et télévisions ne cessent de déverser heure après heure, essaye de garder la tête « froide » et une certaine distance. Ne cède pas au voyeurisme ambiant qui consiste à écouter « en boucle » les mêmes détails morbides et à en faire le seul sujet de conversation. Continue à vivre ta vie non pas dans l'indifférence mais en personne responsable. Céder à la panique ou au découragement, c'est donner prise, sur soi, au mal. Cela n'empêche nullement de compatir par la prière et la pensée avec les victimes des accidents, des violences ou des guerres.

Témoin d'hier

JOB

Job est un personnage fort riche et puissant de la Bible, à qui il semble tout d'un coup arriver tous les malheurs du monde. Pauvreté, maladie, trahison, il est tellement accablé que, encore aujourd'hui, le langage courant évoque ses mésaventures : « pauvre comme Job », dit-on. Et les Hébreux, qui pensent à cette époque que les malheurs sont des signes que l'on a péché, en déduisent que Job est maudit, abandonné par Dieu. Mais, même au fond du trou, lui ne cesse de demeurer fidèle à Dieu. Il se plaint, il récrimine éventuellement, mais il ne quitte pas l'espérance. Finalement, il devient le symbole de la fidélité des hommes, récompensée par Dieu.

SOS PRIÈRE !

JE N'ARRIVE PAS À PRIER. PARFOIS JE MANQUE DE TEMPS. D'AUTRES FOIS, JE SUIS DISTRAITE OU JE NE SAIS PAS QUOI DIRE... EN FAIT, JE NE SAIS PAS COMMENT PRIER.

Comment apprendre à nager sans se jeter à l'eau ? La prière, c'est un peu comme la natation ! Déjà, à leur époque, les disciples demandaient à Jésus : « Seigneur, apprends-nous à prier » (Luc 11, 1) et Jésus ne leur a pas répondu : « Premièrement, vous devez... » Il leur a simplement dit : « Quand vous priez, dites Notre Père... » Pas besoin de diplôme de prière ni de « Manuel de la prière idéale ». Pas plus que de brouillon ! Tu n'écris pas à un ministre, tu parles à ton Père.

Rien à dire ?

Prier ce n'est pas forcément réciter un texte, c'est d'abord se mettre en présence de Dieu, faire silence en soi, écouter. C'est aussi présenter sa vie de tous les jours pour la ressaisir sous le regard de Dieu. Pour cela certains mots simples dessinent une trame : je t'aime, merci, pardon, aide-moi, etc. La joie et la tristesse, la révolte et les espoirs, les regrets et les remords, tout ce qui habite l'âme de l'homme, Dieu veut l'entendre. Il le reçoit dans le secret, dans un dialogue de cœur à cœur, sans tambour ni trompette.

Quand et où ?

Il y a mille façons de prier, et chacun peut avoir la sienne, suivant les moments de la vie. On peut prier dans sa chambre, mais aussi en faisant son footing, dans le métro ou sous sa douche. On peut prier seul, avec un ami ou en famille, à la messe ou en lisant

Question d'aujourd'hui

ET SI TU ESSAYAIS LA BIBLE POUR PRIER ?

La Bible est le premier livre de prières sur lequel tu peux compter. Tu y trouveras toujours un texte qui corresponde à tes états d'âme et t'aide à prier. Les psaumes par exemple sont de très belles prières que tu peux adresser au Seigneur.
Tu te sens mal car tu as mal agi ? Lis le psaume 50.
Tu as peur ? Psaume 26.
Tu es triste ? Psaume 114.
Tu es heureux ? Psaume 102.
Tu te sens seul ? Psaume 120.
Tu t'émerveilles de la création ? Psaume 148.

« Mais toi, quand tu pries, retire-toi dans ta pièce la plus retirée, ferme la porte, et prie ton Père qui est présent dans le secret ; ton Père qui voit dans le secret te le rendra. »

MATTHIEU 6, 6

une page d'évangile. Comme pour le forgeron, c'est en priant qu'on apprend à prier. Et comme pour l'appétit, le goût de la prière vient en la vivant. Si bien qu'une bonne prière, c'est surtout une prière qui a été faite. Tout le monde n'est pas un moine qui suit des offices. Ce qui compte, c'est de rester à l'écoute de Dieu, de fixer des rendez-vous, de prendre le temps de se souvenir que Dieu ne nous oublie pas, que nous voulons faire de même. Mieux vaut une prière quotidienne d'un quart d'heure qu'une extase tous les six mois !

POUR FAIRE LE LIEN

PRIÈRE AVEC D'AUTRES P. 181

DIEU ÉCOUTE P. 58

ADORER P. 139

PERSÉVÉRER P. 67

Et toi ?

Lorsque tu récites le Notre Père, pense que tu es en communion avec les millions de chrétiens dans le monde qui utilisent les mêmes mots que toi. Pour prier, tu es bien dans ta chambre, en silence. Certains regardent une icône, allument une bougie, écoutent une musique douce... Tu peux réciter une prière que tu aimes, un psaume qui évoque ton « état d'âme ». Tu es distrait ? Dieu voit ton désir de prier.

Témoin d'aujourd'hui

MARCEL VAN

Marcel Van, religieux vietnamien mort en 1959 à 31 ans, vivait si proche du cœur de Jésus qu'il lui arrivait de dialoguer avec lui. Un jour, comme il ne parvenait pas à prier et se montrait très distrait, Jésus lui dit de le prier à travers toutes les petites choses qui l'entouraient ou qui captaient son attention. Van découvrit qu'il pouvait aimer Jésus, le remercier – et donc prier – pour une personne, un beau paysage, une fleur... Jésus lui dit : « Petit frère, tu peux toujours te servir de cette méthode et, ainsi, tu pourras, tout en te reposant, faire continuellement oraison. Là où l'esprit t'entraîne, là aussi te conduit ton amour, de sorte que je suis aimé de toi en tout lieu... »

UNE NOURRITURE PAS COMME LES AUTRES

UN AMI NON CROYANT M'A DEMANDÉ QUEL GOÛT AVAIT L'HOSTIE. COMMENT LUI EXPLIQUER QUE C'EST À LA FOIS DU PAIN ET LE CORPS DU CHRIST ?

Pour répondre à la première question de ton ami, tu peux déjà lui dire que l'hostie a tout simplement un goût de pain, de pain azyme, car il est fabriqué sans levain et ne lève pas à la cuisson.
Mais pour le croyant, le « goût » de l'eucharistie, ce n'est pas une question de gastronomie. C'est le sens que Jésus donne à notre vie, en nous nourrissant de son propre corps.

Jésus, Pain vivant

Le jour de la multiplication des pains (Jean 6, 1-13), Jésus nourrit une foule gigantesque avec seulement cinq pains et deux poissons. Mais le plus important n'est pas cet « exploit ». C'est ce que Jésus révèle le lendemain : « Je suis le pain de la vie. Celui qui vient à moi n'aura plus jamais faim ; celui qui croit en moi n'aura plus jamais soif. » Pour la première fois, il annonce l'eucharistie : le Fils se donnera en nourriture aux hommes.
Drôle d'idée tout de même de se donner en nourriture.
Pas tant que ça !
Quand on aime, on nourrit. La maman allaite son bébé, les parents s'assurent qu'il y aura la « soupe » quotidienne, parfois au prix d'un travail harassant. Dieu fait de même, encore plus radicalement : pour nous nourrir, il se donne lui-même.

Témoin d'hier

TARCISIUS

« Fais attention mon garçon, Dieu te bénisse ! » Le prêtre regarde partir le jeune Tarcisius dans la nuit romaine. En ce IIIe siècle, la vie des chrétiens ne tient qu'à un fil, et le garçon emporte un bien très précieux : il tient, cachée sur lui, la communion pour des frères.

Tarcisius doit traverser la ville. En chemin, il croise un groupe de garçons. À le voir si pressé, ils le questionnent : « Qu'est-ce que tu caches sous ton manteau ? » Tarcisius serre son trésor, veut fuir. Les enfants s'énervent, le poussent, puis le frappent. Tarcisius préfère mourir sous les coups, plutôt que de desserrer ses mains qui protègent l'hostie. Seul le prêtre qui l'avait envoyé réussira à les ouvrir.

“La nuit même où il était livré, le Seigneur Jésus prit du pain, puis, ayant rendu grâce, il le rompit, et dit : "Ceci est mon corps, qui est pour vous. Faites cela en mémoire de moi." Après le repas, il fit de même avec la coupe, en disant : "Cette coupe est la nouvelle Alliance en mon sang. Chaque fois que vous en boirez, faites cela en mémoire de moi."”

1 CORINTHIENS 11, 23-25

Un si petit bout de pain

« Le pain que je donnerai, c'est ma chair, pour la vie du monde », dit Jésus. Il parle bien de son corps et non d'une « représentation » de son corps. D'ailleurs, le soir du Jeudi saint, avant d'être arrêté et de mourir, Jésus renouvelle cette parole : c'est le sacrement de l'eucharistie. Après l'Ascension, les apôtres se souvenant des paroles de Jésus ont, comme le Seigneur le leur avait dit, pris du pain, rendu grâce et partagé ce pain devenu corps de Jésus. À chaque messe, le prêtre redit les paroles mêmes de Jésus ; et le pain devient le corps du Christ, pour que nous le mangions, et le vin devient le sang du Christ, pour que nous le buvions. Dieu tout-puissant se donne à nous sous l'apparence la plus simple, comme l'aliment le plus ordinaire. Et son amour peut rassasier les plus affamés.

POUR FAIRE LE LIEN

MYSTÈRE P. 17, 117
ESPRIT SAINT P. 17, 67, 200
MESSE P. 181
SACREMENT P. 130
SAINT-SACREMENT P. 139

Témoin d'aujourd'hui

KARL LEISNER

Une messe dans un camp de concentration ? Oui, et même une ordination sacerdotale ! Ce matin-là, à Dachau, Karl Leisner devient prêtre, et c'est monseigneur Piguet, évêque de Clermont-Ferrand, déporté lui aussi, qui célèbre. Des détenus ont économisé sur leur pain, la faim au ventre. Un des malheureux a eu l'idée de faire macérer les raisins secs des rares colis de la Croix-Rouge, et le vin obtenu fera l'affaire... À côté de l'horreur des fours crématoires, là où l'homme est promis à la mort, ces hommes célèbrent l'eucharistie qui fait vivre.

Karl, le jeune prêtre allemand, survivra à peine au camp. Il meurt tuberculeux en août 1945, moins d'un an après son ordination. Il a eu le temps de pardonner aux bourreaux.

Et toi ?

Quand tu communies à la messe, tu reçois le corps de Jésus ressuscité, tu lui demandes de te nourrir et de te fortifier, pour le suivre et l'aimer tous les jours de ta vie. C'est un geste qui t'engage à essayer de grandir dans la foi chrétienne. Et si tu as des questions sur l'eucharistie, n'hésite pas à en parler : nous avons tous besoin d'aide, face à un si profond mystère.

L'ESSENTIEL EST INVISIBLE POUR LES YEUX

J'AI ÉTÉ CONFIRMÉ ET JE N'AI RIEN RESSENTI. JE SUIS DÉÇU. JE PENSAIS QUE ÇA ME FERAIT VRAIMENT QUELQUE CHOSE DE FORT.

Le jour de ta confirmation, tu étais sans doute plein d'émotion, porté par l'assemblée et par tous tes camarades confirmés en même temps que toi. Tu espérais peut-être une sorte d'extase après avoir reçu l'Esprit Saint, et te voilà déboussolé parce que tu ne ressens rien. Pourtant, tu peux en être sûr, l'Esprit Saint est bien dans ta vie. Mais cela ne se voit pas forcément à l'œil nu. Le Seigneur n'est pas un amateur des coups d'éclat et des feux d'artifice. Il travaille plus discrètement, dans le secret de ton cœur.

Témoin d'hier

ÉLIE

« Le Seigneur dit : "Sors et tiens-toi sur la montagne devant le Seigneur, car il va passer." À l'approche du Seigneur, il y eut un ouragan, si fort et si violent qu'il fendait les montagnes et brisait les rochers, mais le Seigneur n'était pas dans l'ouragan ; et après l'ouragan, il y eut un tremblement de terre, mais le Seigneur n'était pas dans le tremblement de terre ; et après ce tremblement de terre, un feu, mais le Seigneur n'était pas dans ce feu ; et après ce feu, le murmure d'une brise légère.
Aussitôt qu'il l'entendit, Élie se couvrit le visage avec son manteau, il sortit et se tint à l'entrée de la caverne » (1 Rois 19, 11-13).
Le Seigneur passait en effet dans la brise.

Dieu dans ta vie

Croire en Dieu, c'est entretenir une relation d'amour avec lui. Mais cet amour n'est pas un sentiment comme celui qu'on éprouve pour un être humain. Dieu n'est pas présent dans nos vies par des sentiments mais par des signes, des rencontres et un peuple, l'Église. La foi n'est pas qu'une affaire « intellectuelle » ou de volonté. C'est avec tout ce que nous sommes – façons d'agir, de penser, de ressentir des émotions – que nous adhérons au Christ.
Avoir la foi, c'est croire que le Seigneur est présent dans nos vies même lorsque rien ne nous le montre réellement. Et ce qui compte, c'est que cela change vraiment quelque chose dans nos vies. Cela ne rendra pas, de façon magique, tel ou tel plus généreux ou plus courageux. Il y a des tas

« Et moi, je suis avec vous tous les jours jusqu'à la fin du monde. »

MATTHIEU 28, 20

de gens qui n'ont pas la foi et qui savent être généreux, courageux, attentifs aux autres tandis que d'autres qui ont la foi semblent au contraire si tièdes !
Mais la foi donne un sens à tout ce que nous faisons – Dieu nous aime et nous propose à tous la vraie vie, cela devrait donner à chacun un sacré courage et une bonne dose d'espoir. Reste qu'il y a des jours où on se sent moins fort, un peu ramolli ; la confirmation donne ce don de l'Esprit, pour recevoir des forces, pour devenir un adulte aussi dans la foi. Pas besoin de les ressentir, ces forces, elles sont là.
Et n'oublie pas que tu n'es pas tout seul. On a tous besoin les uns des autres pour croire. Il y a sûrement dans ta paroisse et dans ton diocèse des propositions qui te permettront d'apprendre à vivre ta foi en adulte.

POUR FAIRE LE LIEN

ESPRIT SAINT	P. 17
SACREMENT	P. 127
ÉGLISE	P. 158
FOI	P. 13, 20, 106
CONFIRMATION	P. 133

Question d'aujourd'hui

C'EST QUOI UN SACREMENT ?

Les sacrements sont le signe de la présence de Dieu dans nos vies. Ils sont un moyen par lequel l'Église nous permet de grandir dans notre relation au Seigneur. Il n'y a rien de magique là-dessous. Ce n'est pas parce que tu reçois le pardon de Jésus que tu ne pècheras plus jamais ! Ce serait trop beau ! Les sacrements sont des moments forts qui jalonnent notre vie pour nous accompagner et nous permettre de consolider notre foi.

Et toi ?

Connais-tu les sept sacrements ?
Le baptême, la première communion et la confirmation nous font entrer dans l'Église et découvrir la foi. La réconciliation et le sacrement des malades nous offrent la guérison en pardonnant nos péchés et en nous donnant la force de l'Esprit dans la maladie. Et puis, au moment d'engager sa vie, il y a le mariage et l'ordination.

COMPLICES DANS LA FOI

JE N'AI JAMAIS VRAIMENT PARLÉ DE MA VIE CHRÉTIENNE AVEC MON PARRAIN ET MA MARRAINE DE BAPTÊME. PUIS-JE CHOISIR UN NOUVEAU PARRAIN DE CONFIRMATION ?

Tu as raison de vouloir parler de ta vie de chrétien avec ton parrain et ta marraine. Tu peux essayer de les interroger sur ton baptême et sur la façon dont ils conçoivent l'engagement qu'ils ont pris ce jour-là à ton égard. Peut-être attendent-ils tes questions. Mais il se peut aussi que les événements les aient éloignés de toi, de ta famille ou de l'Église. Dans ce cas, il vaut mieux choisir quelqu'un d'autre pour ta confirmation.

Témoin et père

Le rôle du parrain ou de la marraine est différent de celui des parents, des grands-parents, des frères et sœurs. Le parrain et la marraine de baptême ou de confirmation sont un peu les parents spirituels de leur filleul. Leur nom vient de là : *pater* et *mater*, en latin, cela veut dire « père » et « mère ». En anglais, on dit même *godfather*, « père en Dieu ». Ces « parents » sont, auprès de leur filleul, des témoins privilégiés de l'Église. Mais ils ne remplacent pas pour autant les parents. Ils les secondent pour faire grandir leur filleul dans la foi et l'aider à devenir un chrétien heureux et adulte, prêt à assumer peu à peu des responsabilités dans l'Église et la société. C'est important d'avoir un bon entraîneur quand on entreprend une course de fond !

Témoin d'hier

ABRAHAM DE MÉSOPOTAMIE

Ce saint homme du VIIe siècle ne serait-il pas le parrain idéal ? Abraham est en effet le parrain de Marie sa nièce. Lorsqu'elle perd ses parents, il s'occupe d'elle, l'éduque dans l'amour et la foi. Sa filleule grandit en sagesse et en vertu. Mais devenue adulte, elle commence à mener une vie égoïste et oisive où rien d'autre ne compte plus pour elle que son plaisir. Les autres désormais lui importent peu, Marie va là où son envie la mène. Abraham ne sait même plus où elle se trouve. Alors il prie et part à sa recherche. Lorsque, enfin, il la retrouve, il lui parle avec tant de douceur que Marie prend conscience de son péché. Elle revient vers Dieu, vers les autres.

SOS conseils !

Au jour de ton baptême, l'Esprit Saint a fait de toi sa demeure. Le jour de ta confirmation, il ouvre grandes les fenêtres pour y laisser entrer la pleine lumière de Dieu. Mais à une condition : que tu ne fermes pas les volets ! C'est à la fois simple et difficile. Parfois, tu as des ailes. D'autres fois, tu as du plomb aux pieds. Certains jours enfin, tu te crois incompris ou moins aimé. C'est le rôle de ton parrain ou de ta marraine de t'aider dans

« Beaucoup ont entrepris de composer un récit des événements qui se sont accomplis parmi nous, d'après ce que nous ont transmis ceux qui, dès le commencement, furent témoins oculaires et serviteurs de la Parole. C'est pourquoi j'ai décidé, moi aussi, après avoir recueilli avec précision des informations concernant tout ce qui s'est passé depuis le début, d'écrire pour toi, excellent Théophile, un exposé suivi, afin que tu te rendes bien compte de la solidité des enseignements que tu as entendus. »

LUC 1, 1-4

POUR FAIRE LE LIEN

BAPTÊME	P. 45
ESPRIT SAINT	P. 17
GRANDIR DANS LA FOI	P. 45, 162
TÉMOIGNER	P. 92, 165
RESPONSABILITÉ	P. 70

ces moments-là à comprendre un aspect qui a pu t'échapper, à trouver le geste ou la parole qui libèrent et débloquent une situation !
Cette relation de confiance n'est possible que si tu les as choisis avec soin. Pour leur foi profonde, mais aussi pour la complicité qui vous lie. Ainsi vous pourrez parler de tout, même de Dieu. On parle parfois plus facilement de Dieu en jouant au foot ou lors d'une randonnée en montagne que dans un déjeuner de famille !

Question d'aujourd'hui

ÊTRE PARRAIN OU MARRAINE ?

On me demande d'être marraine de baptême. Que faire ?

En te demandant d'être la marraine de leur enfant, ces parents te prouvent qu'ils t'apprécient, qu'ils te croient capable de l'accompagner tout au long de sa vie. Mais n'oublie pas qu'il s'agit d'un véritable engagement : une personne t'est confiée. Réfléchis donc bien avant de répondre. L'Église dit que tu dois être catholique, baptisée et confirmée.

Si tu t'interroges, parles-en si possible avec tes propres parrain et marraine de baptême. Tu peux aussi demander conseil à tes parents ou à un prêtre, surtout si l'accompagnement spirituel de ce bébé te fait peur. Ils te rassureront et te donneront des conseils. Et si tu ne te sens pas prête, dis-le : il n'y a aucune honte à refuser, cela peut être au contraire la preuve d'une grande maturité.

ATTENTION, SECTE EN VUE !

AU COLLÈGE, ON NOUS MET EN GARDE CONTRE CERTAINS TRACTS POUR DES COURS PARTICULIERS. IL PARAÎT QU'IL S'AGIT D'UNE SECTE. POURQUOI EST-CE SI DANGEREUX ?

Cela peut arriver, mais n'en profite pas pour sécher tes cours particuliers : tous ne sont pas des sectes, heureusement. Afin de ne pas te laisser piéger, voici quelques points de repère.

Anatomie d'une secte

Une secte, c'est un groupe de personnes qui adhèrent à une même doctrine, se soumettent à un chef tout-puissant, le gourou. C'est lui qui dicte aux adeptes ce qu'ils doivent penser et la manière dont ils doivent vivre.
Entrer dans une secte revient donc à perdre sa liberté, souvent sans en avoir conscience : la manipulation mentale est très efficace. L'adepte a l'impression d'avoir enfin trouvé le groupe qui répond à ses interrogations, les gens sont chaleureux, attentifs, intéressants. Il est question d'épanouissement personnel, de libération, de guérison, de connaissance, de solidarité. Au bout du compte, le résultat est exactement inverse. La secte exploite ses membres par tous les moyens : il faut donner ses biens, travailler gratuitement, participer aux campagnes de recrutement… Coupés du monde, de leur famille et de leurs amis, les adeptes n'ont plus aucun repère en dehors de la secte. Il devient alors pour eux très difficile voire impossible de la quitter.

Vrai ou faux chrétiens ?

Certaines sectes se prétendent chrétiennes. Si quelqu'un t'aborde et te met mal à l'aise, coupe court à la conversation. Tu éviteras ainsi d'être impressionné par des avalanches de citations bibliques. Ne donne jamais ton nom, tes coordonnées, évite de prendre un rendez-vous. Si un sujet religieux t'intéresse et que tu veux en savoir plus, ne laisse pas n'importe qui t'en parler. Cours, conférence, retraite : adresse-toi toujours à des organismes ou des mouvements d'Église. En cas de doute, n'hésite pas à mener l'enquête. Si personne

« Pour vous, ne vous faites pas donner le titre de Rabbi,
car vous n'avez qu'un seul maître pour vous enseigner, et vous êtes tous frères.
Ne donnez à personne sur terre le nom de père, car vous n'avez qu'un seul Père,
celui qui est aux cieux. Ne vous faites pas non plus donner le titre de maîtres,
car vous n'avez qu'un seul maître, le Christ. »

MATTHIEU 23, 8-10

à ta paroisse ou à ton aumônerie ne connaît ce nom, c'est mauvais signe.

Et l'Église ?

L'Église, elle, respecte profondément la liberté que Dieu nous a donnée. Être chrétien est un choix qui serait sans valeur s'il était imposé. Il est donc toujours possible de quitter l'Église ou de s'en éloigner – même si c'est parfois douloureux.
L'Église ne coupe pas les hommes du monde. Elle les pousse, au contraire, à s'y engager pour témoigner de leur foi. Même les religieux cloîtrés sont ouverts sur l'extérieur. Quant au pape et aux évêques, ils ne sont pas des gourous. Chacun est libre de les écouter. Leur force, c'est leur douceur. Même quand ils rappellent l'exigence de la foi chrétienne, ils ne l'imposent pas.
Mais l'Église, c'est aussi chaque chrétien : si certains sont intolérants, fermés, plus prompts à condamner qu'à comprendre, à juger qu'à aimer, alors eux aussi deviennent... sectaires !

Et toi ?

Les sectes exploitent l'ignorance des gens en matière de religion. Prends le temps de mieux connaître ta propre foi et d'aiguiser ton esprit critique. Si tu es bien dans tes baskets et dans ta foi, tu n'intéresseras pas les « rabatteurs » des sectes, et ils ne t'intéresseront pas. Tu pourras même mettre en garde les copains.

Question d'aujourd'hui

OÙ SE RENSEIGNER SUR LES SECTES ?

Il existe un organisme d'État chargé de surveiller les dérives sectaires en France : la Miviludes (la Mission interministérielle de vigilance et de lutte contre les dérives sectaires). Sur son site, www.derives-sectes.gouv.fr, tu peux savoir qui contacter en cas de doute sur un groupe, t'informer ou demander de l'aide. Quant à l'Unadfi (l'Union nationale de défense des familles et de l'individu victimes de sectes), elle dresse la liste des mouvements sectaires sur www.unadfi.org/-Groupes-et-mouvances. Pratique pour une rapide vérification !

POUR FAIRE LE LIEN

PEUR P. 23

CONSCIENCE P. 200

PRUDENCE P. 86

LIBERTÉ P. 55, 267, 280

DIEU ? J'ADORE !

JE SUIS FAN DU DERNIER GROUPE DE ROCK À LA MODE.
JE DIS TOUT LE TEMPS QUE « JE L'ADORE ».
MES PARENTS RÉPONDENT QU' « ON N'ADORE QUE DIEU ».

À ton âge, c'est bien connu, on adôôôre ou on dé-tes-te ! On déteste son prof de maths, telle chanteuse ou bien la campagne. On adore un groupe de rock, le tennis ou la mousse au chocolat. Mais revenons au verbe « adorer ». Si tu ouvres un dictionnaire, tu y liras que ce mot vient du latin *adorare* qui signifie « prier vers ». Et la première définition du mot « adorer » est « rendre un culte à »... Aïe ! Décidément tes parents semblent avoir raison. Tu ne vas tout de même pas rendre un culte à ta tablette de chocolat !

Témoin d'hier

SAINTE SALSA

Cela ne peut plus durer : chaque mois de mai de ce IIIe siècle, les habitants de Tipasa en Algérie vont honorer l'immense statue du dragon en haut de la falaise. Salsa ne peut pas accepter ce culte aux idoles. La jeune chrétienne de 14 ans décide d'en finir : le soir de la fête, elle se glisse dans le temple et fait basculer la statue du dragon dans la mer.

Le bruit rameute les gardes qui s'emparent de Salsa. Elle n'a pas peur. Maintenant que l'idole n'existe plus, elle peut mourir. À son tour, on la jette du haut de la falaise. Quelques jours plus tard, au milieu des débris du dragon, on retrouvera le corps sans vie de la jeune fille. Intact.

Dieu dans ta vie

La langue change, et parfois s'affadit : le mot « adorer », aujourd'hui banal, est sans doute l'un des plus forts de la langue française. En tout cas, l'un des plus exigeants. Car adorer Dieu, c'est reconnaître qu'il est tout et que nous n'existons que par lui. C'est donc consentir à lui offrir un amour total qui dépasse tous les autres. Mais si nos « idoles » accaparent notre amour, Dieu, lui, n'est pas « exclusif » : il nous permet au contraire d'aimer davantage, plus et mieux, tous les autres... pourvu qu'il soit le premier ! Dieu est le seul auquel nous puissions vouer un culte et que nous puissions prier. Même les saints ne sont qu'un relais vers lui. Mais c'est parce

« Tu n'auras pas d'autres dieux que moi. Tu ne feras aucune idole, aucune image de ce qui est là-haut dans les cieux, ou en bas sur la terre, ou dans les eaux par-dessous la terre. Tu ne te prosterneras pas devant ces images pour leur rendre un culte. »

DEUTÉRONOME 5, 7-9

que nous l'adorons que notre cœur est capable d'autres amours immenses.

Hobbies ou idoles ?

Le dictionnaire n'est pas tout, et les changements de la langue sont-ils si importants ? La réalité, c'est que certaines choses sont délicieuses, agréables, peut-être même exquises mais pas vitales pour nous. Qu'elles soient chansons à la mode, desserts ou pantalons à paillettes, elles risquent cependant de devenir de petites idoles « adorées », qui font perdre de vue l'essentiel, l'adorable : l'amour de Dieu et des autres. Cela ne veut pas dire qu'il faut les oublier, simplement mettre chaque chose à sa place.

POUR FAIRE LE LIEN

PRIER P. 58, 123

EUCHARISTIE P. 127

DIEU CRÉATEUR P. 20

AMOUR DE DIEU P. 13

Et toi ?

Si ta langue fourche, pense à ton dictionnaire des synonymes. Il te donnera tous les autres mots qui, selon le contexte, remplaceraient parfaitement le verbe « adorer » : raffoler, apprécier, aimer, plaire, affectionner, estimer, préférer, prendre plaisir, s'intéresser à, goûter, chérir...

Question d'aujourd'hui

QU'EST-CE QUE L'ADORATION DU SAINT-SACREMENT ?

À Paris, à la basilique du Sacré-Cœur de Montmartre, on adore le Saint-Sacrement. De jour comme de nuit, les fidèles se relayent dans cette église pour adorer Jésus. Ils s'inclinent, vénèrent et prient le Christ présent dans une grande hostie consacrée lors de la messe. Cette hostie, ou Saint-Sacrement, est placée solennellement dans une sorte de disque de verre, l'ostensoir, exposé à la vue de tous. Chacun peut venir à tout moment se recueillir devant le Saint-Sacrement et se mettre ainsi en présence de Dieu pour véritablement l'adorer et le prier. Certains récitent des prières, d'autres « dialoguent » silencieusement avec Jésus, d'autres enfin font simplement silence et offrent à Dieu ce temps passé auprès de lui. Ce temps de communion avec le Seigneur est unique.

MIRACLE… VOUS AVEZ DIT MIRACLE ?

LA MÈRE D'UN AMI EST SORTIE INDEMNE D'UN ACCIDENT DE VOITURE. ELLE DIT À TOUT LE MONDE QUE C'EST UN MIRACLE. POURTANT, ELLE N'EST PAS CROYANTE.

« Miracle ! L'ouragan a évité nos côtes ! » « Les miraculés de la catastrophe aérienne témoignent… »
Les journaux utilisent le mot « miracle » à qui mieux mieux. Et nous leur emboîtons le pas en criant au miracle pour une bonne note, un train attrapé de justesse ou une chute de ski sans gravité. Mettre ce mot à toutes les sauces, c'est oublier que c'est avant tout un terme religieux qui exprime la foi de celui qui reconnaît l'action extraordinaire de Dieu dans sa vie.

Rémission ou miracle ?

Observons monsieur X et monsieur Y. Tous deux sont atteints d'un grave cancer : les médecins leur donnent peu de temps à vivre. Un jour pourtant, les deux hommes retournent voir leur médecin… en parfaite santé. Les examens sont formels, ils sont guéris, aussi incompréhensible que cela soit. De retour chez lui, monsieur X parle de « rémission spontanée ». C'est le terme employé par le médecin pour expliquer l'inexplicable : « La médecine n'est pas une science exacte. » Monsieur Y, lui, entre dans une église pour remercier le Seigneur et la Vierge Marie. Car pour lui, cela ne fait aucun doute : sa guérison est

Témoin d'hier

LE LÉPREUX SAMARITAIN DE L'ÉVANGILE

Ils sont dix. Dix lépreux qui implorent Jésus. « À cette vue, Jésus leur dit : "Allez vous montrer aux prêtres." En cours de route, ils furent purifiés. L'un d'eux, voyant qu'il était guéri, revint sur ses pas, en glorifiant Dieu à pleine voix. Il se jeta face contre terre aux pieds de Jésus en lui rendant grâce. Or, c'était un Samaritain. Alors Jésus prit la parole en disant : "Tous les dix n'ont-ils pas été purifiés ? Les neuf autres, où sont-ils ? Il ne s'est trouvé parmi eux que cet étranger pour revenir sur ses pas et rendre gloire à Dieu !" Jésus lui dit : "Relève-toi et va : ta foi t'a sauvé." » (Luc 17, 14-19). Tous sont guéris, mais seul ce Samaritain accepte de reconnaître l'action de Dieu et de lui dire merci.

“Alors que Jésus approchait de Jéricho, un aveugle mendiait, assis au bord de la route. Entendant la foule passer devant lui, il s'informa de ce qu'il y avait. On lui apprit que c'était Jésus le Nazaréen qui passait. Il s'écria : "Jésus, fils de David, prends pitié de moi !" Jésus s'arrêta et il ordonna qu'on le lui amène. Quand il se fut approché, Jésus lui demanda : "Que veux-tu que je fasse pour toi ?" Il répondit : "Seigneur, que je retrouve la vue." Et Jésus lui dit : "Retrouve la vue ! Ta foi t'a sauvé." À l'instant même, il retrouva la vue, et il suivait Jésus en rendant gloire à Dieu.”

LUC 18, 35-43

un miracle. Trois semaines plus tôt, il était à Lourdes, pour faire plaisir à sa femme. Devant la grotte, il s'est senti soudain étrangement bien. Sa fatigue a disparu, son cœur s'est apaisé. Pour lui, la guérison a même été bien plus profonde : ce jour-là, il a décidé de remettre sa vie sous le regard de Dieu.

Signe de l'amour de Dieu

La guérison de monsieur Y est peut-être un miracle (laissons les médecins puis l'Église en décider). En tout cas, elle est le signe visible de multiples guérisons invisibles, du corps et de l'âme. Un miracle, c'est cela : le signe d'une action de Dieu. Certes, il y a des signes quotidiens. Mais il arrive aussi qu'ils soient particulièrement éclatants dans la vie d'un homme ou d'une femme brisés par la souffrance. Seuls ceux qui ont la foi reconnaissent l'action divine dans cette guérison. Dieu nous laisse toujours libres de reconnaître, ou pas, dans telle ou telle situation la manifestation de son amour.

POUR FAIRE LE LIEN

MIRACLES P. 113

SALUT P. 245

PRÉSENCE DE DIEU P. 264

CROIRE P. 106

AMOUR DE DIEU P. 20

Témoin d'aujourd'hui

ALEXIS CARREL

« J'ai dû me tromper dans mon diagnostic », s'excuse Alexis Carrel. Hier encore, cette jeune femme était un cas désespéré, et lui, l'éminent médecin, lui avait annoncé qu'aucune guérison n'était possible. Et la voilà aujourd'hui rétablie – un miracle, prétend-elle, devant la grotte de Lourdes. L'esprit scientifique d'Alexis Carrel, futur Prix Nobel de médecine en 1912, est ébranlé. Pour l'heure, il refuse de s'avouer convaincu, et il va balancer longtemps, de l'incrédulité à la foi. Et puis un jour, il admet : « Oui ! Cette guérison est miraculeuse. » Le grand scientifique devient chrétien. L'amour de Dieu a encore fait des miracles.

Et toi ?

Peut-être penses-tu que ceux qui rencontraient Jésus en Galilée avaient bien de la chance de pouvoir être guéris. En fait, il y a aujourd'hui beaucoup plus de miracles que ceux dont on entend parler. Car la source de tous les miracles, c'est l'amour de Dieu. Toi aussi, si tu le veux, tu peux « faire des miracles ». Comment ? Tout simplement en aimant et en soulageant la peine de ceux qui souffrent.

PROFESSION DÉTECTIVE

LE DOCTEUR PATRICK THEILLIER EST UN PEU DÉTECTIVE.
PENDANT DIX ANS, IL FUT RESPONSABLE DU BUREAU MÉDICAL DE LOURDES
POUR ENQUÊTER SUR LES GUÉRISONS MIRACULEUSES. IL RÉPOND À NOS QUESTIONS.

Y A-T-IL ENCORE DES MIRACLES AUJOURD'HUI ?

Oui ! Le dernier miracle reconnu à Lourdes l'a été en 2013. C'était une Italienne guérie de graves crises d'hypertension qui fragilisaient son cœur et l'empêchaient de mener une vie normale.

ET DEPUIS ? RIEN ?

Il y en aura d'autres car des déclarations de guérisons arrivent constamment à Lourdes. En 154 ans, plus de 7 000 guérisons ont été déclarées, sans parler de toutes celles non déclarées, bien plus nombreuses à mon avis. Seules 69 ont été reconnues miraculeuses.

COMMENT RECONNAÎT-ON UN MIRACLE ?

Lorsque nous recevons une déclaration de guérison physique, notre première tâche est de l'authentifier, c'est-à-dire de garantir que cette guérison est réelle. Pour cela, nous utilisons tous les indices donnés par les documents médicaux, avant et après la guérison.

ET LE MIRACLE EST RECONNU ?

Dieu seul fait des miracles. L'Église est donc la seule à pouvoir les reconnaître. Pour cela, elle s'appuie à la fois sur l'enquête médicale et sur le contexte de prière et de foi qui donne sens à une guérison anormale.

POURQUOI ?

Il est nécessaire de prendre aussi en compte la signification donnée à cet événement par la personne guérie. Elle seule est capable de donner un sens à cette expérience vécue : elle estime avoir bénéficié d'une grâce de guérison. La preuve ? Certains guérissent et se taisent. À Lourdes, c'est toujours l'intéressé qui sait qu'il a guéri à un moment donné. Il l'a très bien perçu, il peut en témoigner. Et il peut dire que sa vie en a été bouleversée.

PLEURE... MAIS ESPÈRE !

CET ÉTÉ, DURANT MON CAMP SCOUT, UN CHEF S'EST TUÉ DANS UN ACCIDENT DE VOITURE. IL AVAIT 18 ANS... MÊME SI ON A LA FOI, C'EST TRÈS DIFFICILE À VIVRE.

Pleure si ton cœur déborde, il n'y a aucune honte à cela. La mort est un mal. Elle est source d'angoisse et, d'autant plus lorsqu'elle emporte un jeune, c'est normal qu'elle suscite un sentiment de colère et d'injustice. Si tel est ton cas, dis ta révolte, ne la garde pas en toi. Souvent, on préfère se taire, fuir, ignorer la mort, mais cela ne console pas. Comme toi, Jésus a ressenti la douleur de perdre un ami : il a pleuré en apprenant la mort de Lazare. Car le Christ ne nous demande pas d'aimer la mort. Jésus lui-même, à la veille de sa Passion, a connu la peur de mourir : « Père, si tu veux, éloigne de moi cette coupe ! » (Luc 22, 42.)

Libérés de la mort

Dieu n'a pas voulu la mort. Il a même envoyé son Fils, qui nous en a libérés. En ressuscitant Lazare, Jésus nous montre qu'il la domine. En sortant lui-même victorieux de la mort, c'est la vie éternelle qu'il nous promet à tous.

C'est ce que nous proclamons quand nous récitons le Credo. Tout cela est beaucoup plus facile à croire par un beau dimanche ensoleillé, quand tout va bien, que dans le deuil, l'épreuve, face à l'absence. Et il est tout à fait normal d'éprouver un grand vertige à la mort d'un proche. Mais

Témoin d'hier

JEANNE GARNIER

À 23 ans, Jeanne a un mari et une fille qu'elle aime. Rien ne lui manque. Mais un an plus tard, en 1835, la maladie emporte son époux et son enfant. Elle sombre dans la désespérance, jusqu'à cette rencontre avec une femme souffrante et affamée. Quelqu'un a besoin d'elle... Elle la soigne, l'entoure d'affection. Elle y voit un signe de Dieu. Réunissant d'autres veuves, elle fonde la Maison du Calvaire. Elle y accueille les malades, même incurables, soulage leurs douleurs et les entoure d'amour jusqu'à la fin. Jeanne Garnier invente ainsi ce que l'on appelle aujourd'hui l'accompagnement des mourants. Une maison de soins palliatifs à Paris porte son nom.

le Seigneur, qui connaît le fond de notre cœur, nous accompagne dans ces moments difficiles. Et nous, chrétiens, nous croyons que la mort n'est pas le dernier mot de toute vie. Nous croyons qu'elle est le passage de la vie terrestre à la vie avec Dieu.

C'est pourquoi nous appelons souvent la célébration des funérailles la liturgie d'« à Dieu ».

Veiller dans l'espérance

Non, la mort n'est pas une impasse. Mais ce n'est pas non plus une manière de fuir les difficultés de la vie. Les grands saints, comme Thérèse d'Avila, qui brûlaient pourtant du désir de rejoindre Jésus, acceptaient d'attendre et de vivre pleinement chaque

« Mais les âmes des justes sont dans la main de Dieu ;
aucun tourment n'a de prise sur eux. Aux yeux de l'insensé,
ils ont paru mourir ; leur départ est compris comme un malheur,
et leur éloignement, comme une fin : mais ils sont dans la paix. »

SAGESSE 3, 1-3

jour. Comme eux, vivons dans la joie, sur terre. Sans jamais accepter la mort, en continuant de nous révolter, mais dans l'espérance.
Et tenons-nous prêts ! Car Jésus seul est le maître de la vie. À un garçon qui lui demandait : « Que devrais-je faire si j'apprenais que j'allais mourir dans dix minutes ? » saint Jean Bosco répondit : « Il faudrait continuer de jouer au ballon. » Vivre notre vie du mieux possible, voilà le plus sûr moyen de nous préparer à ce passage où nous verrons le Seigneur face à face.

POUR FAIRE LE LIEN

VIE ÉTERNELLE P. 6, 33
PRIÈRE P. 33, 185
ESPÉRANCE P. 33, 152
RÉVOLTE P. 149
RÉSURRECTION P. 36

MYSTÉRIEUSE SOUFFRANCE

MA GRAND-MÈRE EST MORTE APRÈS AVOIR BEAUCOUP SOUFFERT. EST-CE QUE LA SOUFFRANCE SERT À QUELQUE CHOSE ?

Pendant des siècles, les hommes ont pensé qu'il était normal de souffrir. Après tout, la douleur n'était-elle pas utile ? Ne jouait-elle pas le rôle de signal d'alerte, informant de la maladie (mal à la gorge pour l'angine par exemple), ou de la blessure (mal à la cheville pour une entorse) ? Cela reste vrai, mais désormais les progrès de la médecine et du diagnostic ont modifié cette approche. Aujourd'hui, les médecins s'emploient à soigner et guérir les maladies, mais aussi à réduire ou supprimer la douleur.
Pourtant, malgré tous les efforts des médecins, de très grandes souffrances accompagnent encore de nombreuses maladies, qu'elles soient physiques ou psychologiques. Certains voudraient supprimer la souffrance à n'importe quel prix, même celui de la vie. Ils prônent l'euthanasie.
Les chrétiens, eux aussi, font entendre leurs voix dans ces débats, pour dire que la vie doit rester plus forte.

Témoin d'hier

JACQUELINE DE DECKER

En 1948, le rêve de Jacqueline de Decker s'écroule. La jeune Belge s'était engagée comme missionnaire avec mère Teresa auprès des misérables des bidonvilles de Calcutta. Mais les médecins sont formels : elle souffre d'une maladie trop grave de la colonne vertébrale, elle doit rentrer chez elle... Peu de temps après, mère Teresa écrit à Jacqueline : « Accepteriez-vous de devenir ma sœur spirituelle et d'être missionnaire en offrant vos souffrances pour soutenir l'œuvre que j'accomplis ici ? Grâce à vous, nous serons capables de faire de grandes choses pour l'amour de Jésus. » Immobile, elle va donc pouvoir être utile... Ainsi naissent les « coopérateurs souffrants » qui, depuis leur lit d'hôpital, volent au secours des plus démunis par la prière.

L'Église n'est pas « pour » la souffrance

Beaucoup ont l'impression que le catholicisme aime la souffrance. Le symbole des

“Venez à moi, vous tous qui peinez sous le poids du fardeau, et moi, je vous procurerai le repos. Prenez sur vous mon joug, devenez mes disciples car je suis doux et humble de cœur, et vous trouverez le repos.”

MATTHIEU 11, 28-29

chrétiens n'est-il pas la croix ? Pourtant, le Christ lui-même a prié, la veille de sa mort, pour que la souffrance lui soit épargnée. Il a aussi pleuré la mort de son ami Lazare. Non, l'Église n'est pas pour la souffrance. En 1956, des chrétiens voulaient interdire l'accouchement sans douleur sous prétexte qu'il était écrit dans la Bible : « Tu enfanteras dans la douleur. » Le pape Pie XII leur a répondu en disant que Dieu n'a jamais voulu la souffrance pour les hommes et les femmes. Le premier devoir du chrétien est de soulager la souffrance, le plus possible.

Puissance d'amour

Mais il subsiste des cas où la souffrance est inévitable. La seule vraie question à son propos est : « Pourquoi ? » Le chrétien n'a pas de réponse à cette question. Pour lui aussi, la souffrance demeure mystérieuse, et scandaleuse. Mais il peut contempler le Christ en Croix. Le Christ nous a sauvés en mourant sur la Croix. Portés par notre foi, nous croyons que celui qui souffre ressemble tout particulièrement au Christ. Si nous acceptons et offrons notre souffrance, celle-ci peut rejoindre celle de Jésus sur la Croix et, de ce fait, contribuer à sauver le monde. C'est en cela que nous pouvons dire que la souffrance « sert à quelque chose ». En acceptant et en offrant une souffrance inévitable, nous recevons la vie même du Christ ressuscité. Mais il ne s'agit pas de dire à quelqu'un : « Mais offre donc ta souffrance au Seigneur et tu seras joyeux ! » Cette capacité à offrir sa souffrance ne peut venir que de celui qui souffre, dans son union unique au Christ qui a souffert et qui souffre encore avec lui.

POUR FAIRE LE LIEN

SOUFFRANCE P. 245

CROIX P. 117

OFFRIR SA VIE P. 212

JÉSUS SAUVEUR P. 188

MORT P. 146

Question d'aujourd'hui

A-T-ON LE DROIT DE TUER POUR ÉVITER LA SOUFFRANCE ?

Le mot « euthanasie » vient du grec et signifie « bonne mort ». Il veut faire croire qu'en accélérant la fin de vie d'un malade pour lui éviter de souffrir on lui offre une mort plus belle. Mais le malade qui souffre ne veut pas forcément mourir, il espère souvent ne plus avoir mal. Quand l'équipe médicale parvient à soulager sa souffrance et à écouter sa peur, le malade peut vivre ses derniers instants en paix. C'est tout le travail des soins palliatifs qui visent à atténuer les souffrances pour améliorer la fin de vie des patients condamnés. L'Église considère que les médecins n'ont pas à provoquer la mort mais à rendre la vie la plus acceptable possible, dans la charité due à chaque homme. Voilà pourquoi elle s'oppose à l'euthanasie qui n'est pas un acte de charité mais un acte de désespoir.

C'EST PAS LA FIN DU MONDE !

LA FIN DES TEMPS ET L'APOCALYPSE, ÇA FAIT FROID DANS LE DOS. ET SI ÇA ARRIVAIT DEMAIN ?

Nul ne connaît la date et l'heure de la fin des temps. Dieu seul la connaît, et son « calendrier » n'est pas celui des hommes : « Pour le Seigneur, un seul jour est comme mille ans » (2e Épitre de saint Pierre 3, 8). Et pourtant, la Bible nous incite à attendre ce « jour » dans la joie et la confiance et non dans la peur panique, contrairement à ce que veulent faire croire les prophètes de malheur.

Le royaume de Dieu est proche !

Tremblement de terre, feu dévastateur, dragon à sept têtes, le livre de l'Apocalypse n'y va pas de main morte. Tout bien réfléchi, on aimerait autant ne pas être là lorsque cela arrivera ! C'est justement le sentiment que cherchent à nous inspirer les « millénaristes », témoins de Jéhovah et autres sectes « visionnaires » qui interprètent le texte de l'Apocalypse au premier degré. On nous annonce la fin du monde pour demain, après-demain, et quand c'est passé, on recommence ! Certains, malheureusement, vont jusqu'à se suicider collectivement pour se « préparer » au « grand passage ».

Dans la langue française, le mot « apocalypse » est devenu synonyme de « catastrophe », alors que ce mot d'origine grecque signifie « lever le voile », « révéler ». L'auteur du livre de l'Apocalypse écrit à des chrétiens persécutés. Pour les encourager à tenir bon dans le témoignage de leur foi, il leur transmet la révélation qu'il a reçue de Dieu. Dans un monde souvent

Question d'aujourd'hui

QUI A ÉCRIT L'APOCALYPSE ?

C'est sur l'île grecque de Patmos que saint Jean, apôtre de Jésus, écrit le texte de l'Apocalypse après en avoir reçu la vision. Car le livre de l'Apocalypse n'est pas tout droit sorti de l'imagination de son auteur, c'est une révélation de Jésus Christ, une parole divine qui nous permet d'illuminer notre intelligence, de fortifier notre espérance et d'aimer plus. Ce texte doit nous donner une soif plus grande du retour du Christ Jésus pour que, enfin, nous puissions voir le Père dans sa pleine lumière.

injuste et cruel, il annonce que nous connaîtrons le salut. Oui, l'histoire humaine a un sens : un jour, Jésus reviendra dans la gloire et nous serons tous réunis, pour toujours, dans la lumière du Royaume de Dieu. En attendant, nous avons encore à mener, avec le Christ, le combat contre les forces du mal. Voici ce qui explique les images dures et violentes que l'on trouve dans l'Apocalypse.

Jésus victorieux de la mort

Aussi curieux que cela paraisse, l'Apocalypse est une bonne nouvelle. La résurrection nous apprend que Dieu est plus fort que la mort. Et la victoire de Jésus sur la mort est une promesse de victoire pour nous aussi ! Ce n'est pas le mal qui aura le dernier mot, c'est Dieu. Les hommes meurent encore, les peuples se déchirent et les cataclysmes frappent aveuglément. Les chrétiens ne peuvent rester les bras croisés devant ces malheurs. Ils travaillent à aider leurs frères, car ils savent que Dieu leur demande de mettre plus d'amour et plus d'espérance dans notre monde. Mais un jour, il n'y aura plus ni deuil, ni larmes ni mort. Voilà pourquoi, au lieu de le redouter, nous prions pour que le retour du Christ ne tarde pas. C'est d'ailleurs ce que nous disons après la consécration : « Nous attendons ta venue dans la gloire. » Pour celui qui espère, l'Apocalypse n'est pas un film catastrophe mais l'annonce, la révélation, d'une perspective autrement plus joyeuse.

POUR FAIRE LE LIEN

FIN DES TEMPS P. 36

VICTOIRE SUR LE MAL P. 23

ÉTERNITÉ P. 36

RÉSURRECTION P. 36, 117

ROYAUME DE DIEU P. 45, 301

BONHEUR P. 86

Et toi ?

Ne te laisse pas impressionner par les prophéties alarmistes de certains. Les hommes prédisent la fin du monde depuis... des siècles ! Et si on y prêtait une oreille attentive, notre planète serait réduite en cendres tous les jours, depuis plusieurs millénaires. Plutôt que de nous laisser abattre et envahir par la crainte, travaillons à construire un monde plus beau !

« Alors j'ai vu un ciel nouveau et une terre nouvelle, car le premier ciel et la première terre s'en étaient allés et, de mer, il n'y en a plus. Et la Ville sainte, la Jérusalem nouvelle, je l'ai vue qui descendait du ciel, d'auprès de Dieu, prête pour les noces, comme une épouse parée pour son mari. Et j'entendis une voix forte qui venait du Trône. Elle disait : "Voici la demeure de Dieu avec les hommes ; il demeurera avec eux, et ils seront ses peuples." »

APOCALYPSE 21, 1-4

Le baptême ? Pour quoi faire ?
La messe, c'est toujours pareil
QUI EST DIEU POUR TOI ?

L'ÉGLISE et moi...

L'ÉGLISE, C'EST CHEZ TOI !

JE SUIS CHRÉTIEN. MAIS JE N'AI PAS BESOIN DE L'ÉGLISE POUR VIVRE MA FOI.

Tu n'es pas le seul à penser cela ! Cependant, si en regardant comment tu es devenu chrétien, tu t'apercevras que c'est l'Église qui, par l'intermédiaire de tes parents, d'un prêtre ou de tes animateurs de catéchisme, est présente à chaque étape de ta vie. Et aujourd'hui, c'est encore en Église que tu pries, que tu célèbres ta foi, que tu reçois les sacrements. L'Église n'est pas une abstraction, ni simplement un gouvernement composé du pape, des évêques et des prêtres. L'Église c'est tout le peuple des baptisés. Tu y es donc chez toi.

Témoin d'hier

SAINT PIERRE

Pierre est sans doute l'apôtre que l'on connaît le mieux. C'est le plus bavard, le plus fougueux – dès qu'il faut mettre les pieds dans le plat, on peut compter sur lui. Pierre harcèle Jésus de ses questions, il réagit toujours plus vite et plus passionnément. Il fera la leçon au Christ, lui donnera des « conseils », le reniera... Mais c'est lui, aussi, qui comprend le premier qui est Jésus. Quand Jésus demande : « Pour vous, qui suis-je ? » il répond immédiatement : « Tu es le Messie, le Fils du Dieu vivant ! » Alors, Jésus lui dit : « Tu es Pierre, et sur cette pierre je bâtirai mon Église. » Pierre est choisi pour être le premier pape, le pilier de la future Église.

L'Église, pour ne pas se tromper de Dieu !

On peut avoir « ras le bol » d'aller à la messe. On peut aussi être en désaccord avec ce que disent les prêtres ou les évêques. D'ici à en conclure qu'après tout l'Église n'est qu'une organisation humaine qui de surcroît ne fonctionne pas si bien, il n'y a qu'un pas. Or, contrairement à une équipe de foot ou un fan-club, l'Église n'est pas une association créée par des personnes qui auraient les mêmes goûts. Elle est voulue par Dieu pour réunir en une seule famille tous ses enfants, tous ceux qui croient en son Fils. Elle est solidement fondée sur le Christ ressuscité, qui la fait grandir par le don de son Esprit. Bref, l'Église

« Le corps ne fait qu'un, il a pourtant plusieurs membres ;
et tous les membres, malgré leur nombre, ne forment qu'un seul corps. [...]
Si un seul membre souffre, tous les membres partagent sa souffrance ;
si un membre est à l'honneur, tous partagent sa joie. Or, vous êtes corps du Christ et,
chacun pour votre part, vous êtes membres de ce corps. »

1 CORINTHIENS 12, 12 ET 26-27

vient de Dieu et nous conduit à Dieu. Difficile de croire en Dieu et de négliger les chemins qu'il nous donne, non ? Sans l'Église, on risque de se fabriquer un petit dieu à sa convenance, un dieu qui ne dit que ce qu'on a envie d'entendre, qui nous ressemble trop et ne peut rien faire pour nous. Comme disait un philosophe : « Dieu a créé l'homme à son image, et l'homme le lui a bien rendu. »

L'Église a besoin de toi !

L'Église, elle, ne peut se passer d'aucun baptisé. Saint Paul utilise deux comparaisons : tantôt il parle de l'Église comme d'un corps humain dans lequel chaque membre ou organe exerce une fonction irremplaçable. Tantôt il la décrit comme une construction dont on ne peut enlever aucune pierre sans fragiliser l'édifice. Tous les membres de l'Église sont indispensables, mais ils sont aussi solidaires les uns des autres : c'est le mystère de la communion des saints. Par le baptême, chacun reçoit la mission de faire vivre l'Église. On n'hérite pas simplement de l'amour ; on en est aussi porteur !

Et toi ?

Pour t'aider à trouver ta place dans l'Église, tu peux rejoindre un groupe de jeunes de ton âge, par exemple l'aumônerie de ton collège, un mouvement de jeunesse comme le scoutisme, un groupe de prière ou de service auprès des personnes malades ou isolées. Les temps forts (retraites, pèlerinages, grands rassemblements) sont de bons moments pour comprendre le caractère universel de l'Église. C'est toujours réconfortant de s'apercevoir qu'on n'est pas le seul à vouloir vivre en chrétien ! Et cela fait deux mille ans que cette belle aventure dure, malgré les difficultés et parfois les péchés des membres de l'Église. Il doit y avoir une raison, quand même !

POUR FAIRE LE LIEN

COMMUNICATION DES SAINTS	P. 30, 33
ÉGLISE	P. 130
BAPTÊME	P. 45
TÉMOIGNER	P. 133

Le sais-tu ?

LE MOT « ÉGLISE »

Il vient du grec *ecclesia* qui signifie « communauté », la communauté du peuple de Dieu. Quand on parle de l'« église », il s'agit du lieu où on se rassemble, pour la messe du dimanche ou pour célébrer un mariage ou un baptême, par exemple. Quand on parle de l'« Église », il s'agit des baptisés du monde entier depuis deux mille ans. Mais quand quelques personnes sont réunies dans une petite église de village, c'est l'Église tout entière qui est présente.

MONSEIGNEUR NGUYÊN VAN THUÂN

« JE N'AI PAS BESOIN DE L'ÉGLISE... » SI MONSEIGNEUR NGUYÊN VAN THUÂN ÉTAIT ENCORE LÀ POUR ENTENDRE CETTE AFFIRMATION, IL SOURIRAIT SÛREMENT INTÉRIEUREMENT ET PENSERAIT TOUT BAS : « CELA M'ÉTONNERAIT ! »

Monseigneur Van Thuân a en effet constaté que les chrétiens ne pouvaient pas vivre leur foi tout seuls. Dans son pays, le Vietnam, où les communistes persécutent les catholiques, les croyants ont besoin des autres pour consolider leur amour du Christ.

Ils ont besoin de la Parole pour donner du sens à ce qu'ils vivent au nom de la foi. Voici pourquoi, alors qu'il est en prison, monseigneur Van Thuân reconstitue patiemment l'Évangile, phrase par phrase, sur du papier de récupération. Grâce à cette bible de fortune, ses compagnons de captivité peuvent avoir accès à la Parole.

Ils ont besoin de l'Eucharistie pour y puiser la force et l'amour nécessaires à leur foi. Afin de donner aux autres prisonniers la chance de communier, monseigneur Van Thuân célèbre la messe en cachette. Il n'a qu'un peu de vin caché au creux de la paume de sa main et qu'un petit bout de pain qui, dissimulé dans un paquet de cigarettes, a échappé à la vigilance des gardiens. Peu importe, l'Eucharistie fortifie la petite assemblée.

Monseigneur Van Thuân a compris que les catholiques de son pays ont besoin de l'Église. Et pour leur donner cette Église si nécessaire à leur foi, il n'hésite pas à braver les interdits du régime communiste. Il forme des séminaristes, des catéchistes, des religieux. Il ouvre des missions d'évangélisation et des écoles. En 1975, son action exaspère le gouvernement, qui l'arrête et le met en prison pendant... treize ans. Plus tard, après un voyage à Rome, on lui interdit de retourner dans son pays. En éloignant monseigneur Van Thuân, le gouvernement communiste espère fragiliser l'Église vietnamienne et décourager les croyants. C'est mal connaître le cardinal. Du fond de son exil, monseigneur Van Thuân continue d'œuvrer pour l'Église vietnamienne par la prière. Et, même après sa mort en 2002, son souvenir est si présent qu'il ne cesse de rassembler les chrétiens dans une Église solidaire et nécessaire à tous.

JAMAIS TROP JEUNE !

ON NOUS DIT QUE LES JMJ CE N'EST PAS POUR NOTRE ÂGE. MAIS À 13 ANS, JE NE SUIS PLUS UNE ENFANT. ALORS, POUR L'ÉGLISE, C'EST QUOI LA JEUNESSE ?

Tu as fait tes premiers pas vers 1 an. À 3 ans, tu entrais en maternelle. À 7 ans, tu as eu l'âge de raison. À 18, tu auras le droit de voter… et d'aller aux JMJ ! Mais cela ne veut pas dire qu'auparavant l'Église t'ignore. Non. Peut-être un jour existera-t-il d'ailleurs des JMPJ, les Journées mondiales pour les plus jeunes.

Participe !

Il est plus simple d'organiser des rassemblements pour des personnes du même âge, et moins compliqué de faire voyager de jeunes adultes que des enfants. Il n'empêche, toi aussi, tu peux vivre les JMJ : dans ton école ou ta paroisse tu peux aider à leur préparation, suivre leur déroulement dans les journaux ou à la télévision ; et, pourquoi pas, prier pour tous ces jeunes qui se retrouvent.

Témoin d'hier

SAINT JEAN-FRANÇOIS RÉGIS

Quand Jean-François arrive quelque part, difficile de le manquer : ce jésuite de choc est taillé comme une armoire à glace et mesure près de deux mètres. Bien « bâti » pour arpenter les montagnes du centre de la France, il passe de ferme en ferme pour annoncer la Bonne Nouvelle. Mais Jean-François a un « truc » pour toucher les esprits et les cœurs : il demande aux enfants de 10 ou 12 ans d'expliquer aux adultes ce qu'il vient de dire, car il a repéré que le cœur des plus jeunes comprend souvent bien plus vite que celui des aînés. Jean-François Régis apporte la parole à « ses » montagnards, ses « enfants », jusqu'à y laisser sa santé. Il meurt d'épuisement et de froid en 1640.

Jeune pour toujours

Les enfants ont toujours eu une place privilégiée dans le cœur de l'Église. Et cela ne changera pas. Jésus n'a-t-il pas dit : « Laissez les enfants venir à moi. Ne les empêchez pas, car le royaume de Dieu est à ceux qui leur ressemblent » ? La Vierge Marie n'est-elle pas apparue la plupart du temps à des enfants ? Il n'est jamais trop tôt pour aimer Dieu… ni trop tard. Aujourd'hui,

“Que personne n'ait lieu de te mépriser parce que tu es jeune ;
au contraire, sois pour les croyants un modèle par ta parole et ta conduite,
par ta charité, ta foi et ta pureté. [...] Ne néglige pas le don de la grâce en toi.”

1 TIMOTHÉE 4, 12 ET 14

on canonise des enfants car l'Église reconnaît dans leur vie une réelle intimité avec Dieu ; elle canonise aussi des gens qui, parfois, se sont tournés vers Dieu très tardivement, au soir de la vieillesse. Pour un chrétien, être « jeune », c'est avoir le cœur tourné vers Dieu, greffé sur l'amour du Christ. À l'inverse, il y a aussi des jeunes qui peuvent être des « petits vieux » spirituellement.

Et toi ?

Inutile d'essayer de faire à tout prix ce qui n'est pas encore de ton âge. Renoncer à certaines choses dans l'immédiat, c'est aussi un moyen de grandir. Aujourd'hui, tu es jeune et tu as le désir d'aimer Dieu, de croire en lui et de partager ta foi avec d'autres. Profite de cet élan de l'âme pour bâtir dès à présent ta « jeunesse » de demain. Profite du souffle des JMJ, que tu ressens même sans y aller, pour consolider ta foi et l'amarrer définitivement à l'amour du Christ. Les prochaines JMJ n'attendront alors que toi.

POUR FAIRE LE LIEN
GRANDIR DANS LA FOI P. 70
ENFANT DE DIEU P. 45
RESPONSABLE P. 70
PARTICIPER/AGIR P. 181

Témoin d'aujourd'hui

ANNE DE GUIGNÉ

« Madame, non seulement elle est prête, mais je souhaite que vous et moi soyons toujours au degré d'instruction religieuse de cette enfant-là. » Le père Perroy avoue à madame de Guigné qu'il n'en revient pas. Il vient d'interroger la petite Anne. Lui qui s'apprêtait à lui refuser la première communion doit se rendre à l'évidence. Elle n'a pas 6 ans, mais témoigne d'une profonde vie spirituelle. Anne est prête à recevoir Jésus, plus prête que beaucoup d'entre nous. Elle, qui était insupportable, capricieuse, désobéissante, a promis à Dieu à la mort de son père, quelques mois plus tôt, de devenir « bonne », « pour maman ». Au prix de nombreux efforts sur son caractère, elle restera fidèle à cette promesse jusqu'à sa mort. Anne meurt à 11 ans, mais elle aura assez vécu pour laisser ce témoignage d'une vie de petite fille marquée par la grâce de Dieu.

TÉMOIN DE JÉSUS AU QUOTIDIEN

AU COLLÈGE, DES ÉLÈVES SE SONT MOQUÉS D'UNE FILLE QUI PORTAIT UNE MÉDAILLE. JE N'AI PAS OSÉ DIRE QUE, MOI AUSSI, J'ÉTAIS CATHOLIQUE.

Qui, après un bon film, ne le conseille pas à d'autres ? Qui, après avoir appris une bonne nouvelle, ne la partage pas ? Peut-on faire moins avec notre foi si elle est une « bonne nouvelle » (« évangile ») qui nous fait vivre ?
Si tu as la chance d'avoir la foi, c'est parce que les personnes qui t'entourent t'ont parlé du Christ. Et Jésus nous rappelle de ne pas mettre la lampe allumée sous le boisseau. Toi aussi, grâce à ton témoignage, tu peux être une lumière pour les autres. Ensuite, c'est le Seigneur qui agira dans le cœur de chacun.

Témoigner en actes...

Bien sûr, ce n'est pas toujours facile de témoigner : qui n'a jamais eu peur du jugement des autres ? Mais témoigner, ce n'est pas forcément monter sur une estrade en pleine rue et crier : « Jésus Christ vous aime ! » Témoigner, cela suppose, d'abord, d'adopter une attitude qui correspond au chrétien que l'on dit être. Pardonner, refuser de tricher ou de critiquer les autres, c'est aussi annoncer l'amour du Christ. Personne ne peut faire entendre son témoignage si on ne le regarde pas déjà comme digne d'être écouté.

... et en paroles

Vient ensuite le temps de joindre la parole aux actes. Au fil des conversations, tu as

Témoin d'hier

SAINT JEAN CHRYSOSTOME

Né à Antioche au IVe siècle, Jean est ordonné diacre, puis prêtre, et commence à prêcher. Les ennuis arrivent : il est l'un des plus extraordinaires prédicateurs de la Grèce antique et ses discours lui attirent des inimitiés. Il est si incisif, si précis, si brillant... Ses admirateurs l'appellent « Jean bouche d'or ». Ses ennemis, eux, obtiennent finalement son exil. Mais même parti, il continue de parler. « Ne dis pas : "Il m'est impossible d'influencer les autres", car si tu es chrétien, il est impossible que cela ne se produise pas... Il est plus facile pour la lumière de devenir ténèbres que pour un vrai chrétien de ne pas rayonner. »

mille occasions de témoigner. Tout simplement, quand on te demande si tu crois en Dieu et que tu réponds que tu es chrétien, tu témoignes. Ou bien quand on te demande ce que tu as fait dimanche, et que tu réponds que tu es allé à la messe, tu rends compte de ta foi. Il est normal que tu trouves cela difficile. Et même quand la réaction est ironique ou moqueuse, cela ne veut pas forcément dire que ton témoignage n'a servi à rien. Une seule petite phrase, un seul mot peuvent parfois suffire à mûrir dans les cœurs et, qui sait, provoquer un jour une grande et belle discussion.

Nous ne sommes pas tout seuls

Jésus savait bien que nous aurions du mal à témoigner. Il nous a envoyé un « avocat », l'Esprit Saint. Il aide les timides à faire preuve d'audace, les empêtrés à retrouver leurs mots, les compliqués à prendre un cœur d'enfant. Rien ne sert de s'inquiéter : Dieu fera le reste. C'est son œuvre, pas la nôtre.

POUR FAIRE LE LIEN

PEUR P. 92

TÉMOIGNER P. 17, 133, 188

PRIÈRE MISSIONNAIRE P. 175

« Vous êtes la lumière du monde. [...] Et l'on n'allume pas une lampe pour la mettre sous le boisseau ; on la met sur le lampadaire, et elle brille pour tous ceux qui sont dans la maison. »

MATTHIEU 5, 14-15

Et toi ?

Toute la journée, la luciole capte la lumière du soleil pour briller la nuit. Toi aussi, laisse-toi inonder par la lumière de Dieu et par sa parole pour rayonner auprès des autres. Si tu le demandes dans la prière, ce ne seront pas tes mots mais ceux du Christ qui passeront par tes lèvres. Et si aujourd'hui tu n'as pas osé parler, confie tes peurs au Seigneur. Tu y parviendras peut-être, la prochaine fois.

Témoin d'aujourd'hui

MADELEINE DELBRÊL

Le Christ est mort par amour pour les hommes : quand Madeleine comprend cela, sa vie est bouleversée. En 1926, à 22 ans, la jeune fille décide de lui consacrer sa vie, elle se met au service des plus pauvres, et part comme missionnaire avec quelques autres filles. Oh, pas très loin... À Ivry, une banlieue parisienne très défavorisée. Dans ce quartier ouvrier, la majorité des habitants est communiste et refuse de croire en l'existence de Dieu. Alors, Madeleine s'installe, prend soin des plus pauvres, témoigne patiemment de l'amour de Dieu pour tous les hommes, ceux d'Ivry comme ceux d'ailleurs. Elle a une règle : « N'oublie pas que vivre avec toi peut suffire aux autres pour gagner le ciel. »

LAISSEZ-VOUS RÉCONCILIER !

EST-CE QUE JE DOIS FORCÉMENT ALLER VOIR UN PRÊTRE POUR QUE DIEU ME PARDONNE ?

Dieu peut tout faire : il ne dépend donc pas du sacrement pour donner son pardon. Encore faut-il le lui demander, et regretter sincèrement ce que tu as fait… Mais s'il a voulu que tu aies un signe de sa miséricorde, un sacrement pour « être sûr » de son pardon, il y a des raisons.

Dieu attend notre retour

Jésus répond lui-même à cette question en nous racontant la parabole du fils prodigue – ou plutôt la parabole du père miséricordieux.
Car le personnage principal n'est pas le fils ; c'est ce père qui prend à cœur la misère (« miséricorde ») de son enfant, ce même père qui n'a pas attendu le retour de son fils repentant pour pardonner : s'il le guette, s'il se précipite, s'il l'embrasse, c'est que le pardon était déjà offert.

Dieu nous aime… et le montre

Et pourtant, il a fallu que le fils fasse son retour. S'il était resté dans son champ, il aurait continué misérablement, persuadé que son père ne lui pardonnerait jamais. Au fond, n'est-ce pas ce que nous ressentons quand nous sommes empêtrés dans nos péchés ?
Dieu a voulu un sacrement pour manifester sa miséricorde – par l'intermédiaire d'un

Témoin d'hier

LE SAINT CURÉ D'ARS

Jean-Marie Vianney, curé d'Ars au début du XIXe siècle, n'est pas un grand intellectuel. Mais c'est un curé extraordinaire, entièrement dévoué à ses paroissiens. Il a surtout reçu du Seigneur la grâce de guider les cœurs les plus endurcis vers le chemin de la conversion. Pour cela, Jean-Marie est capable de rester des heures au confessionnal, parfois même du lever du jour à la tombée de la nuit, jusqu'à l'épuisement ! Cela n'est pas vain : les incrédules s'agenouillent et les conversions se multiplient. Le curé d'Ars sait ouvrir les cœurs, par sa spiritualité simple et juste, et par sa confiance en l'homme : « Il y a en nous de quoi faire le bien », dit-il inlassablement.

prêtre, c'est le Christ en personne qui écoute et pardonne. Dieu l'a voulu ainsi parce que l'homme ne vit pas dans des réalités abstraites – il a besoin de gestes concrets, il a besoin d'avouer son péché et d'entendre une parole qui lui donne le pardon de Dieu et le remet debout. Sinon, il risque fort de se débattre longtemps avec son remords...

Quelle fête !

Ce sacrement est un signe à la fois tout simple et grandiose. Apparemment, il ne se passe pas grand-chose. Tu peux

« Comme il était encore loin, son père l'aperçut et fut saisi de compassion ; il courut se jeter à son cou et le couvrit de baisers. Le fils lui dit : "Père, j'ai péché contre le ciel et envers toi. Je ne suis plus digne d'être appelé ton fils." Mais le père dit à ses serviteurs : "Vite, apportez le plus beau vêtement pour l'habiller, [...] allez chercher le veau gras, tuez-le, mangeons et festoyons, car mon fils que voilà était mort, et il est revenu à la vie ; il était perdu, et il est retrouvé." »

LUC 15, 20-24

même être déçu de ne rien ressentir d'extraordinaire. Mais le plus souvent on ressort de ce moment comme transformé et libéré. Au ciel, c'est aussi la fête ! Jésus nous l'a dit : « Il y a plus de joie au ciel pour un seul pécheur qui se repend que pour quatre-vingt-dix-neuf justes qui n'ont pas besoin de repentir. » Celui qui reçoit le pardon de Dieu, comme l'enfant prodigue, provoque la joie du Père, et la reçoit. Car la joie de Dieu c'est de pardonner et de te montrer qu'il t'aime. Alors, pourquoi refuser pareil cadeau ?

POUR FAIRE LE LIEN

PARDON	P. 55, 98, 209
PATIENCE DE DIEU	P. 67
SACREMENT	P. 130
PAIX/JOIE	P. 248

Et toi ?

Quels moyens prends-tu pour recevoir le sacrement de réconciliation ? As-tu noté où et quand tu peux le demander dans ta paroisse ou à l'aumônerie ? Prévois-tu des « rendez-vous réconciliation » avec le Seigneur, et pas forcément seulement aux grandes fêtes ?

Prière

Au début de la messe, nous demandons pardon pour nos péchés :

« Je confesse à Dieu tout-puissant, je reconnais devant mes frères, que j'ai péché en pensée, en parole, par action et par omission. Oui, j'ai vraiment péché. C'est pourquoi je supplie la Vierge Marie, les anges et tous les saints, et vous aussi, mes frères, de prier pour moi le Seigneur notre Dieu. »

Cette prière nous éclaire sur la nature de nos péchés. Ils ne sont pas seulement les paroles ou les actions mauvaises que nous avons dites ou faites. Ils sont aussi ce que nous avons pensé de mal et ce que nous n'avons pas fait (« par omission ») pour aider notre prochain par exemple.

IL ÉTAIT UNE FOIS UNE RÉCONCILIATION

« QUAND FAUT Y ALLER, FAUT Y ALLER ! »
PRENANT SON COURAGE À DEUX MAINS,
ROMAIN A RENDEZ-VOUS AVEC LE PARDON DE DIEU.

Il ne fait pas le fier. Lui d'habitude si bavard et si sûr de lui, il se recroqueville sur son prie-dieu espérant devenir tout petit.
Heureusement, Romain a préparé son rendez-vous... pour se débarrasser de cette corvée au plus vite ! Sur un petit bout de papier, il a écrit tous les péchés dont il se souvient.
Après une profonde inspiration, Romain les énumère. Mais la confession prend bientôt une tournure surprenante. Lui qui espérait en finir rapidement doit répondre aux questions du prêtre, l'écouter lui parler de l'amour de Dieu. Mais il ne s'agit ni d'un interrogatoire en règle, ni d'une leçon de morale. Romain est soulagé de voir que le prêtre ne le regarde pas comme un pécheur, mais comme un frère aimé du même Père.
Alors, il ouvre son cœur et discerne de nouveaux péchés dans sa vie, mais surtout, il découvre que Dieu lui pardonne et lui fait confiance.
La confession de ses péchés terminée, c'est le cœur plein d'espérance que Romain prononce l'acte de contrition.
Il demande humblement pardon à Dieu : « Mon Dieu, j'ai péché contre toi et contre mes frères mais près de toi se trouve le pardon. Accueille mon repentir et donne-moi la force de vivre selon ton amour. »
Puis le prêtre, en étendant les mains, prononce la prière de réconciliation : « Que Dieu notre Père te montre sa miséricorde par la mort et la résurrection de son Fils, il a réconcilié le monde avec lui et il a envoyé l'Esprit Saint pour la rémission des péchés : par le ministère de l'Église, qu'il te donne le pardon et la paix. Et moi, au nom du Père et du Fils et du Saint-Esprit, je te pardonne tous tes péchés. »

La réconciliation a eu lieu ! Romain se sent le cœur tout joyeux.

Avant de quitter l'église, il va prier devant l'autel comme le prêtre le lui a recommandé, pour demander à Dieu de l'aider à lutter contre son péché et le remercier de lui avoir, une fois de plus, ouvert les bras.

OUI ! JE VEUX T'AIMER TOUJOURS

J'AI DES COPAINS DONT LES PARENTS NE SONT PAS MARIÉS. POURTANT, ILS VIVENT ENSEMBLE DEPUIS DES ANNÉES ET ILS S'AIMENT. QU'EST-CE QUE LE MARIAGE APPORTE EN PLUS ?

« C'est une fille ! » Dans le couloir de la maternité, le jeune papa voudrait annoncer son bonheur au monde entier. Quelques heures plus tard, il signera fièrement l'acte de naissance. « Je l'ai eu ! » Le lycéen clame à qui veut l'entendre qu'il a décroché le baccalauréat. Dans quelques jours, il recevra son diplôme qui trônera en bonne place dans sa chambre.

Témoin d'hier

FRÉDÉRIC OZANAM

On le connaît pour son engagement au service des plus pauvres. Mais Frédéric Ozanam est aussi un témoin de la joie qu'il y a dans le mariage. Toute sa vie, il puise sa force au sein du foyer qu'il forme avec Amélie. Elle et leur fille Marie le suivent partout, au cours de ses voyages à travers l'Europe dans les années 1840. Avant son dernier départ vers l'Italie, où il va tenter en vain de se soigner, Frédéric adresse ce testament à sa femme : « À Amélie, qui a fait la joie et le charme de ma vie, et dont les soins si doux ont consolé depuis un an tous mes maux, j'adresse ces adieux courts comme toutes les choses de la terre. Je la remercie, je la bénis et je l'attends. Au ciel seulement je pourrai lui rendre autant d'amour qu'elle en mérite. »

Haut et fort

Lorsque notre vie est chamboulée par un événement heureux, nous avons envie de le crier sur les toits et d'en garder une trace, une preuve. Pourquoi ne pas le faire lorsque nous rencontrons celui ou celle que nous aimons ? En criant : « Nous nous marions ! », les fiancés annoncent à tout le monde qu'ils s'aiment et se sont choisis pour la vie. Ils ont même décidé d'en prendre acte devant la société et devant Dieu. Ils sont fiers de leur amour et de leur projet de vie.

Dieu avec nous

Bien sûr, il existe des couples très heureux qui ne sont pas mariés. Le bonheur de s'aimer n'est réservé ni aux seuls gens mariés, ni aux seuls chrétiens.

“Ragouël appela Sarra, qui vient vers lui. Il prit la main de sa fille et la confia à Tobie, en disant : "Emmène-la : conformément à la Loi et au décret consigné dans le Livre de Moïse, elle t'est donnée pour femme. Prends-la et conduis-la en bonne santé chez ton père. Et que le Dieu du ciel vous guide dans la paix !" Puis il appela sa femme et lui dit d'apporter une feuille sur laquelle il écrivit l'acte de mariage, selon lequel il donnait Sarra à Tobie conformément au décret de la loi de Moïse. Après quoi on commença à manger et à boire.”

TOBIE 7, 13-14

Quand un homme et une femme s'aiment, ils ne veulent pas que cet amour s'achève. Qu'est-ce qui les empêche alors de franchir le pas du mariage ? N'est-ce pas le plus grand gage d'amour que de se dire « oui » pour la vie ?
Le mariage est une promesse de s'aimer pour toujours malgré l'incertitude de ce que nous allons devenir. S'il s'agit d'un mariage devant Dieu, cette promesse est encore plus forte. Les époux ne sont plus seuls à s'engager l'un envers l'autre, Dieu s'engage aussi à leur côté. Il est témoin de leur amour et il les accompagnera tout au long de leur vie de couple. Pour les chrétiens, le mariage devient alors le signe de l'Alliance de Dieu avec les hommes, le signe d'un amour plus fort que tout, d'un amour fidèle et d'un amour qui pardonne. C'est à cette source de l'amour de Dieu pour les hommes que les époux peuvent puiser leur espérance dans les moments difficiles.

Le sais-tu ?

La loi française interdit à un prêtre de marier des fiancés s'ils ne sont pas mariés civilement. Comme le dit cet extrait du Code civil, l'engagement du mariage civil est aussi très fort : « Les époux se doivent mutuellement fidélité, secours et assistance. Ils assurent la direction morale et matérielle de la famille. Ils pourvoient à l'éducation des enfants et préparent leur avenir. Ils s'obligent mutuellement à une communauté de vie. »

POUR FAIRE LE LIEN
MARIAGE P. 273
SACREMENT P. 130
FIDÉLITÉ P. 89, 280

Témoin d'aujourd'hui

HENRI CAFFAREL

« L'amour n'est pas un gros lot tombé du ciel, mais une conquête quotidienne. » « Il faut chaque jour partir à la rencontre de l'autre. » Les fiancés ou les couples mariés qui se présentent au père Henri Caffarel ne peuvent pas se contenter de se contempler béatement. En 1938, quatre couples viennent malgré tout lui demander de les aider à vivre leur amour à la lumière de la foi. Bientôt, le prêtre imagine un mouvement d'Église pour les couples chrétiens mariés. Les Équipes Notre-Dame vont naître. Des couples se rencontrent pour discuter, se soutenir, apprendre à prier ensemble... Autant de ciments indispensables.

À CHACUN SA VOCATION

UN DE MES COUSINS ENTRE AU COUVENT. À QUOI ÇA SERT DE RESTER ENFERMÉ TOUTE LA JOURNÉE POUR PRIER ? IL Y A TANT DE GENS MALHEUREUX À SECOURIR ET À AIMER !

Véronique sera secrétaire. Pourtant, on manque cruellement d'infirmières. Pierre a opté pour la comptabilité alors qu'il est impossible de trouver un plombier. Anne préfère garder ses enfants tandis que les institutrices sont débordées. Jean désire être moine, quand les prêtres font défaut. Il peut en effet paraître étonnant de passer sa vie, enfermé dans un couvent, à prier et à travailler. Pourtant, la vie du moine est bien plus utile qu'on ne le croit. Elle sert à aimer le monde.

Présents au monde

Ce serait une erreur de penser que les moines prient toute la journée sans rien faire d'autre. Le plus souvent, ils exercent une activité agricole et fabriquent quelques produits qu'ils vendent pour subvenir modestement à leurs besoins. Et puis, dans une abbaye, il faut toujours entretenir, réparer, voire agrandir des bâtiments. Tout cela, les moines le font de leurs propres mains. Le travail manuel est très important dans les règles monastiques ; chaque moine accomplit sa tâche en union avec tous ceux qui peinent sous le poids du travail ou qui en sont privés. Mais il est vrai que c'est la prière qui rythme la vie du monastère. La prière des moines, contrairement à la

Témoin d'hier

SAINT BERNARD

« Adieu, cher petit frère. Nous t'abandonnons tout notre héritage », dit Bernard. Il part au couvent avec six de ses frères. « Oui, je comprends, répond l'enfant, Nivard. Vous prenez le Ciel et vous me laissez la terre. Le partage n'est pas juste. »

Le benjamin a compris toute la richesse de la vie monastique qu'a choisie son frère. En entrant à l'abbaye bénédictine de Cîteaux, Bernard entraîne, outre ses six frères, vingt-quatre gentilshommes. Plus tard, lorsqu'il fonde l'abbaye de Clairvaux et rédige la règle de l'ordre des Cisterciens, les jeunes affluent plus nombreux encore. À sa mort, en 1153, il y aura eu cent soixante fondations de couvents.

« Les dons de la grâce sont variés, mais c'est le même Esprit. Les services sont variés, mais c'est le même Seigneur. Les activités sont variées, mais c'est le même Dieu qui agit en tout et en tous. »

1 CORINTHIENS 12, 4-5

nôtre bien souvent, n'est pas tournée vers leur personne mais vers le monde entier. Les moines prient pour louer Dieu mais aussi pour la paix, pour la dignité et la vie de tout homme. Ils prient Dieu d'envoyer son Esprit Saint sur la terre et de répandre son amour sur les hommes. Par sa prière, le moine contribue à la beauté de notre monde. De façon cachée certes, mais il participe autant que celui ou celle qui, par son métier, aide, soulage ou rend service. On ne comptabilise pas le travail de l'amour !

Loin au-delà des murs

Sainte Thérèse de l'Enfant-Jésus, elle qui n'est jamais sortie de son carmel, est la patronne des missions. Même cloîtrée, elle a fait de grandes choses, elle a agi dans le monde. Sa prière et son amour ont eu la force de passer les frontières. Les moines n'oublient pas que le monde a besoin de prêtres. Leurs prières montent, aussi, pour demander au Seigneur des vocations de religieux et de prêtres. Ils peuvent également aider les laïcs, ou les prêtres, qui agissent plus visiblement dans le monde – ils les accueillent dans leurs monastères pour un temps de retraite et de ressourcement.

Et toi ?

De plus en plus de jeunes et d'adultes vont passer quelques jours dans un monastère pour réfléchir, avec l'aide d'un moine, à leur avenir ou leur vocation. Ou, tout simplement, pour faire le point sur leur vie. Pourquoi ne ferais-tu pas toi aussi une retraite dans une abbaye ? Tu découvrirais la vie paisible, exigeante et profonde des moines et des moniales.

Témoin d'aujourd'hui

THOMAS MERTON

Né dans les Pyrénées, de parents américains, Thomas consacre la première partie de sa vie à la littérature et à la politique. Puis, brutalement, c'est une profonde crise spirituelle... Thomas se convertit au catholicisme, il se fait trappiste au monastère de Gethsémani dans le Kentucky. Dès lors, enfermé dans son couvent, il prie et écrit des textes d'une telle force que de nombreux jeunes veulent le rejoindre. Il reçoit tant de lettres qu'il ne peut y répondre. Il va donc publier un livre, *La Nuit privée d'étoiles*, pour témoigner de l'engagement pour le monde de ces moines qu'on appelle des contemplatifs. Cet ouvrage fera date.

POUR FAIRE LE LIEN

VOCATION P. 270

PRIÈRE P. 123

OFFRIR SA VIE P. 165

UN TRÉSOR POUR CEUX QUI SOUFFRENT

À LA MESSE, LE PRÊTRE A PROPOSÉ LE SACREMENT DES MALADES À CEUX QUI LE SOUHAITAIENT. UNE FILLE DE MON ÂGE S'EST AVANCÉE. EST-CE QU'ELLE VA MOURIR ?

Lorsque le père R. vint donner le sacrement des malades à l'une de ses paroissiennes âgées, il fut accueilli avec froideur par la famille présente. « Vous allez la faire mourir avec votre "truc" ! » lui dirent-ils. Dix ans plus tard, la vieille dame se porte comme un charme. En croisant un jour son fils dans la rue, le prêtre ne peut s'empêcher de sourire : « Vous voyez, ça ne porte pas malheur mon... "truc" ! » Ce « truc », c'est le sacrement des malades, un signe de l'amour du Seigneur pour tous ceux qui souffrent.

À l'aide !

Dans les vieux films, lorsqu'une personne est sur le point de mourir, on court chercher un prêtre : au chevet du mourant, il entendra sa confession, lui donnera une ultime communion (le viatique). Elle apporte la paix à celui qui va mourir. On confond souvent le viatique avec le sacrement des malades. Le premier – en théorie – ne se reçoit qu'une seule fois. Le sacrement des malades,

Témoin d'hier

SAINT LUBIN

On ne compte plus les miracles qu'opère Lubin. Dieu semble accorder à cet évêque du VIe siècle tout ce qu'il demande. Lubin rend la vue aux aveugles, guérit les malades, délivre les esprits possédés, etc.

Un jour, le prêtre Calès tombe fort malade. Lubin se rend à son chevet. Quelque temps plus tard, un songe lui révèle que le sacrement des malades a doublement agi : le corps de Calès va mieux, et son âme aussi... Lubin retourne le voir et lui annonce qu'il sera son successeur à la tête du diocèse de Chartres. Les choses se passeront ainsi. Calès, élu évêque à la suite de Lubin, gouvernera son diocèse avec tant de zèle et de sagesse qu'à son tour il sera proclamé saint.

lui, peut être donné plusieurs fois à une même personne. Il n'est pas obligatoire d'être mourant pour le recevoir. Il suffit d'avoir le désir profond de demander à Dieu son aide pour supporter une épreuve physique et psychologique : une longue maladie, une opération importante, une dépression, une vieillesse éprouvante. Par le sacrement des malades, Dieu vient soulager celui qui souffre. Il lui montre qu'il est avec lui.

Guérison de l'âme

Ce sacrement n'est pas magique pour autant. Le Seigneur guérit parfois celui qui le demande, le sacrement apaise toujours l'âme de celui qui l'accueille. Avec l'Esprit Saint, le malade peut recevoir la grâce d'accepter sa maladie ou sa mort prochaine. Il peut recevoir la force de surmonter sa souffrance, ou de se battre pour guérir.

Surtout, il va trouver la paix. La jeune fille qui s'est avancée pour demander le sacrement des malades ne va donc pas forcément mourir. Mais elle traverse une épreuve et demande à Dieu de l'aider. Et si cette célébration se passe au cours de la messe, c'est bien pour que toute la communauté chrétienne puisse la prendre en charge dans sa prière.

POUR FAIRE LE LIEN

GUÉRISON	P. 113
SACREMENT	P. 130
PAIX	P. 17, 130, 253
ESPRIT SAINT	P. 17

Question d'aujourd'hui

COMMENT SE PASSE LA CÉRÉMONIE DU SACREMENT DES MALADES ?

Dans la discrétion d'une chambre d'hôpital ou lors d'une cérémonie à l'église, le sacrement des malades peut se recevoir partout. Il est la continuation du geste de Jésus, qui guérissait les malades, puis de ses apôtres. Ces derniers « faisaient des onctions d'huile à des nombreux malades, et les guérissaient » (Marc 6, 13). Aujourd'hui le geste de l'onction perdure. Ceux qui demandent le sacrement des malades sont marqués par l'huile sainte. Elle pénètre la peau, se répand dans tout le corps, elle fortifie celui qui la reçoit. En donnant l'onction, le prêtre dit : « Par cette onction sainte, que le Seigneur, en sa grande bonté, vous réconforte, par la grâce de l'Esprit Saint. »

« L'un de vous est malade ? Qu'il appelle les Anciens en fonction dans l'Église : ils prieront sur lui après lui avoir fait une onction d'huile au nom du Seigneur. Cette prière inspirée par la foi sauvera le malade : le Seigneur le relèvera et, s'il a commis des péchés, il recevra le pardon. »

JACQUES 5, 14-15

Et toi ?

Le sacrement des malades ne fait pas mourir. Il ne doit donc pas faire peur. Comme tous les sacrements, il est à la fois une aide de Dieu et un signe de son amour pour nous. Si l'un de tes amis ou un membre de ta famille est gravement malade, tu peux délicatement lui proposer de demander ce sacrement. Explique-lui que ce n'est pas un sacrement pour mieux mourir, mais pour mieux vivre. Tu peux aussi proposer ton aide pour la cérémonie.

RENDEZ-VOUS DIMANCHE PROCHAIN

JE M'ENNUIE PENDANT LA MESSE. C'EST TOUJOURS LA MÊME CHOSE.

Chaque jour, tu fais certains gestes bien peu solennels, si peu exceptionnels, aussi simples aujourd'hui qu'hier, et que tu répèteras demain. Quoi de plus quotidien qu'un repas, mais quoi de plus essentiel, vital ? Et pourtant, à chaque fois ce peut être l'occasion d'entrer dans une discussion unique, de découvrir des parfums et des goûts nouveaux ou tout simplement de passer un bon moment dans une atmosphère joyeuse ou au contraire paisible.

La messe ressemble à ces repas originaux, quoique répétés, comme autant de rencontres : certains éléments sont immuables, d'autres changent. Avec un zeste d'attention, tu peux repérer tout ce qui fait qu'une messe ne ressemble à aucune autre. Tu te rendras alors compte que la messe peut avoir des saveurs et des tonalités particulières.

Témoins d'hier

LES MARTYRS D'ANGERS

Pendant les pires années de la Révolution, aller à la messe pourrait paraître une folie. Certains prêtres refusent alors de prêter serment à la République. Ces « réfractaires », s'ils sont surpris, risquent la prison, souvent la guillotine, et ceux qui assistent aux offices qu'ils célèbrent sont passibles du même châtiment ! Participer à ces célébrations, c'est donc partager leur sort. Malgré cela, de nombreux catholiques, au prix de leur vie, restent fidèles à la messe et à l'Église. En 1793, à Angers, ce sont quatre-vingt-dix-neuf personnes, prêtres et laïcs, hommes et surtout femmes, qu'on surprend, qu'on emprisonne. Certains sont passés par les armes, d'autres décapités. Le pape Jean-Paul II les a béatifiés en 1984.

Des trésors par milliers

La messe est assez riche pour surprendre quiconque. Car les dimanches se suivent et ne se ressemblent pas – l'année liturgique est scandée par ses grandes fêtes, Avent, Noël, Pâques, Pentecôte... À chaque temps liturgique correspond un mouvement de l'âme : attente, repentir, action de

« Heureux celui qui participera au repas dans le royaume de Dieu ! »

D'APRÈS LUC 14, 15

grâce... Chaque dimanche, les lectures aussi sont différentes. Dans les évangiles, que nous lisons en entier, ou presque, tout au long des dimanches, chacun des quatre évangélistes a sa propre manière de nous parler de Jésus. Une année ce sera Luc, une autre Matthieu, une autre Marc. Même celui qui croit connaître un texte par cœur y redécouvre des nuances.

L'amour en nourriture

Au moment où le prêtre offre le pain et le vin, chaque chrétien est invité à offrir ce qu'a été sa semaine, joies, projets, efforts... Jamais deux offertoires ne se ressemblent. La prière eucharistique est comme un condensé de notre foi, elle nous rappelle tout ce que Dieu a fait pour nous. À travers elle, nous rendons grâce (c'est le sens du mot « eucharistie ») au Père pour son fils Jésus, le Sauveur qu'il nous a envoyé. À la consécration, Jésus lui-même se donne à nous en nourriture pour nous exprimer son amour et nous fortifier chaque jour. Le petit morceau de pain est devenu immense sacrifice, inestimable trésor.

Église, ma famille

Aller à la messe, c'est se sentir membre d'une même communauté : l'Église. C'est comme une réunion de famille où l'on se retrouve autour du même père. Chaque fois, nous nous découvrons de nouveaux frères, et nous ne sommes pas seuls à croire en Dieu. Au moment du Notre Père, pense que des millions de chrétiens, dans le monde entier, disent ces mêmes paroles dans leur langue, en même temps que toi. Car Dieu compte sur nous, pour que son amour soit connu de tous les hommes. Pour que tous soient « heureux », c'est-à-dire « invités au repas du Seigneur ».

POUR FAIRE LE LIEN

ÉGLISE P. 158

PRIÈRE P. 175

EUCHARISTIE P. 127

AGIR P. 165

Témoin d'aujourd'hui

PATRICE DE LA TOUR DU PIN

Si les prières de la messe paraissent si belles, c'est grâce à lui : le poète Patrice de La Tour du Pin. Lorsque, en 1964, il a fallu traduire les textes latins de la messe en français, l'Église a fait appel à lui. Elle a choisi un laïc pour montrer que la messe n'est pas seulement l'affaire des prêtres, et que tout fidèle y a sa place et doit s'y investir. Elle a aussi choisi un poète pour qu'il dise avec ses mots l'amour du Père pour les hommes et pour qu'il nous aide à prier chaque dimanche, chaque jour.

PARTICIPE !

LE MEILLEUR REMÈDE CONTRE L'ENNUI, C'EST DE PARTICIPER. ON N'ATTEND QUE TOI ! PARMI LES NOMBREUX SERVICES POSSIBLES, POURQUOI NE CHOISIRAIS-TU PAS CELUI OU CEUX QUI TE PLAISENT LE PLUS ?

Enfant de c(h)œur

En servant la messe, tu découvres concrètement ce que signifient les objets et les rites qui sont utilisés. Tu contribues aussi à la beauté de la célébration.

La messe de A à Z

Les chants et les prières ne tombent pas du ciel ! Rejoins, pourquoi pas avec quelques amis de ton âge ou ceux de l'aumônerie, l'équipe liturgique qui prépare le déroulement de la messe. Elle veille à la variété des chants et des intentions pour rendre la messe vivante et différente chaque dimanche.

Tu aimes donner de la voix ?

Rejoins donc la chorale ! Rien de tel que de chanter la gloire de Dieu puisque, selon la tradition, « chanter, c'est prier deux fois ».

Au micro !

Le prêtre cherche un volontaire pour les lectures ? Plutôt que de te cacher derrière ton missel, ose lever la main. En lisant bien le texte avant, ton trac disparaîtra de lui-même.

Avis aux artistes !

Les bouquets de fleurs permettent aussi d'exprimer la couleur propre de chaque dimanche. En les composant, tu embelliras l'église et découvriras une autre forme de prière.

Par ici les sous !

La quête permet à nos paroisses de vivre et de rayonner. Si tu la fais, pense que c'est une véritable offrande pour soutenir l'œuvre de l'Église.

À vos chiffons !

Dépoussière les églises ! Fais entrer la lumière par les portes ! Pour rendre l'église accueillante, rien de tel qu'un petit coup de ménage et un peu d'ordre parmi les chaises.

FAUT-IL AVOIR LA TROUILLE DES CITROUILLES ?

TOUS MES COPAINS VONT PARTICIPER À HALLOWEEN. EST-CE QUE JE PEUX FÊTER HALLOWEEN ET LA TOUSSAINT ?

Il était une fois Halloween ou la fête du dieu Samain. L'histoire se passe il y a 2 500 ans, dans le monde celte, au cours de la nuit du 31 octobre au 1er novembre. Les druides distribuent dans les maisons des braises censées protéger le foyer des esprits diaboliques tout au long de la nouvelle année celte qui commence. En échange de leurs précieux services, les prêtres du dieu Samain réclament des offrandes et... gare à ceux qui les leur refusent !

Les métamorphoses d'Halloween

Halloween s'implante d'abord aux États-Unis avec les immigrés irlandais. Ce ne sont plus les druides qui passent de maison en maison mais les enfants. Comme leurs lointains ancêtres, ils s'exclament : « Trick or Treat ? » « Un bonbon ou un sort (sous-entendu mauvais) ? » Récemment, la tradition a retraversé l'Atlantique. En France, depuis quelques années, la fête d'Halloween est entrée dans les mœurs. Les marchands de déguisements ou de citrouilles ont lancé la chose, plus que les enfants en quête de bonbons... Pour certains, Halloween est une

Question d'aujourd'hui

HALLOWEEN OU HOLYWINS ?

Quand certains fêtent les morts avec des citrouilles et des squelettes, d'autres ont choisi une façon plus gaie de célébrer ceux qui nous ont précédés dans la mort. Les chrétiens ont lancé les festivals Holywins (« la sainteté l'emporte » en anglais) pour répondre à la tristesse par la joie. Chaque année, dans plusieurs villes, des jeunes se retrouvent pour un concert gratuit de chanteurs chrétiens. Au programme : musique, chants, danses, prière et adoration. Un cocktail autrement plus joyeux que celui des sorcières...

sorte de carnaval un peu « gore » où on s'amuse à se déguiser en sorcière ou à creuser des citrouilles pour y glisser des bougies.
Rien de bien méchant, sauf lorsqu'une façon un peu inquiétante de jouer sur le macabre et l'horreur provoque malaise et trouille... Finalement, à part la coïncidence des dates, il n'y a pas de lien entre Halloween et la Toussaint. Rien d'ailleurs n'empêche d'accompagner des copains pour Halloween et de fêter le jour de la Toussaint, avec toute l'Église, notre formidable espérance chrétienne.

La Toussaint, fête des saints et des futurs saints

Le 1er novembre, nous nous réjouissons de savoir que beaucoup de ceux qui nous ont précédés ont su accueillir l'amour du Père dans leur vie.

> « Bien-aimés, dès maintenant, nous sommes enfants de Dieu, mais ce que nous serons n'a pas encore été manifesté. Nous le savons : quand cela sera manifesté, nous lui serons semblables car nous le verrons tel qu'il est. Et quiconque met en lui une telle espérance se rend pur comme lui-même est pur. »
>
> 1 JEAN 3, 2-3

Ils partagent sa gloire, prient pour nous, nous encouragent à suivre le Christ ressuscité par leur exemple. Et tous les baptisés sont invités à la sainteté.
Le lendemain, 2 novembre, les chrétiens prient pour les morts – ils espèrent qu'ils sont vivants auprès du Père, qu'ils les retrouveront un jour. Aujourd'hui, beaucoup de paroisses, de diocèses ou de mouvements célèbrent l'espérance chrétienne à l'occasion de la Toussaint : soirées festives, témoignages, et même gâteau de la Toussaint.

POUR FAIRE LE LIEN
L'AU-DELÀ P. 33
SAINT P. 55
RÉSURRECTION P. 117, 152
COMMUNION DES SAINTS P. 30

Le sais-tu ?

La Toussaint

La Toussaint est l'occasion de célébrer TOUS les SAINTS. Au Ve siècle, elle a lieu entre Pâques et la Pentecôte : on célèbre la victoire du Christ sur la mort, puis sa victoire dans la vie de beaucoup d'hommes et de femmes. Plus tard, sous le règne du pape Boniface IV, la fête est déplacée au 13 mai, fête de l'Église Sainte-Marie-et-des-Martyrs à Rome. Ce jour-là, on y célèbre tous les martyrs de la foi. Puis, au VIIIe siècle, le pape Grégoire II consacre à tous les saints une chapelle de la basilique Saint-Pierre de Rome... le 1er novembre. La fête de la Toussaint est née. Mais ce n'est qu'en 835, avec le pape Grégoire IV, que cette fête sera célébrée dans le monde entier.

UN SAUVEUR : LE PLUS BEAU DES CADEAUX !

CERTAINS DE MES AMIS NE SONT PAS CHRÉTIENS. POURTANT, ILS ONT REÇU DES CADEAUX À NOËL. EST-CE AUSSI UNE FÊTE POUR LES MUSULMANS ET LES JUIFS ?

Autrefois, on disait que c'était l'enfant Jésus qui apportait les cadeaux aux enfants. Dans certaines régions, ce privilège est encore réservé à saint Nicolas. Mais il faut bien l'avouer : le Père Noël a volé la vedette à l'un et à l'autre...

Des cadeaux par milliers !

Aujourd'hui, beaucoup de gens ont oublié que Noël est une fête religieuse. Pour eux, c'est une fête de famille un peu exceptionnelle, avec des cadeaux et un bon repas. Ils la célèbrent eux aussi parce qu'ils y trouvent une bonne occasion de s'amuser et de se gâter.

La fête pour tous

Noël, pour les musulmans, est une fête. Pour eux, Jésus est un prophète. Il n'est pas le fils de Dieu, mais il a une place toute particulière dans le Coran puisque le diable l'a préservé du péché à la naissance. Pour les musulmans, Noël est « Aïd al mouloud », la fête de la naissance. En revanche, les juifs ne peuvent accepter de célébrer la venue de Jésus puisque, pour eux, il n'est pas le Messie promis par Dieu. Dans les familles

Témoin d'hier

SAINT LUC

Luc est, avec saint Matthieu, l'un des deux évangélistes qui nous racontent la naissance de Jésus. Luc raconte aussi l'annonce faite à Marie et sa visite à Élisabeth. On pense qu'il était médecin, promis à un brillant avenir dans sa ville natale d'Antioche. Mais il a préféré devenir disciple de Jésus et le suivre, avec les apôtres, tout au long de sa vie publique.

Son texte, apparemment d'une grande simplicité, est chargé de mystères et de symboles : la lumière dans la nuit, le ciel qui descend sur la terre par la voix des anges, l'humilité du Fils de Dieu, la joie, l'allégresse... En plus de l'Évangile, nous devons à saint Luc les Actes des Apôtres qui témoignent des premiers temps de l'Église.

juives très pratiquantes, on ne fête donc pas Noël. Mais à cette même période, les juifs célèbrent Hanoukka, la fête de la lumière. À cette occasion les enfants reçoivent aussi des cadeaux et les maisons sont éclairées de bougies et de chandeliers à sept branches.

Et pour nous chrétiens ?

Évidemment, pour nous chrétiens, Noël ne se résume pas non plus aux cadeaux au pied du sapin ou devant la cheminée. Cette belle fête a un sens plus profond que de simples réjouissances familiales. Ce jour commémore, avec

« En ces jours-là, parut un édit de l'empereur Auguste, ordonnant de recenser toute la terre – ce premier recensement eut lieu lorsque Quirinius était gouverneur de Syrie. Et tous allaient se faire recenser, chacun dans sa ville d'origine. Joseph, lui aussi, monta de Galilée, depuis la ville de Nazareth, vers la Judée, jusqu'à la ville de David appelée Bethléem. Il était en effet de la maison et de la lignée de David. Il venait se faire recenser avec Marie, qui lui avait été accordée en mariage et qui était enceinte. Or, pendant qu'ils étaient là, le temps où elle devait enfanter fut accompli. Et elle mit au monde son fils premier-né ; elle l'emmaillota et le coucha dans une mangeoire, car il n'y avait pas de place pour eux dans la salle commune. »

LUC 2, 1-7

celui de Pâques, un événement qui est le fondement de notre foi : Dieu nous a envoyé son Fils pour nous sauver. C'est pourquoi un Noël vraiment chrétien implique d'aller à la messe, pour y rencontrer Jésus vivant et lui rendre grâce de sa venue parmi nous.

Sainte Nuit !

Cela ne veut pas dire qu'il faut culpabiliser de se réjouir du bon repas et des cadeaux. Dieu aime nous voir heureux et rendre heureux les autres autour de nous. Ce que tu peux faire, en revanche, c'est expliquer à tes amis non chrétiens les raisons pour lesquelles nous sommes heureux, nous chrétiens, de faire la fête ce soir-là, en famille, mais aussi avec les personnes pauvres et isolées. Car le Seigneur est d'abord venu pour ceux-là.

POUR FAIRE LE LIEN
ANGES P. 26
JÉSUS SAUVEUR P. 117
TÉMOIGNER P. 165

Question d'aujourd'hui

JÉSUS EST-IL NÉ UN 25 DÉCEMBRE ?

Bien avant la venue du Christ, les peuples anciens avaient l'habitude de célébrer le solstice d'hiver à cette période où la nuit est la plus longue et où le jour recommence à allonger. Le retour progressif du soleil était salué par de grandes fêtes qui redonnaient aux hommes du courage après un hiver rigoureux et sombre.

Pour les chrétiens, la naissance du Christ est aussi la venue de la Lumière par excellence. Ce petit bébé né dans une crèche éclaire toute notre vie et nous redonne l'espoir. L'Église, dans ses premiers temps, fêtait cela le 6 janvier. Mais entre l'événement de Noël et les fêtes du solstice d'hiver, il n'y avait qu'un pas. Il fut franchi en 353 de façon officielle.

UNE ANNÉE EN FÊTES

L'ANNÉE EST PONCTUÉE DE FÊTES RELIGIEUSES.
TU CONNAIS SÛREMENT LES FÊTES CHRÉTIENNES MAIS TU IGNORES SANS DOUTE LES AUTRES.
TESTE TES CONNAISSANCES...

1. Comment s'appelle la Pâque juive qui célèbre la fin de l'esclavage du peuple d'Israël ?

a. Shema.
b. Pessah.
c. Kadish.

2. Les orthodoxes fêtent Noël...

a. le 25 décembre.
b. aux alentours du 6 janvier.
c. le 6 décembre.

3. Pendant le ramadan, les musulmans se défendent de manger et de boire...

a. entre le lever et le coucher du soleil.
b. entre le coucher et le lever du soleil.
c. pendant un mois.

4. Les juifs commémorent la longue marche du peuple dans le désert par...

a. la fête des lumières.
b. la fête du passage.
c. la fête des tentes.

5. Les chrétiens fêtent l'Annonciation le...

a. 25 mars.
b. 31 mai.
c. 15 août.

6. Le jour du Yom Kippour, les juifs ne travaillent pas. Ce jour-là...

a. ils jeûnent pour le pardon de leurs péchés.
b. ils fêtent la construction du Temple de Jérusalem.
c. ils célèbrent la création de l'État d'Israël.

7. L'Assomption est :

a. la montée au ciel de Marie.
b. la montée au ciel de Jésus.
c. ni l'un ni l'autre.

8. Pour célébrer Id al-Adha, la « fête du sacrifice », les musulmans tuent des animaux et offrent la viande aux pauvres. Que marque cet événement ?

a. La naissance du prophète.
b. Le début de la nouvelle année lunaire.
c. La fin du pèlerinage à La Mecque.

1-b (Pessah = passage) ; 2-b ; 3-a et c ; 4-c (Soukkoth en hébreux) ; 5-a (9 mois avant Noël !) ; 6-a (Yom Kippour = jour des expiations ; la fête de la création de l'État d'Israël s'appelle Yom Hahatsmaouth, le 14 mai) ; 7-a (l'Ascension célèbre la montée au ciel de Jésus) ; 8-c (la naissance du prophète est célébrée pendant le mois lunaire Hadi I et le début de l'année s'appelle le jour de l'Hégire pendant le mois du Muharram).

EN ATTENDANT PÂQUES...

LE VENDREDI PENDANT LE CARÊME, MA GRAND-MÈRE NOUS PRÉPARE TOUJOURS DU POISSON. JE NE VOIS VRAIMENT PAS À QUOI ÇA SERT !

Nos journées sont tellement remplies qu'il faut parfois noter les choses : « Acheter ma carte de bus », « Téléphoner à mamie pour son anniversaire », « Célébration pénitentielle mardi à 18 h 30 ». De la même façon, le vendredi chez ta grand-mère agit un peu comme un déclic. Lorsque tu découvres du poisson dans ton assiette, tu penses immédiatement : « Tiens ! C'est vrai. C'est le Carême en ce moment ! »
Pendant des siècles, l'Église a demandé aux chrétiens de se priver de viande – qu'on remplaçait alors par du poisson, moins coûteux – tous les vendredis de l'année. C'était une façon concrète de faire pénitence en souvenir des souffrances que Jésus a subies pour les hommes. Aujourd'hui, l'Église a ramené cette obligation aux seuls vendredis de Carême. Se priver de viande représente parfois peu de chose mais c'est un geste que petits, grands, enfants ou vieillards peuvent faire. C'est une façon d'être en union avec tous les chrétiens. Encore faut-il, pour rester dans un esprit de charité, ne pas choisir homards et langoustes !

Jeûne + prière + partage

Voici les trois piliers d'un

Témoin d'hier

SAINT LÉON LE GRAND

Le rayonnement de ce pape fut tel qu'on le surnomma « Léon le Grand ». Ses sermons sur le Carême sont restés célèbres : « [...] Le jeûne nous fortifie contre le péché, délivre de la tentation, humilie l'orgueil, réprime la colère. Il faut cependant pour cela qu'il soit secondé par le mérite de la charité et l'usage prudent de l'aumône. [...] Ce n'est point seulement dans la privation de viandes que consiste la sainteté du jeûne ; il est inutile de retrancher au corps sa nourriture ordinaire, si l'esprit n'abandonne pas les voies de l'iniquité [du péché], si la langue ne s'abstient de médire ou de calomnier. [...] Voici le temps [le Carême] où il nous faut devenir doux et patients, pacifiques et tranquilles... »

“Et quand vous jeûnez, ne prenez pas un air abattu, comme les hypocrites : ils prennent une mine défaite pour bien montrer aux hommes qu'ils jeûnent. Amen, je vous le déclare : ceux-là ont reçu leur récompense. Mais toi, quand tu jeûnes, parfume-toi la tête et lave-toi le visage ; ainsi, ton jeûne ne sera pas connu des hommes, mais seulement de ton Père qui est présent au plus secret ; ton Père qui voit au plus secret te le rendra.”

MATTHIEU 6, 16-18

bon Carême, et ils sont inséparables ! En nous privant d'un peu de nourriture, nous nous privons du superflu pour retrouver l'essentiel, qui seul peut combler notre faim de vivre : le Christ ressuscité.
Le jeûne est aussi une façon de nous rappeler que toute nourriture vient de Dieu et de le remercier. On ne peut pas le séparer de la prière et du partage. La prière donne sens à notre jeûne et le partage en est la conséquence.
Si notre jeûne n'est pas animé d'une charité authentique, il tourne à l'exploit personnel et ne produit pas son « fruit ». Jeûner, ce n'est ni faire du zèle ni suivre un régime. D'ailleurs le jeûne peut porter sur bien d'autres choses que la nourriture, surtout quand on a un appétit d'oiseau : par exemple la télévision ou les sorties entre amis. Le temps du Carême nous invite à donner de nous-mêmes, de notre temps, de nos compétences, pour partager ce que nous avons de meilleur avec les autres.

Jamais trop tard

Il arrive que les bonnes résolutions de début de Carême se soient perdues en route. Alors on se dit : « À quoi bon, je ferai un meilleur Carême l'an prochain. » Non ! Il n'est jamais trop tard pour pratiquer le jeûne, le partage et la prière. C'est peut-être même l'occasion de vivre d'une façon plus intense les jours de la Semaine sainte qui précèdent Pâques.

POUR FAIRE LE LIEN
SAINTETÉ P. 48
CROIX DE JÉSUS P. 117
PARTAGE P. 238
PRIÈRE P. 123
MAÎTRISE DE SOI P. 77

Et toi ?

Jeûne, prière et partage. Garde à l'esprit ces trois mots pendant le Carême. Peut-être peux-tu prendre plus de temps pour prier. Si tu fais le jeûne de quelque chose, pourquoi ne pas mettre de côté l'argent correspondant pour le donner aux pauvres ?

Question d'aujourd'hui

QU'EST-CE QUE LE CARÊME ?

Du mercredi des Cendres à la nuit de Pâques, les chrétiens ont quarante jours (*quadragesima* est l'étymologie latine de « carême ») pour préparer la célébration de la Résurrection. Cela revient à s'apprêter l'âme. C'est un temps pour fortifier notre foi, nous détourner de nos fautes et nous rapprocher de Dieu – bref, pour nous convertir. La prière, le jeûne et le partage sont à notre disposition, comme autant de moyens pour repartir du bon pied. Se priver permet de redécouvrir l'essentiel : Jésus. La prière nous replace sous son regard. Le partage nous remet au cœur le dernier commandement du Christ : « Tu aimeras ton prochain comme toi-même. »

SOIS GAI ! RIS DONC !

FAUT-IL AVOIR TOUJOURS L'AIR SÉRIEUX QUAND ON PARLE DE RELIGION ?

« Bienheureux ceux qui savent rire d'eux-mêmes, ils n'ont pas fini de s'amuser. Bienheureux ceux qui savent distinguer une montagne d'une taupinière, il leur sera épargné bien des tracas. Bienheureux ceux qui sont assez intelligents pour ne pas se prendre au sérieux, ils seront appréciés de leur entourage. Heureux êtes-vous si vous savez regarder sérieusement les petites choses et paisiblement les choses sérieuses, vous irez loin dans la vie. Heureux êtes-vous si vous savez sourire et oublier une grimace, votre route sera ensoleillée. »

Témoin d'hier

SAINT PHILIPPE NÉRI

Un jour, le pape envoie Philippe Néri pour rencontrer une religieuse dont tout le monde vante les extases et la piété. Le temps est épouvantable, Philippe arrive tout crotté au couvent. Quand la religieuse le rejoint, l'air compassé il lui dit : « Tirez-moi donc ces bottes ! » Elle se rebiffe, indignée. Le jugement de Philippe est fait : une personne aussi fière ne peut être sainte… Car pour ce prêtre, la simplicité et l'humilité sont un trésor. Il refuse de se laisser aller à des grands discours compliqués, préfère la spontanéité et le sens de l'humour pour toucher les cœurs. À ceux qui lui rappellent la gravité de la Croix, il répond : « Portez votre croix, et ne l'imposez pas aux autres ! » Dans un XVIe siècle où on tue pour la foi, cet humour-là est salvateur.

Bonne ou mauvaise nouvelle ?

Il y a dans ces petites béatitudes pas mal de réponses à certaines questions que nous oublions de nous poser. Avoir l'air trop sérieux lorsque l'on parle de religion n'est jamais bon signe. C'est certainement la preuve qu'on n'a pas bien compris ce que Dieu nous promet : le bonheur. Les mines d'enterrement, les airs de martyrs risquent de donner à la « bonne nouvelle » des allures de catastrophe planétaire !

Dire sans discourir

Quand on se prend trop au sérieux, on risque surtout de s'écouter parler plutôt que d'annoncer l'Évangile. Les beaux discours bien sentis laissent souvent les autres de marbre – ou pire, ils les exaspèrent. La petite

« Soyez joyeux avec ceux qui sont dans la joie. »

ROMAINS 12, 15

Bernadette Soubirous, elle, était philosophe avec ses interlocuteurs : « Je ne suis pas chargée de vous le faire croire, je suis chargée de vous le dire », constatait-elle.

La sincérité avant tout

Un sourire, une plaisanterie sont d'excellents moyens de rompre la glace et de tordre le cou aux idées reçues. Mais tout le monde n'a pas le don de trouver la petite phrase qui fera sourire. Inutile de se forcer, d'autant que faire rire n'est pas une fin en soi. Ce qui compte, c'est que l'âme et les paroles s'accordent : parler avec simplicité et vérité, demeurer le cœur tranquille et le sourire aux lèvres, être attentif aux autres sans dramatiser, donne envie.

C'est même suffisamment rare pour intriguer, cela peut devenir un témoignage. Encore faut-il que cette joie soit sincère.

POUR FAIRE LE LIEN

FAMILLE P. 82

ATTENTION AUX AUTRES P. 92, 203

Et toi ?

C'est vrai que ce n'est pas toujours facile de dire haut et fort qu'on est chrétien dans le monde qui nous entoure. Contente-toi de vivre ta foi, simplement et joyeusement. Réponds sans honte aux questions que l'on peut te poser, sans faire de grands discours. Et fais confiance en l'Esprit Saint que tu as reçu à ton baptême : il t'a fait « prêtre, prophète et roi », il t'aidera à témoigner, en toute simplicité.

Témoin d'aujourd'hui

SAINT JEAN XXIII

Quand Jean XXIII est élu pape, en 1958, les catholiques du monde entier s'interrogent : il ne faisait pas partie des « favoris ». Très vite, il va les séduire par sa simplicité et son humour ravageur. Il va aussi bousculer le protocole du Vatican... Puisqu'il aime se promener dans les jardins, et que les visiteurs peuvent voir ses allées et venues depuis la coupole de Saint-Pierre, son entourage lui suggère d'en interdire l'accès. Il répond : « Ne vous inquiétez pas, je ne ferai rien qui puisse choquer ! » Ainsi va le « bon pape Jean », qui ne se prend pas au sérieux, moque son embonpoint, mais ne transige pas avec les exigences de sa charge – c'est lui qui convoquera le concile Vatican II, si réformateur.

Choisir la vie !
Petit ou gros péché ?
C'EST PAS JUSTE !

BIEN *dans ma* TÊTE !

MA PETITE VOIX ME DIT...

COMMENT SAVOIR CE QUI EST BIEN ET CE QUI EST MAL ?

Haut comme trois pommes, Jiminy Criquet est juché sur l'épaule de Pinocchio pour lui souffler à l'oreille ce qu'il doit faire ou ne pas faire. Au début, le pantin n'écoute pas le grillon. Puis, petit à petit, il commence à prêter l'oreille à cette petite voix qui le conseille.

Témoin d'hier

SALOMON

Salomon, le fils de David, règne sur le pays d'Israël au Ier siècle avant Jésus-Christ. Un soir, le Seigneur lui apparaît en songe. « Il lui dit : "Demande-moi ce que tu veux, et je te le donnerai." Salomon répondit : "[...] Je suis un tout jeune homme, incapable de se diriger, et me voilà au centre du peuple que tu as élu [...]. Donne à ton serviteur un cœur attentif pour qu'il sache gouverner ton peuple et discerner le bien et le mal ; comment sans cela gouverner ton peuple, qui est si important ?"

Cette demande de Salomon plut au Seigneur, qui lui dit : "Puisque [...] tu as demandé le discernement, l'art d'être attentif et de gouverner, je fais ce que tu as demandé : je te donne un cœur intelligent et sage, tel que personne n'en a eu avant toi et que personne n'en aura après toi. Et je te donne aussi même ce que tu n'as pas demandé : je te donne et la richesse et la gloire, si bien que pendant toute ta vie tu n'auras pas d'égal parmi les rois. " » (1 Rois 3.)

Notre petite voix intérieure

Nous avons tous un Jiminy Criquet qui nous rappelle à l'ordre lorsque nous agissons mal. C'est notre conscience. Cette petite voix, on l'entend parfois, quand on s'apprête à commettre quelque chose dont on ne sera pas fier. Parfois, elle semble nous avertir : « Attention, vous vous mettez dans le pétrin... » Et on dirait l'écho d'une petite musique bien connue : « Tu ne mentiras pas, tu ne calomnieras pas ton voisin, tu ne prendras pas le bien d'autrui. »
La conscience, cette boussole qui nous indique le chemin à suivre, peut aussi perdre le nord sous l'influence de nos mauvais penchants : paresse, jalousie, orgueil. Heureusement, il n'est pas si facile que cela de l'étouffer. Le malaise qu'on ressent à

mal agir, c'est un signe : la lumière de Dieu ne va pas se laisser piétiner sans mot dire...

Mon Dieu, aide-moi !

Mais tout n'est pas blanc ou noir dans la vie et il arrive que nous ne parvenions pas, sincèrement, à discerner ce qui est bien ou mal, ce qui est mieux ou moindre mal. Quand cela se produit, des amis, des parents peuvent nous éclairer, même si la décision dépend toujours de nous-mêmes. Et Dieu aussi nous éclaire, pourvu qu'on le lui demande, qu'on lise et relise son Évangile. Pourvu, aussi, qu'on n'attende pas de sa part une réponse éclatante, par haut-parleur, mais simplement le murmure de la voix intérieure, celle de l'Esprit Saint.

« Ne dis pas : "C'est le Seigneur qui m'a dévoyé", car il ne fait pas ce qu'il a en horreur. Ne dis pas : "C'est lui qui m'a égaré", car il n'a que faire du pécheur. [...] C'est lui qui, au commencement, a créé l'homme et l'a laissé à son libre arbitre. Si tu le veux, tu peux observer les commandements, il dépend de ton choix de rester fidèle. »

ECCLÉSIASTIQUE 15, 11-15

POUR FAIRE LE LIEN

CONSCIENCE	P. 86
CHOISIR	P. 70
ESPRIT SAINT	P. 17
PARDON	P. 168

Et toi ?

Sais-tu comment éclairer ta conscience ? Tout d'abord, en prenant les décisions les plus importantes dans la prière. Mais aussi en prenant conseil auprès de personnes que tu estimes et dont tu connais la droiture. Enfin, en prenant soin d'éviter les mauvaises influences qui finiront, insidieusement mais sûrement, par fausser ta conscience. Éclairer sa conscience n'est pas toujours facile, mais cela vaut la peine de s'y mettre puisque ton bonheur et celui des autres en dépendent !

Témoin d'aujourd'hui

L'ABBÉ STOCK

Il y a des époques où chacun semble avoir oublié sa conscience. Au temps de l'Allemagne nazie, qui se soucie encore du bien et du mal ? Qui ? Franz Stock, par exemple. Ce prêtre n'oublie pas qu'il n'y a qu'un absolu, Dieu. Il ne va pas abandonner son humanité au nom d'une idéologie sanglante. À Paris, sous l'Occupation, l'abbé, aumônier de prison auprès des résistants français, les aide à communiquer avec l'extérieur. Il accompagne jusqu'à la fin ceux d'entre eux qui sont condamnés à mort. La guerre terminée, Franz Stock en surprendra plus d'un ! Il va maintenant secourir les anciens bourreaux car cette fois, ce sont les prisonniers allemands qui ont besoin de lui. Sans haine, sans vengeance, il se remet au service.

GENTIL… JUSQU'OÙ ?

J'AIDE UN ÉLÈVE À FAIRE SES DEVOIRS. MES COPAINS DISENT QU'IL POURRAIT SE DÉBROUILLER SEUL. COMMENT ÊTRE GENTIL SANS PASSER POUR UNE « BONNE POIRE » ?

Passer pour une bonne poire… ou l'être vraiment ? De toute façon, quand on est chrétien, il faut s'attendre à quelques pépins ! Mais ce n'est pas une raison pour renoncer à se servir de son intelligence. Alors voici des points de repère pour t'aider à porter du fruit…

Vivre en chrétien : un choix

Aujourd'hui, être chrétien, c'est tout sauf une évidence. Dans l'Évangile, Jésus nous dit : amour, service, don de soi, solidarité, respect des plus petits… Et dans notre société, on entend souvent : compétition, rivalité, « moi d'abord et tant pis pour les autres » ! Bref, il faut choisir. Sans devenir paranoïaque, il faut bien admettre qu'un comportement chrétien est parfois mal compris. Aider un élève en difficulté au lieu de travailler pour soi ou de se détendre, quelle drôle d'idée ! Ce n'est ni un réflexe, ni, bien sûr, un exploit.
C'est pourtant le goût des petites choses qui rend capable des plus grandes. Une poire prend son temps pour mûrir… surtout les bonnes !

Savoir dire non

Cela dit, certaines fois, dire non n'est pas scandaleux.

Témoin d'aujourd'hui

BADEN-POWELL

Lorsque, en 1899, lord Baden-Powell publie un livre sur la manière de former des éclaireurs (« scout » en anglais), il s'adresse à ses collègues de l'armée britannique. Mais le livre enthousiasme des éducateurs et aussi des jeunes garçons, qui s'en inspirent pour leurs jeux dans la nature. Quelques années plus tard, l'officier anglais emmène une vingtaine de garçons en camp. Le scoutisme est né… Baden-Powell va donner à ses éclaireurs une loi inspirée de l'Évangile et leur suggère de faire une bonne action quotidienne, la fameuse B.A. C'est un « truc » tout simple pour être fidèle au dernier conseil qu'il a laissé avant de mourir : « Essayez de laisser ce monde, quand vous le quitterez, un peu meilleur que vous ne l'avez trouvé en y entrant. »

Parce qu'il y a des services qui n'en sont pas : faire quelque chose à la place de quelqu'un, ce n'est pas forcément l'aider ; et si quelqu'un se laisse tout le temps porter par les autres, il ne grandit pas.
Parfois, savoir dire non, c'est être lucide – car personne ne peut tout faire. Accepter une charge pour la lâcher trois semaines plus tard peut être plus nuisible qu'utile. Accepter une responsabilité dont on est incapable, faire des choses pour lesquelles on est incompétent n'est jamais la bonne solution. De plus, à l'adolescence, on a aussi besoin de temps pour soi, pour son travail, les loisirs, le sport, les amis...

Donner et recevoir

Rendre service, c'est parfois exigeant, mais c'est aussi

« Alors le Roi dira à ceux qui seront à sa droite :
"Venez, les bénis de mon Père, recevez en héritage le Royaume
préparé pour vous depuis la fondation du monde.
Car j'avais faim, et vous m'avez donné à manger ;
j'avais soif, et vous m'avez donné à boire ;
j'étais un étranger, et vous m'avez accueilli ;
j'étais nu, et vous m'avez habillé ;
j'étais malade, et vous m'avez visité ;
j'étais en prison, et vous êtes venus jusqu'à moi !"
Alors les justes lui répondront : "Seigneur, quand est-ce que nous t'avons vu ?
tu avais donc faim, et nous t'avons nourri ?
tu avais soif, et nous t'avons donné à boire ?
tu étais un étranger, et nous t'avons accueilli ?
tu étais nu, et nous t'avons habillé ?
tu étais malade ou en prison... Quand sommes-nous venus jusqu'à toi ?"
Et le Roi leur répondra : "Amen, je vous le dis :
chaque fois que vous l'avez fait à l'un de ces plus petits
de mes frères, c'est à moi que vous l'avez fait." »

MATTHIEU 25, 34-40

épanouissant et enrichissant. Cette expérience apporte toujours bien plus qu'on ne l'imagine. De nombreuses personnes qui agissent dans l'intention de donner disent qu'en fait elles reçoivent beaucoup ! N'as-tu pas remarqué par exemple que le fait d'expliquer une leçon à ton camarade est pour toi un excellent moyen de l'assimiler ? N'es-tu pas en train de te faire un nouvel ami ? C'est cet échange qui donne toute sa valeur au service que tu rends. Toutes les occasions sont bonnes pour apprendre à aimer en acte. Alors écoute ton cœur... et consulte ta tête !

POUR FAIRE LE LIEN

SAINTETÉ P. 48

ATTENTION AUX AUTRES P. 195, 200

DONNER/RECEVOIR P. 283

LE PÉCHÉ, C'EST MORTEL !

EST-CE VRAI QU'IL EXISTE DES « PÉCHÉS MORTELS » ? MÈNENT-ILS DIRECTEMENT EN ENFER ? COMMENT SAVOIR SI ON A COMMIS UN DE CES PÉCHÉS ?

« N'aie pas peur ! » Par cette parole, le Christ lui-même répond à nos angoisses, car il veut que nous soyons libres, libérés de la mort, libérés de la peur et libérés du péché. Dieu ne veut pas que nous passions notre vie à avoir peur de la damnation éternelle.

On ne joue pas pour du beurre

Pourtant, Jésus ne prend pas nos libertés à la légère. Créés libres, comprenons-nous vraiment ce que cela implique ? Le mal que nous faisons (et heureusement le bien aussi) ne sont pas sans conséquence. Même si Dieu est infiniment miséricordieux, il ne violera pas nos consciences, en pardonnant ce que nous ne regrettons pas. C'est parce que notre vie n'est pas une partie « pour rien » qu'il faut faire attention à bien la jouer. Cela ne veut pas dire que Dieu tient une comptabilité de nos actes et que ceux qui auront accumulé tant de péchés graves, ou tant de péchés légers, iront ou non en enfer selon un barème divin ! Mais celui qui se tourne vers le Père (c'est cela la conversion), lui demande son pardon, le recevra toujours.

Gros gros péché

Mais l'homme, contrairement à Dieu, a une mentalité de comptable. Alors l'Église a « classé » les péchés – ceux qui sont des petits abandons, vite redressés, ce sont les péchés « véniels » ; d'autres plus graves sont dits « mortels ». Même les péchés mortels peuvent être pardonnés et alors ne mènent plus à l'enfer.
Les péchés mortels sont graves parce qu'en les faisant l'homme s'éloigne de Dieu de manière radicale. Il ne peut plus vivre en relation avec Dieu, qui est Amour, parce que son cœur est submergé par le mal. Autant dire que ce ne sont pas des fautes qu'on commet tous les quatre matins. D'autant que, comme pour les cadeaux de notre enfance, « c'est l'intention qui

« Si nous disons que nous n'avons pas de péché, nous nous égarons nous-mêmes, et la vérité n'est pas en nous. Si nous reconnaissons nos péchés, lui qui est fidèle et juste va jusqu'à pardonner nos péchés et nous purifier de toute injustice. »

1 JEAN 1, 8-9

compte » : le péché est mortel si le pécheur choisit de faire le mal en toute connaissance de cause et consciemment. Pas besoin d'imaginer cependant des péchés abracadabrants... Il suffit de relire les dix commandements, et les Béatitudes, pour voir ce qui nous éloigne de Dieu. Tuer, rejeter Dieu, faire sciemment et volontairement du mal à autrui sont des péchés qui sèment la mort en nous. Oublier la justice, la pauvreté ou la douceur aussi.

Renouer le contact

Dieu n'abandonne personne. Même les plus grands pécheurs éprouvent un jour ce tiraillement de la conscience qui les pousse à s'interroger sur ce qu'ils ont fait. En demandant pardon, chacun peut retrouver la communion avec le Père – pour nous, il y a le sacrement de réconciliation. Mais si la miséricorde de Dieu est sans limites, il espère de nous un amour à sa mesure. On pourrait imaginer pécher en faisant attention à éviter le « mortel », à pinailler nos fautes et notre amour... Mais ce serait une attitude de juriste, pas d'ami. Elle risque bien d'être mortelle, elle aussi.

POUR FAIRE LE LIEN

ENFER	P. 23
PARDON	P. 55, 168
RESPONSABLE	P. 70

Question d'aujourd'hui

QUELS SONT LES 7 PÉCHÉS CAPITAUX ?

Pour aider les hommes à discerner ce qui est mal, l'Église a défini sept péchés dits « capitaux » :

- La gourmandise (ou gloutonnerie) qui passe avant tout le reste et empêche le partage.
- L'avarice qui trouve son plaisir dans la possession d'argent et de choses pour soi seul.
- La paresse qui refuse l'effort et se repose entièrement sur les autres.
- L'orgueil qui donne le sentiment d'avoir toujours raison et rabaisse les autres.
- La jalousie qui ne sait pas se réjouir du bonheur d'autrui.
- La colère qui nous rend furieux contre les autres et contre soi-même.
- La luxure qui est la recherche du plaisir du corps par tous les moyens.

AU NOM DE LA LOI... !

POUR AVOIR DÉTÉRIORÉ DU MATÉRIEL DE CLASSE, UN ÉLÈVE A ÉTÉ RENVOYÉ DEUX JOURS ET UN AUTRE N'A EU QUE DES HEURES DE RETENUE. C'EST INJUSTE ! LA LOI DEVRAIT ÊTRE LA MÊME POUR TOUT LE MONDE !

Tu crois qu'il y a une injustice dans cette histoire, mais ce n'est pas celle que tu dénonces. Ce qui n'est pas juste, avant tout (et avant même de savoir pourquoi l'un est plus sévèrement puni que l'autre), c'est ce qu'ont fait ces deux élèves : ne pas respecter le bien d'autrui en détériorant ce matériel. Ils ont enfreint un règlement et ont été punis. Quant à la différence de traitement, c'est une autre histoire : l'autre élève a peut-être des difficultés personnelles ou familiales que tu ne soupçonnes pas, sa responsabilité était peut-être moins importante, c'était la première fois, etc.

Apprendre à vivre ensemble

Pour que chacun de nous puisse vivre en paix, il nous faut des règles… et des sanctions pour punir ceux qui ne les respectent pas.

Témoin d'hier

SAINT YVES

Yves est prêtre, juge et avocat. C'est un homme épris de justice et du Christ, qui se met au service des plus pauvres, les défend gratuitement, tente de leur rendre justice. Un jour, un riche marchand poursuit devant lui un mendiant, parce que le malheureux hume chaque jour les succulentes odeurs qui s'échappent de sa cuisine. Yves accorde au plaignant, en paiement de ses odeurs, le son d'une pièce tintant à son oreille. « Le son paie l'odeur ! » dit-il. En tant que juge, saint Yves fait merveille, et réconcilie bien des ennemis le jour du procès. Il est un modèle de justice aussi dans sa vie loin des tribunaux. Le prêtre donne en effet tout ce qu'il a aux nécessiteux.

“Ne t'indigne pas à la vue
des méchants,
n'envie pas les gens malhonnêtes ;
aussi vite que l'herbe, ils se fanent ;
comme la verdure, ils se flétrissent. [...]
Dirige ton chemin vers le Seigneur,
fais-lui confiance, et lui, il agira.
Il fera lever comme le jour ta justice,
et ton droit comme le plein midi. Repose-
toi sur le Seigneur et compte sur lui.
Ne t'indigne pas devant celui qui réussit,
devant l'homme qui use d'intrigues. Laisse
ta colère, calme ta fièvre, ne t'indigne
pas : il n'en viendrait que du mal.”

PSAUME 36, 1-2 ET 5-8

Les lois ne sont pas là pour nous brimer mais pour nous permettre de vivre en harmonie avec les autres. Dieu lui-même, lorsqu'il a confié ses dix commandements à Moïse, ne l'a pas fait pour brider la liberté de son peuple mais pour lui indiquer le chemin de bonheur. Nul ne peut construire sa vie et encore moins son bonheur sur le vol, le mensonge, la violence, bref, sur le mépris du bonheur et de la vie des autres.

Qui aime bien châtie bien

Ainsi, quand certaines personnes font du tort aux autres, quand elles enfreignent la loi, il est normal de les sanctionner. Mais là encore, il convient d'être juste ! Avant de juger un acte, mieux vaut en connaître tous les éléments. Difficile de juger sans avoir les données suffisantes pour apprécier la situation… Et la loi prévoit ce qu'elle appelle les « circonstances atténuantes » : ce qui est jugé, ce n'est pas seulement l'acte, mais l'intention de le commettre, et les moyens dont chacun dispose pour en peser la gravité, en mesurer les conséquences, et même tout simplement pour éviter de le faire.
Juger le plus justement possible ceux qui enfreignent la loi, c'est aussi ne pas faire peser des fardeaux trop lourds sur certaines épaules. D'ailleurs, une juste sanction permet souvent à celui qui a commis un délit de prendre conscience de sa faute et de la regretter, voire de la réparer.

POUR FAIRE LE LIEN

VIOLENCE P. 92

LOI/JUSTICE P. 228

CONSCIENCE P. 200

Question d'aujourd'hui

QUE FAIRE SI UNE LOI NE TE PARAÎT PAS BONNE ?

Toute loi n'est pas forcément « bonne » ou acceptable pour un chrétien. Par exemple, la loi française autorise l'avortement ou le mariage de deux personnes de même sexe. Ces lois ne respectent pas la vie des plus fragiles ou l'ordre naturel des choses. Ce n'est pas parce qu'une loi est approuvée par la majorité qu'elle est bonne. Ce n'est pas parce qu'elle a été votée qu'elle devient morale.

Et toi ?

« Pardonne-nous nos offenses comme nous pardonnons aussi à ceux qui nous ont offensés. » Souviens-toi de ces paroles du Notre Père lorsque tu te trouves dans une situation d'injustice. Cela t'évitera bien souvent de t'énerver et de rendre le mal pour le mal.

TENDS LA MAIN, PAS LA JOUE !

JÉSUS DIT QU'IL FAUT TENDRE L'AUTRE JOUE... MAIS QUAND ON SE FAIT AGRESSER À LA SORTIE DU COLLÈGE, EST-CE QU'IL FAUT SE LAISSER FAIRE ?

Voilà une interprétation un peu rapide de la parole de Jésus ! Si nous raisonnons ainsi, nous sommes condamnés à nous laisser frapper, humilier ou ridiculiser sans jamais lever le petit doigt. Non ! Soyons chrétiens, pas crétins !

Jésus n'est pas un faible

Dans les Évangiles, on s'aperçoit que Jésus n'était pas du genre à se laisser marcher sur les pieds. Il était capable de répondre vertement à ceux qui cherchaient à le piéger. Rappelle-toi aussi qu'il a chassé les marchands du Temple sans grand ménagement... Difficile de voir en lui un mouton qui se laisse tondre la laine sur le dos sans rien dire. Et pourtant, il offre sa vie « comme un agneau qu'on mène à l'abattoir »... Quand Jésus nous demande de tendre l'autre joue, ce n'est pas par faiblesse ou par lâcheté. Il nous demande ainsi de manifester, de manière radicale, que nous croyons en la grandeur de Dieu, et en la grandeur de l'homme.

Témoin d'hier

SAINT PHILIPPE BÉNITI

Philippe Béniti vit dans ce XIIIe siècle où l'on n'hésite pas à tuer pour l'honneur : qu'une personne vous offense, et cela appelle vengeance. Un jour, un jeune homme le gifle. Philippe ne lui retourne pas sa claque, il ne lui tend pas non plus l'autre joue. Il lui parle avec patience et amour. Bientôt, le jeune homme est touché par la douceur de son interlocuteur. Lui qui cognait, le voilà qui se convertit et entre dans l'ordre des Servites de saint Philippe Béniti. Aujourd'hui, ce jeune Italien au tempérament fougueux est connu sous le nom de... saint Pérégrin Laziosi.

On reste calme !

Il est normal d'avoir envie de riposter quand on est agressé. Il est bien plus difficile et courageux de refuser de se laisser aller à la violence parce qu'on sait que celui qui est en face de nous vaut mieux que cela. Jésus nous demande clairement d'affirmer que nous croyons que tous les hommes sont dignes d'être aimés, même ceux que nous ne supportons pas. Face aux agressions verbales ou aux piques trop vives, le dialogue, le calme, l'humour ne sont pas des armes de contre-attaque mais des moyens pour que triomphe la paix. Seulement, la pratique du « self control » suppose un entraînement régulier. En commençant par les petits cas on devient mieux préparé pour les cas graves !

« Si vous supportez la souffrance pour avoir fait le bien, c'est une grâce aux yeux de Dieu. C'est bien à cela que vous avez été appelés, car c'est pour vous que le Christ, lui aussi, a souffert ; il vous a laissé un modèle afin que vous suiviez ses traces. Lui n'a pas commis de péché ; dans sa bouche, on n'a pas trouvé de mensonge. Insulté, il ne rendait pas l'insulte, dans la souffrance, il ne menaçait pas, mais il s'abandonnait à Celui qui juge avec justice. »

1 PIERRE 2, 20-23

Légitime défense

Il n'empêche que, parfois, nous avons beau essayer de voir en nos ennemis des frères, eux ne nous aiment décidément pas du tout. Dans ces cas-là, bien sûr, il ne faut pas faire le dos rond et accepter tous les coups. Dans les cas d'insultes, de menaces, et même de racket, il faut dénoncer, demander justice. La loi, la justice, la police, les parents, le chef d'établissement sont là pour cela. Reste les cas où il n'y a plus le choix : la Justice et aussi l'Église appellent cela de la « légitime défense ». Le droit légitime de protéger sa vie ou celle de ceux dont on est responsable. Mais même dans ces cas, ta riposte ne doit jamais être démesurée par rapport à l'agression reçue.

Témoin d'aujourd'hui

TIM GUÉNARD

Abandonné par sa mère et battu par son père, Tim Guénard aurait pu haïr les siens. Mais sa rencontre avec Dieu chamboule sa vie. Il va réussir à aimer ceux qui lui ont fait du mal :

« Ma vie est aussi cabossée que mon visage. Mon nez, à lui seul, compte vingt-sept fractures. Vingt-trois proviennent de la boxe ; quatre, de mon père. Les coups les plus violents, je les ai reçus de celui qui aurait dû me prendre par la main et me dire “je t'aime”.

Quand ma mère l'a quitté, le poison de l'alcool l'a rendu fou. Il m'a battu à mort [...]. Durant des années, la flamme de la vengeance m'a fait vivre.

Dans la prison de ma haine, des personnes habitées par l'Amour m'ont visité et m'ont mis à genoux dans mon cœur. [...] Cette heure de la vengeance, tellement désirée, je la refuse désormais. [...] Le désir de lui pardonner vient un peu plus tard. [...] Un jour, j'ai appris qu'il avait cessé de boire. Pour ce grand malade, c'était un acte héroïque. Je me suis mis à l'admirer. »

POUR FAIRE LE LIEN

VIOLENCE/PEUR P. 92
PARDON P. 168
DONNER SA VIE P. 185
LÉGITIME DÉFENSE P. 295

PETIT GUIDE POUR AIMER SES ENNEMIS

CERTES, IL EST DIFFICILE D'AIMER TOUS LES ÉLÈVES DE LA CLASSE. MAIS IL N'EST PAS INDISPENSABLE NON PLUS D'ENTRETENIR DES RELATIONS TENDUES AVEC CERTAINS...

Un bonjour

Ne fuis pas celui que tu n'aimes pas. Tu ne pourras jamais bien le connaître en l'évitant et tu resteras sur ta première impression. Personne ne te demande de lui tomber dans les bras pour l'embrasser, mais un simple « Bonjour » le matin est déjà un bon début.

Un sourire

Qu'un ami demande un vrai service, et tu vas l'aider « avec plaisir ».
Que quelqu'un que tu aimes moins se contente de te demander l'heure, et tu marmonnes un semblant de réponse. Un sourire s'il te plaît ! Ce n'est pas difficile et ça change tout.

Une main tendue

Tu dois faire un enchaînement de gymnastique ou un exposé en groupe ? Pour une fois, accueille dans ton équipe un élève que tu apprécies un peu moins. Ainsi, tu pourras le découvrir. Il a sans aucun doute beaucoup de choses à t'apprendre... et qui sait, il est peut-être très fort en gym !

Un esprit ouvert

Les commérages sont pour les commères. À force de raconter et d'écouter des histoires sur une personne, tu t'en fais une idée fausse... et tu incites les autres à penser du mal d'elle. Tu n'as qu'à écouter ce qu'on raconte sur toi !

Une explication

La rancune est un poison. Si tu en veux à quelqu'un, mieux vaut éclaircir les choses rapidement. Bien sûr, l'explication sera peut-être un peu difficile sur le moment, mais quel soulagement ensuite !

Une prière

Nous recommandons souvent au Seigneur ceux que nous aimons. Laissons une petite place dans notre prière à ceux que nous aimons moins. Petit à petit, notre cœur s'ouvrira et nous serons capables de les aimer.

CHERCHER LA « VRAIE » VÉRITÉ

UN AMI VIENT D'APPRENDRE QUE SON PÈRE ÉTAIT GRAVEMENT MALADE. SES PARENTS NE VEULENT RIEN DIRE À SA PETITE SŒUR. MAIS LUI A L'IMPRESSION QUE SE TAIRE C'EST MAL AGIR.

Chacun réagit à sa manière à l'annonce d'un événement ou d'un fait qui bouleverse sa vie. Les uns pleurent, les autres crient. Certains prient quand d'autres affichent un air détaché. Face à la vérité, les réactions sont aussi très différentes. La petite sœur de ton ami n'est peut-être pas encore prête à entendre que son papa risque de mourir.

Écoute ton cœur

Il faut parfois savoir rester discret, et le Christ lui-même nous demande de ne pas faire peser des fardeaux trop lourds sur les épaules des autres. Il est donc des cas où il vaut mieux, en conscience, cacher la vérité – en faisant attention que ce choix soit vraiment un choix pour l'autre, et non pour soi.
Ainsi, en respectant le souhait de ses parents de taire la vérité, ton ami n'en vit pas moins dans la vérité de Dieu ; il le fait par amour, pour le bien de sa petite sœur, pour le bien de ses parents.
Ce n'est pas un mensonge, ce n'est pas mal.

Le véritable mensonge

Le mensonge consiste à cacher quelque chose pour en tirer profit, à nuire à quelqu'un, ou à répandre des idées fausses sur une personne. Ce sont là de véritables atteintes à la vérité. Si nous faisons le

Témoin d'hier

SAINT ATHANASE D'ALEXANDRIE

« Je crois en un seul Dieu, en un seul Seigneur Jésus-Christ, en l'Esprit Saint… » Le futur évêque Athanase assiste au concile de Nicée en 325 et les mots que le concile « invente » pour dire la foi s'ancrent dans son cœur comme une vérité toute-puissante. Mais les politiques et certains religieux refusent ce texte du concile qu'Athanase défend avec tant de fidélité. Il se fait de nombreux ennemis. Il est rejeté, moqué et même contraint à l'exil à cinq reprises. Mais il tiendra bon.

contraire de ce que nous disons, si nous jouons les hypocrites ou si nous nous faisons passer pour celui que nous ne sommes pas, c'est le mensonge qui règne sur notre vie et non la vérité. Le désir de vérité ne connaît ni pause ni entorse. Il n'y a pas de « petits mensonges » pas bien graves, ni de « grandes vérités » qu'il faudrait absolument dire coûte que coûte. Il y a une sincérité, en paroles et en actions, avec le Christ au cœur de nos vies. Car il est « le Chemin, la Vérité, la Vie ».

Et toi ?

Si quelqu'un te confie un secret trop lourd à porter, demande de l'aide. Va voir un prêtre ou un adulte qui te conseillera et te dira quoi faire. Révéler ce secret haut et fort risquerait de blesser celui qui t'a fait confiance mais aussi celui qu'il concerne.

Témoin d'aujourd'hui

ALBERT LONDRES

Albert Londres a une seule règle de travail : un journaliste dit toujours la vérité. En reportage, il ne se laisse donc ni acheter, ni berner. Il vérifie sans relâche ses informations et n'hésite pas à dire ce que beaucoup taisent. Ainsi, il dénonce les terrifiantes conditions de vie du bagne en Guyane, l'esclavage en Afrique ou encore la prostitution. Ses propos dérangent mais le journaliste ne peut se résoudre au silence.

Albert Londres meurt en 1932. Aujourd'hui encore, il reste un modèle pour de nombreux journalistes.

POUR FAIRE LE LIEN

VÉRITÉ P. 101
CONSCIENCE P. 200
CONFIANCE P. 101

« Celui qui fait le mal déteste la lumière : il ne vient pas à la lumière, de peur que ses oeuvres ne soient dénoncées ; mais celui qui fait la vérité vient à la lumière, pour qu'il soit manifeste que ses œuvres ont été accomplies en union avec Dieu. »

JEAN 3, 20-21

HONNÊTES CONTRE MALHONNÊTES = 1 À 0

À LA FIN D'UN BABY-SITTING, J'AI SIGNALÉ AUX PARENTS QU'ILS M'AVAIENT DONNÉ CINQ EUROS DE TROP. ILS LES ONT REPRIS. SI J'AVAIS SU, JE N'AURAIS RIEN DIT !

Te voilà avec cinq euros en moins dans ton porte-monnaie ! Tu espérais sans doute que, devant ta franchise, les parents t'auraient laissé la différence. C'est vrai que cela aurait été un bon moyen de récompenser ton honnêteté ! Console-toi : tu as ta conscience pour toi et certainement l'estime de ces parents, qui n'hésiteront pas à faire souvent appel à toi et à te recommander auprès de leurs amis... ce qui peut être rentable. Mais la question n'est pas là.

Pas vu, pas pris

Il est si facile d'être malhonnête, et d'ailleurs, cela semble tellement bien réussir à certains qui nous entourent, et parfois à nous-mêmes...
À quoi bon payer le ticket de bus puisqu'on n'est jamais contrôlé ? Recopier le devoir de maths d'un copain plutôt que de le faire soi-même, qui ça dérange, s'il est d'accord ? Et la boulangère n'avait qu'à pas se tromper en rendant la monnaie... Il y a, en fait, mille occasions quotidiennes d'éprouver l'honnêteté, sans forcément convoquer le cambriolage ou l'escroquerie qualifiée.

Témoin d'hier

SAINT CONRAD

Les villes du Moyen Âge ont un ennemi mortel : le feu... En ce jour sinistre, tout un faubourg a brûlé. Les flammes venaient de la forêt, alors les habitants se pressent autour du coupable tout trouvé : Giorgio, le braconnier. Déjà on l'emmène à la potence. Mais depuis sa fenêtre, Conrad regarde passer le cortège. Le jeune seigneur est tourmenté : c'est lui et ses amis qui ont mis le feu au buisson au cours d'une partie de chasse. Finalement, l'honnêteté est plus forte que la peur de la corde. Conrad se précipite, arrête l'exécution, et s'accuse publiquement. Comme il est noble, on ne le pend pas. Mais il est tenu de rembourser l'ensemble des dégâts, et doit vendre tous ses biens. Cet événement change son cœur. Avec sa femme, ils décident d'entrer tous les deux dans les ordres et de se consacrer à Dieu.

> « Les gens intègres hériteront le bonheur. »
>
> PROVERBES 28, 10

Avoir la conscience tranquille

Bien sûr, en restant honnête, il reste moins d'argent de poche en fin de mois, et on passe plus de temps sur ses maths. Mais, au moins, on dort sur ses deux oreilles. Rester fidèle à sa conscience et à sa foi, c'est un chemin pour atteindre le bonheur.

L'honnêteté est une grande vertu qui s'applique dans de petites choses, et qui se vit à tout instant. Être honnête et rester fidèle à un ami, même dans les difficultés, demande du courage. Être honnête avec ses idées et sa foi, cela suppose que tout n'est pas permis, qu'on ne peut pas non plus tout laisser dire. Et être honnête avec soi-même, cela demande parfois d'oublier l'indulgence et les excuses qu'on s'accorde. Au risque sinon que la vie soit facile, si facile... mais vaine.

POUR FAIRE LE LIEN

ARGENT P. 235

CONSCIENCE P. 200

CONFIANCE P. 101

Question d'aujourd'hui

TROP HONNÊTE ?

Être honnête ne veut pas dire se faire avoir. Si tu es victime d'une injustice parce que quelqu'un a abusé de ton honnêteté, tu n'es pas censé rester sans rien faire. Tu dois avoir le courage de demander réparation. En effet, si tu ne dis rien, tu risques de garder de la rancune à l'égard de cette personne. Tu ne pourras plus lui faire confiance. Et pire encore, en te taisant, tu l'encourages à recommencer avec toi ou avec un autre. Si personne n'ose rien lui dire, elle se complaira dans la malhonnêteté.

LE TEMPS DE L'ATTENTE

J'AI DIT À DES AMIES QUE JE NE VOULAIS PAS AVOIR DE RELATIONS SEXUELLES AVANT MON MARIAGE, CERTAINES SE SONT MOQUÉES DE MOI...

Pour beaucoup de filles et de garçons de ton âge, ce que tu penses semble sans doute peu dans l'air du temps ou irréaliste. Aussi, si leur réaction t'agace ou te blesse, garde pour toi ton désir de rester vierge jusqu'au mariage. Après tout, c'est toi seule que cela regarde, non ?

Un choix parmi d'autres

Vouloir être heureux et rendre heureuse la personne que l'on aime n'a rien de si extraordinaire que cela. C'est même une volonté qui est très belle puisque c'est la volonté de Dieu. Il n'est donc ni honteux ni ridicule de rester fidèle par avance à celui ou celle qui sera l'amour de sa vie. Se garder pour celui ou celle que l'on aimera n'est pas non plus hors de portée, même si beaucoup font le contraire, et trouveront cela inconcevable. Mais puisque tu leur reconnais le droit de choisir autre chose que toi, pourquoi ne feraient-ils pas de même ?

Un acte important

Certains voudraient faire croire que les relations sexuelles sont simplement un passe-temps agréable et ludique, et qu'à partir du moment où les deux partenaires prennent du plaisir,

Témoin d'aujourd'hui

BENOÎT XVI

En mai 2007, le pape Benoît XVI s'adresse aux jeunes du Brésil pour leur rappeler la beauté de l'attente et de la chasteté.

« Mes très chers jeunes, votre vie est unique : ne la gaspillez pas ! Dieu vous appelle à vous respecter les uns les autres. Faites de la chasteté un rempart de vos espérances futures. Cela demande un esprit de sacrifice et de renoncement pour un plus grand bien, qui est précisément l'amour de Dieu, avant toutes choses. Cherchez à résister avec force aux pièges du mal existant dans de nombreux milieux, qui vous poussent à une vie dissolue, paradoxalement vide, en vous faisant perdre le don précieux de votre liberté et de votre vrai bonheur. »

c'est bien et bon pour eux. Ce point de vue est très répandu, et tout aussi réducteur. Le plaisir sexuel est important… mais une relation sexuelle, ce n'est pas que cela. C'est avant tout l'expression la plus forte par laquelle un homme et une femme se disent leur amour. La tendresse, le dialogue, la complicité, la confiance, le respect sont essentiels pour que cela soit réussi. Tous ces ingrédients sont rarement présents quand on change de partenaire tous les quatre matins !

Jamais anodin

Ceux qui multiplient les

expériences sexuelles multiplient également… les ruptures et les peines de cœur. Plus on a engagé son corps dans une relation amoureuse, plus il est difficile de s'en remettre. Car on ne peut jamais séparer son corps du reste de sa personne, esprit, intelligence et cœur. L'acte sexuel n'est jamais banal. C'est un don de soi total puisqu'il engage toute la personne. Et lorsqu'il est l'expression d'un véritable amour qui engage deux vies pour toujours – c'est bien le cas dans le mariage –, l'acte sexuel donne un réel épanouissement à l'homme et la femme. Tu vois ! Tu as bien raison de vouloir attendre !

POUR FAIRE LE LIEN

RESPECT DE LA VIE P. 42

RESPECT DU CORPS P. 61, 255, 258

SEXUALITÉ P. 64

MARIAGE P. 82

« Pose-moi comme un sceau sur ton cœur, comme un sceau sur ton bras. Car l'amour est fort comme la Mort, la passion, implacable comme l'abîme : ses flammes sont des flammes de feu, fournaise divine. Les grandes eaux ne pourront éteindre l'amour, ni les fleuves l'emporter. Un homme donnerait-il toutes les richesses de sa maison pour acheter l'amour, il ne recueillerait que mépris. »

CANTIQUE DES CANTIQUES 8, 6-7

Question d'aujourd'hui

EST-CE QUE L'ON PEUT S'EMBRASSER ?

Si on est amoureux, s'embrasser est naturel. Tu n'es pas de marbre et tu n'es pas non plus un pur esprit. Mais justement, seuls les purs esprits pourraient s'embrasser sans que cela leur fasse de l'effet… Un baiser peut entraîner les amoureux plus loin qu'ils ne l'auraient voulu.

Et parfois, les jeunes filles ne se rendent pas compte que ce qui est pour elles de la tendresse peut devenir… un supplice pour les garçons qu'elles aiment. Les uns et les unes ne réagissent pas pareil. Il faut en tenir compte.

PETIT HOMME DEVIENDRA GRAND

UNE ÉLÈVE DU LYCÉE A DÛ QUITTER LES COURS PARCE QU'ELLE ALLAIT BIENTÔT AVOIR UN BÉBÉ. ELLE A VOULU LE GARDER ALORS QUE TOUT LE MONDE LUI DISAIT D'AVORTER.

La seule chose que l'on puisse dire à cette élève de ton lycée et à sa famille, c'est que leur décision est belle et bonne. Vouloir garder ce bébé quand tout le monde lui conseillait le contraire est un choix difficile, exigeant. C'est beau d'accepter toutes les conséquences que cela aura dans sa vie parce qu'elle a vu dans ce bébé à naître un être humain. Tout ne sera pas rose pour cette très jeune maman. Elle connaîtra peut-être des moments de découragement, de fatigue. Elle regrettera parfois l'insouciance des jeunes de son âge. Mais elle aura auprès d'elle un trésor inestimable, un être humain à faire grandir dans l'amour.

Un acte grave

Même s'il est très pratiqué l'avortement n'est jamais un acte médical banal. Les techniques sont maintenant très au point, et les accidents sont rares. Les femmes ne souffrent pas ou peu. Mais la véritable douleur de l'avortement n'est pas physique. Elle est intérieure, et il est souvent très long, voire impossible d'en guérir. Bien des femmes qui ont avorté avouent qu'elles ne peuvent pas regarder un enfant sans penser à celui qu'elles auraient

Témoin d'aujourd'hui

ROSA BUZZINI

Un troisième enfant, c'est de la folie ! Les médecins regardent, consternés, Rosa et son mari Giuseppe ; il faut avorter, disent-ils. Nous sommes en 1952 et la jeune femme a déjà mis au monde ses deux premiers enfants par césarienne. Cette troisième grossesse s'annonce très dangereuse. Mais Rosa est catégorique : « Cet enfant, c'est Dieu qui me l'a donné ! » Les mois passent, l'accouchement s'annonce. La naissance de Pier Giorgio est difficile. La santé de Rosa se dégrade rapidement. Pourtant, la jeune maman garde espoir. Ses parents l'ont élevée dans la foi. Trois de ses sœurs sont même devenues religieuses. Rosa prie de toutes ses forces et se confie à la Vierge Marie et au Padre Pio. Et, alors que les espoirs de guérison ont disparu, Rosa recouvre la santé.

« C'est toi qui as créé mes reins,
qui m'as tissé dans le sein
de ma mère.
Je reconnais devant toi le prodige,
l'être étonnant que je suis :
étonnantes sont tes œuvres
toute mon âme le sait.
Mes os n'étaient pas cachés pour toi
quand j'étais façonné dans le secret,
modelé aux entrailles de la terre. »

PSAUME 138, 13-15

dû avoir. Elles savent qu'elles ont mis fin à une vie humaine qui commençait. Bien souvent aussi, elles « portent » seules la culpabilité de cet acte car les garçons ne s'en soucient guère.

Si petit et si vivant

La vie est un don de Dieu et nous ne pouvons pas en disposer à notre guise. Pas plus que nous ne pouvons décider de notre mort ou de celle des autres. Or, dès le tout début de la grossesse, même quand la future mère ignore encore qu'elle est enceinte, une vie nouvelle est là !

Ce petit humain ne ressemble pas à grand-chose mais il a déjà reçu tout ce dont il aura besoin pour grandir : ses gènes, la couleur de ses cheveux, son système nerveux, son sexe… Tout est là, prêt à grandir et à se développer. La nature est merveilleuse : elle a tout préparé et elle laisse le temps faire son travail de patiente construction.

Avorter arrête net ce bel ouvrage. C'est très grave, cela va à l'encontre de la vie. C'est un acte contraire à la loi de Dieu et au don qu'il nous a fait. Car Dieu nous a donné la vie pour que nous la protégions et non pour que nous la brisions.

POUR FAIRE LE LIEN

AIMÉS DE DIEU P. 42, 95

RESPECT DE LA VIE P. 42

RESPONSABILITÉ P. 70

Question d'aujourd'hui

POURQUOI GARDER UN BÉBÉ QUI NE SERA JAMAIS HEUREUX ?

Trop souvent, on conseille l'avortement à des parents qui attendent un bébé handicapé. Pourtant, si nous regardons vivre les enfants trisomiques par exemple, on s'aperçoit vite qu'ils sont vraiment heureux. Et leur joie est communicative. Ces petits enfants ont une force que nous ne soupçonnons pas.

L'avortement remplace une situation de détresse par une autre détresse, morale celle-ci. Mieux vaut donner une chance à la vie. Et si vraiment les parents ne peuvent garder ce bébé, ils ont le choix de le confier à l'adoption. Il existe des associations qui se chargent de confier ces enfants à des familles prêtes à accueillir un enfant, même handicapé.

PUNIR N'EST PAS TUER !

AUX ÉTATS-UNIS, ON APPLIQUE ENCORE, DANS CERTAINS ÉTATS, LA PEINE DE MORT. A-T-ON LE DROIT DE TUER QUELQU'UN QUI A COMMIS UN MEURTRE ?

Chaque jour, la radio, les journaux ou la télévision nous racontent des histoires abominables. Bien sûr, il faut arrêter et condamner les auteurs de viols, de crimes ou d'attentats – il faut les punir et les empêcher de faire de nouvelles victimes. Mais la peine de mort n'est pas la solution pour châtier un criminel. Elle ne rendra pas la vie à la victime. Elle ne diminuera pas le nombre de criminels. Et puis, ce serait soigner le mal par le mal.

Créature de Dieu

« Tu ne tueras pas », nous dit le Seigneur. Tu ne tueras personne, ni l'innocent ni le criminel. Qui sommes-nous pour juger qu'une personne mérite ou non de vivre ? La vie que Dieu a donnée, nul n'a le droit de l'interrompre, quel que soit le prétexte avancé. Ce commandement est clair et définitif !

Trop douce, la prison ?

Certains pensent que la prison est une punition bien trop douce pour certains criminels. Ceux-là ne savent pas ce que c'est que la prison...
Ce n'est pas rien d'être privé de liberté, d'être enfermé dans des conditions souvent difficiles. La prison marque à jamais un homme ou une femme... pour le pire ou pour le meilleur. Il y a ceux, en effet, que l'emprisonnement va enfermer dans la violence

Témoin d'hier

LE BON LARRON

L'Église vénère le bon larron de l'Évangile sous le nom de saint Dysmas.

Dysmas est l'un des deux bandits qui furent crucifiés avec Jésus. Sa vie n'avait rien d'édifiant, mais malgré ses crimes, il a compris que Jésus, lui qui était injustement condamné, pouvait le sauver non pas de sa mort imminente mais de son péché. Alors que tout le monde se moque ou se désole, que tout le monde pense que le Christ a échoué, lui ose s'en remettre au Christ en toute confiance. Et Jésus lui promet : « Aujourd'hui, tu seras avec moi dans le Paradis. »

« J'étais en prison, et vous êtes venus jusqu'à moi ! »

MATTHIEU 25, 36

et la vengeance. Mais il y a aussi tous ceux qui vont faire un chemin « d'humanisation » et de repentir.

Croire en l'homme

« Nous devons reconnaître qu'au fond du plus affreux des criminels, écrit le pape Jean-Paul II, il y a encore et toujours l'image de Dieu et qu'aucune force diabolique ne pourra la détruire. » Nous non plus nous n'avons pas le droit de la détruire. Vouloir exécuter un criminel, c'est lui nier la possibilité de se convertir. Refuser la peine de mort, c'est croire que rien n'est jamais perdu parce que Dieu n'abandonne jamais les hommes à leur misère.

Justice et pardon

Malgré toutes les horreurs que peuvent commettre certains êtres humains, laissons sa place au pardon. Maria Goretti a pardonné à son meurtrier avant de mourir.
Le pape Jean-Paul II a pardonné à Mehmet Ali Agça qui tenta de l'assassiner en 1981. Cela n'a pas remplacé la punition méritée par ces hommes.
Le pardon est d'un autre ordre. Il a sa source en Dieu, qui seul peut donner à une victime la force et la joie de pardonner à son agresseur. Il est la manifestation de la victoire de l'amour sur la violence.

Et toi ?

Aujourd'hui, de plus en plus de personnes sont contre la peine de mort. Tant mieux ! Pourquoi ne constituerais-tu pas un petit groupe avec quelques camarades pour réfléchir à cette question avec un prêtre et d'autres adultes de ton entourage ? Alors tu pourras mieux expliquer pourquoi toi, en tant que chrétien, la peine de mort te paraît inacceptable.

POUR FAIRE LE LIEN
LOI/JUSTICE P. 207
PARDON P. 168
RESPECT DE LA VIE P. 42
SALUT P. 98

Témoin d'aujourd'hui

JACQUES FESCH

« Ce jour-là, j'étais dans mon lit, les yeux ouverts, et je souffrais réellement, pour la première fois de ma vie, avec une rare intensité [...]. C'est alors qu'un cri jaillit de ma poitrine, un appel au secours : "Mon Dieu !" Et, instantanément, comme un vent violent qui passe sans qu'on sache d'où il vient, le Seigneur m'a pris à la gorge. » Celui qui écrit ces mots est un criminel : Jacques Fesch a volé et tué le policier qui le poursuivait. Arrêté, jeté en prison, il découvre le Seigneur. Condamné à la guillotine, il n'a plus peur parce qu'il se sait pardonné. Quelques heures avant son exécution (en 1957*), il peut écrire dans son journal cette dernière phrase : « Dans cinq heures, je verrai Jésus. La paix m'inonde et mes prières coulent comme du miel... Sainte Vierge, ayez pitié de moi. »

*En France, la peine de mort ne sera abolie qu'en 1981.

NON À LA PEINE DE MORT

LE 19 AVRIL 1995, UN ATTENTAT À OKLAHOMA CITY (ÉTATS-UNIS) FAIT DE NOMBREUSES VICTIMES. TIMOTHY MCVEIGH, LE COUPABLE, A ÉTÉ CONDAMNÉ À MORT. IL EST EXÉCUTÉ QUELQUES ANNÉES PLUS TARD ALORS QUE LE PÈRE DE JULIE, TUÉE DANS CET ATTENTAT, SE BAT CONTRE LA PEINE DE MORT AU NOM DE LA FOI. VOICI SON TÉMOIGNAGE.

Qu'avez-vous ressenti lorsque le terroriste qui a tué votre fille a été exécuté ?

De la tristesse. Comment peut-on imaginer guérir la douleur avec une exécution ? La peine de mort est une vengeance collective qui ne fait qu'alimenter le cycle de la violence et des sentiments de colère.

Comment est-ce possible que le père d'une des victimes s'oppose aussi résolument à l'exécution de son assassin ?

À cause d'une conviction personnelle, de l'expérience et de la foi. Je sais que la vie appartient à Dieu et ce n'est pas à nous, les hommes, de la donner ou de l'enlever. Nous pouvons punir les criminels et faire en sorte qu'ils ne récidivent pas en utilisant des systèmes différents.

Le pape avait demandé à George Bush de gracier McVeigh. Que pensez-vous de la position de l'Église qui est contre la peine de mort ?

Je voudrais remercier Jean-Paul II non seulement pour la demande qu'il a faite dans ce cas, mais aussi pour tout son engagement contre les exécutions en général. En tant que fidèle, je remercie l'Église de la fermeté avec laquelle elle défend la dignité de la vie.

Pensez-vous souvent à Julie ?

Je pense tous les jours à ma fille et je sais qu'aujourd'hui elle est triste et contrariée comme moi. Elle travaillait pour Amnesty International depuis qu'elle avait 16 ans et elle allait à la messe tous les jours. Elle croyait en Dieu, elle croyait au caractère sacré de la vie et à la force du pardon.

QUAND L'ARGENT FAIT LE BONHEUR

JÉSUS ÉTAIT PAUVRE. EST-CE MAL D'AVOIR DE L'ARGENT ?

Il était une fois un jeune homme très riche. Souvent, il prêtait son matériel informatique à une association d'aide de recherche à l'emploi. Il aidait régulièrement des œuvres à financer leurs activités.
Tous les dimanches, il donnait une grosse somme à la quête.

Il était une autre fois un homme pauvre. Depuis toujours, il essayait de grignoter quelques sous par-ci par-là pour un peu plus de confort. Il connaissait tous les rouages du système pour en tirer le maximum d'argent. Il n'hésitait pas à escroquer, même les plus pauvres que lui.
L'argent n'est ni bien ni mal. C'est l'usage que l'on en fait qui importe. On peut avoir la chance d'être riche et gérer son argent avec cœur, ou vivre pauvrement et être le pire des avares. Mais l'inverse arrive aussi bien souvent.

Témoin d'hier

SAINTE JEANNE DELANOUE

Lorsqu'elle croise un pauvre sur sa route, Jeanne Delanoue fait un détour pour ne pas lui faire l'aumône. La jeune femme, en cette fin de XVIIe siècle, a toujours peur de manquer. Elle ouvre sa boutique le dimanche pour gagner plus d'argent, on la dit avare... Pourtant, un jour, le Seigneur touche son cœur. Jeanne « voit » les pauvres et leur abandonne ses biens. Elle distribue ce qu'elle a, parcourt la campagne pour apporter aux pauvres de quoi manger et s'habiller. Bientôt, elle n'a plus d'argent. Elle s'en remet donc à Dieu, Père et Providence pour avoir toujours de quoi faire vivre « ses » pauvres. Elle vit de dons, d'emprunts, d'aumône... et de confiance.

Une relation juste

« L'argent ne fait pas le bonheur », dit-on souvent. « Mais il y contribue ! » ajoutent certains avec justesse. Il est normal de souhaiter gagner de quoi vivre dignement. Et c'est encore plus vrai lorsque l'argent gagné ne profite pas qu'à soi mais à toute une famille. Pourtant, si des parents travaillent sans répit pour gagner toujours plus au point de négliger la vie familiale, alors là, il y a un « os » ! La relation à l'argent est faussée.

« Aucun domestique ne peut servir deux maîtres :
ou bien il haïra l'un et aimera l'autre,
ou bien il s'attachera à l'un et méprisera l'autre.
Vous ne pouvez pas servir à la fois Dieu et l'argent. »

LUC 16, 13

Un moyen et non une fin

Quand Jésus dit qu'on ne peut servir Dieu et l'argent, il nous met en garde contre la tentation d'accorder à l'argent une place trop importante dans notre vie. Si l'argent devient notre dieu, alors, oui, il sera l'instrument du mal. S'il est pour nous un moyen de servir les autres, il deviendra celui du bien. Ce que Jésus nous demande, c'est de ne pas en faire l'objet d'une quête incessante qui nous empêcherait de prêter attention à notre prochain, surtout celui qui est dans le besoin.

POUR FAIRE LE LIEN

ARGENT P. 235

LIBERTÉ P. 86

TRAVAIL P. 286

Et toi ?

Tes parents ne sont pas une tirelire ! Ils gagnent de l'argent en travaillant, et ce n'est peut-être pas rose tous les jours. En gérant sans gaspiller et avec justesse l'argent de poche qu'ils te donnent, tu respectes leur travail. Tu apprends aussi à utiliser ton argent comme un chrétien doit le faire.

Témoin d'aujourd'hui

MÈRE TERESA

« Ce n'est pas un péché d'être riche. [...] Mais je vous dis que la richesse amène l'avarice, et là vient le péché. Dieu donne la richesse, et c'est notre devoir de la partager avec les moins favorisés. [...] Quand vient le désir d'argent, vient aussi le désir de ce que l'argent peut procurer : des objets superflus, de belles chambres, des mets luxueux sur notre table, plus de vêtements, d'admirateurs, etc. [...] L'argent n'est utile que s'il sert à répandre l'amour du Christ. L'argent peut servir à nourrir le Christ affamé. Mais il n'a pas seulement faim de pain, mais d'amour, de présence, de contact humain... » Mère Teresa a consacré sa vie aux plus pauvres en Inde. Elle est morte en 1997, à 87 ans. Jean-Paul II l'a béatifiée le 19 octobre 2003.

DONNER DE L'AMOUR SANS COMPTER !

SUR LE CHEMIN DU COLLÈGE, JE CROISE DEUX HOMMES QUI MENDIENT. EST-CE QUE JE SUIS OBLIGÉ DE LEUR DONNER DE L'ARGENT ?

Dans un bidonville d'une grande agglomération d'Amérique latine, une famille s'entasse dans une cabane en tôle. Malgré la misère, on entend des rires à travers la paroi. Mieux encore, lorsqu'un inconnu approche, on l'invite à partager le maigre repas et on le reçoit comme un prince. Dans cette « maison », l'argent fait défaut mais pas la joie et certainement pas l'amour.

De l'argent, oui...

Certes les mendiants ont besoin d'argent – et rien n'interdit de leur en donner de temps en temps. Rien n'y oblige non plus. Il faut savoir écouter son cœur, et ne pas le mettre en veilleuse avec des formules toutes faites du genre : « Ils vont le boire », ou : « Ils en font n'importe quoi ». De quel droit décide-t-on pour un homme de ce qu'il doit faire de son argent ? On peut aussi donner un coup de main à des associations qui viennent secourir ces personnes.

Du respect, beaucoup...

Agir avec son cœur, c'est être dans la vérité. Mais parfois, la réaction des personnes qu'on aide n'est pas celle qu'on attendait. Elles se montrent quelquefois violentes et agressives. Les personnes misérables souffrent physiquement – la vie dans la rue est une épreuve terrifiante. Elles souffrent psychologiquement aussi : pour un regard respectueux,

Témoin d'hier

SAINT JEAN L'AUMÔNIER

À 15 ans, Jean a une vision : une jeune femme lui promet les plus grandes faveurs de Dieu s'il accepte de mettre la miséricorde au cœur de sa vie. Pour vérifier la réalité de sa vision, Jean donne son manteau à un pauvre dès le lendemain. Aussitôt, un inconnu lui offre un sac de pièces d'or. Dieu a tenu sa promesse...

Un jour, un pauvre se déguise pour passer trois fois devant lui et recevoir trois fois l'aumône. Alors qu'on l'avertit de la supercherie, Jean réplique : « C'est peut-être Jésus-Christ déguisé en mendiant qui veut éprouver ma charité. » Et il lui donne trois fois.

elles endurent chaque jour des centaines de coups d'œil indifférents, méprisants, dégoûtés ou empreints d'une pitié qui leur fait honte.

Si chacun peut décider de donner ou pas, nul ne peut être avare de respect pour les mendiants, car tout homme a droit à la dignité.

De l'amour en somme !

En réalité, les mendiants ont surtout besoin d'estime,

« Que chacun donne comme il a décidé dans son cœur, sans regret et sans contrainte, car Dieu aime celui qui donne joyeusement. Et Dieu est assez puissant pour vous donner toute grâce en abondance, afin que vous ayez, en toute chose et toujours, tout ce qu'il vous faut, et même que vous ayez en abondance de quoi faire toute sorte de bien. »

2 CORINTHIENS 9, 7-8

d'attention, de respect.
En un mot, d'amour – parce que souvent leur situation économique leur vaut de vivre seul, sans famille, sans amis, avec des compagnons de mauvaise fortune. Chacun peut distribuer de l'amour sans compter. L'amour est à la portée de tout le monde. Sans s'engager dans des discussions interminables, un sourire, un « bonjour » ou un regard franc sont déjà des petits gestes d'amour.

POUR FAIRE LE LIEN

ARGENT P. 235

PARTAGE P. 192

SIMPLICITÉ P. 235

ATTENTION AUX AUTRES P. 203, 238

Témoin d'aujourd'hui

GENEVIÈVE ANTHONIOZ-DE GAULLE

Issue d'une famille bourgeoise, Geneviève Anthonioz-de Gaulle n'a jamais manqué dans sa jeunesse. En camp de concentration, elle a certes connu la faim et les privations, mais celles qu'on inflige délibérément à autrui... Rien ne la prépare au combat contre la misère socio-économique, jusqu'à sa rencontre avec le père Joseph Wrésinski, le fondateur d'ATD* quart monde. Nous sommes en 1958, et elle découvre que les plus pauvres n'ont pas simplement besoin de survivre. Ils ont aussi droit à une vie digne : des bibliothèques, des chapelles, des ateliers, tout manque... Geneviève sera la présidente d'ATD Quart Monde pendant trente-quatre ans. Jusqu'à sa mort en février 2002, elle militera pour les pauvres, avec eux.

* Aide à toute détresse.

Et toi ?

Dans les transports en commun, dans la rue, près de l'église... tu croises des mendiants partout. À qui donner ? Commence par la personne la plus proche de chez toi, celle qui dort parfois au pied de ton immeuble. Rien ne sert de donner ton argent à l'autre bout du monde si tu oublies de regarder la misère autour de toi. Tu peux aussi proposer d'en parler en famille afin que chacun expose son point de vue.

LA CHARITÉ 7 JOURS SUR 7 !

LES INFORMATIONS NOUS MONTRENT CHAQUE JOUR DES VICTIMES DE CATASTROPHES DANS LE MONDE. JE VOUDRAIS M'ENGAGER POUR LES AIDER...

« Tremblement de terre en Amérique du Sud. Les secours sur place s'organisent... »
La télévision et les journaux nous inondent d'images insupportables. Face à cela, nous sommes prêts à nous engager sur-le-champ dans une organisation humanitaire, à saisir notre sac à dos pour voler au secours des populations sinistrées. Nous voulons agir vite, nous sentir utiles et avoir l'impression de faire quelque chose de bien, d'extraordinaire.

Partir... au coin de la rue

On peut partir au bout du monde, mais ce n'est pas indispensable. La charité n'est pas un concours, qui récompenserait l'aventure humanitaire la plus

Témoin d'hier

SAINT DAMIEN DE MOLOKAI

Hawaii, c'est le soleil, les cocotiers... Pourtant, à quelques kilomètres de l'archipel paradisiaque se cache un coin d'enfer. Sur l'île de Molokai, on parque les lépreux pour éviter les risques de contagion.

À 33 ans, en 1873, Damien, jeune missionnaire d'origine flamande, décide de partir à Molokai pour accompagner ces hommes jusqu'au bout. C'est un choix sans retour : la lèpre effraie tellement qu'on ne le laissera pas revenir... À l'époque, il n'y a aucun traitement. Il ne peut plus rien pour les lépreux ? Il va les aimer. Il construit sur l'île de vraies maisons pour les malades, prêche l'amour de Dieu. Rapidement il est contaminé, et il devient un de ceux qu'il était parti rencontrer.

« J'aurais beau parler toutes les langues des hommes et des anges,
si je n'ai pas la charité, s'il me manque l'amour,
je ne suis qu'un cuivre qui résonne, une cymbale retentissante. [...]
J'aurais beau distribuer toute ma fortune aux affamés, j'aurais beau me faire brûler vif,
s'il me manque l'amour, cela ne me sert à rien. »

1 CORINTHIENS 13, 1 ET 3

spectaculaire. D'ailleurs, nous ne pouvons pas tous nous engager. Les uns ont une santé trop fragile, les autres ne peuvent quitter leur famille soit parce qu'ils sont encore trop jeunes, soit parce que, précisément, ils ont charge de famille. Aussi, parfois, ce seront les plus petits gestes de la vie quotidienne qui se révèleront les plus aimants.

Des actes à ta portée

La charité au quotidien, c'est moins exotique et spectaculaire, mais c'est tout aussi beau. Dans ton quartier, des personnes vivent seules, des hommes, des femmes ont oublié qu'on pouvait leur parler ou leur sourire. Leur offrir une visite, un sourire, un service, autant de petits gestes gratuits et discrets... On n'en parlera pas sur les trottoirs du collège mais, dans le secret, ils auront sûrement éclairé la journée de quelqu'un. Et, comme le dit saint Paul, la charité est un autre nom pour parler de l'amour, pour parler de Dieu.

La charité, 24h/ 24

Il y a un voyage aussi périlleux que celui des Médecins sans frontières – c'est d'aller au bout de soi-même. La patience, la constance et la fidélité sont indispensables dans la trousse humanitaire, en Papouasie comme au collège... Aider un camarade de classe, cela n'est utile que si on ne dit pas ensuite à tout le monde combien il est nul, et à quel point il en avait besoin. Aller voir une personne seule, juste une fois, c'est lui créer un faux espoir de plus... Désormais, elle attendra encore quelqu'un qui ne viendra pas. Il faut relire la lettre de saint Paul aux Corinthiens : seul ce qui est fait avec charité a un sens. Le reste, ce n'est que du vent !

POUR FAIRE LE LIEN

ENVIRONNEMENT	P. 10, 120
ATTENTION AUX AUTRES	P. 92, 219
MAL	P. 23
CHARITÉ/SOURIRE	P. 195

Et toi ?

La charité n'attend pas qu'on lui demande pour donner. Elle sait devancer les attentes de l'autre et le surprendre. Un geste, une parole, un sourire à quelqu'un qui ne t'avait rien demandé touchera son cœur et lui montrera qu'il est aimé. L'amour ne fait de mal à personne et personne n'en reçoit jamais trop.

TIENS TA LANGUE !

HIER SOIR, MA MEILLEURE AMIE EST VENUE DORMIR À LA MAISON. ON A CRITIQUÉ LES GENS DE NOTRE CLASSE PENDANT DES HEURES...

Une femme vint voir saint Philippe Néri pour se confesser d'avoir critiqué son entourage. Afin de lui faire prendre conscience de son péché, le prêtre lui donna pour pénitence de traverser le village en plumant un poulet, puis de revenir sur ses pas en ramassant les plumes. Bien entendu, la brave femme ne put jamais rattraper toutes les plumes. Elles s'étaient glissées de-ci de-là... Ainsi sont les médisances : une fois qu'elles sont dites, elles échappent à notre contrôle.

Parole tueuse

La médisance blesse trois personnes : celui qui médit, celui qui l'écoute et celui dont on médit. Car c'est un manquement à la règle la plus élémentaire de l'amour. Aimer son prochain ne veut pas forcément dire embrasser tous ceux que nous côtoyons, certes. Mais il nous faut accepter les autres tels qu'ils sont, et refuser de répandre de fausses idées à leur sujet. Ce qui aggrave la médisance, c'est qu'elle ne laisse aucune chance de se défendre à celui qui en fait les frais. C'est donc un acte profondément injuste. Si quelqu'un a fait ou dit quelque chose qui nous énerve, il faudra peut-être le lui dire franchement (mais en

Question d'aujourd'hui

FACEBOOK, TWITTER ET COMPAGNIE

Le bavardage n'est pas uniquement une affaire de langue. Nos doigts aussi peuvent être trop bavards ! Les mails, les SMS et les réseaux sociaux nous permettent de communiquer très vite... Trop vite ! Nous réagissons souvent tout de suite sans prendre le temps de réfléchir. Pourtant, tu dois veiller avec attention à ce que tu écris car beaucoup le liront et, même, le partageront avec d'autres. Mais ton rôle de chrétien est également de discerner ce qui vaut le coup d'être diffusé parmi tout ce que tu reçois. Demande-toi à chaque fois si cela ne risque pas de blesser quelqu'un ou d'entretenir la médisance.

« Si quelqu'un ne commet pas d'écart quand il parle, c'est un homme parfait, capable de maîtriser son corps tout entier. [...] Mais la langue, personne ne peut la dompter : elle est un fléau, toujours en mouvement, remplie d'un venin mortel. Elle nous sert à bénir le Seigneur notre Père, elle nous sert aussi à maudire les hommes, qui sont créés à l'image de Dieu. De la même bouche sortent bénédiction et malédiction. Mes frères, il ne faut pas qu'il en soit ainsi. »

JACQUES 3, 2 ET 8-10

douceur !). Et si nous pensons que cela le blessera trop, ou si nous ne nous en sentons pas le courage, gardons notre exaspération pour nous.

Des oreilles complaisantes

On ne médit pas sur autrui tout seul dans sa salle de bains. La médisance suppose une oreille attentive et complaisante, et il est bien difficile de résister à un mauvais bavardage, surtout s'il est drôle. Malgré nous, nous acquiesçons à ce qui nous est dit, parfois même, nous en rajoutons un peu. Le péché entraîne le péché. A-t-on le droit, par nos paroles, d'inciter quelqu'un d'autre à pécher ? Mais si nous critiquons, si nous dévalorisons les autres, n'est-ce pas pour nous sentir meilleurs ? Pour nous valoriser aux yeux de notre interlocuteur ? Pas sûr que ça marche, car on en dit peut-être autant sur notre compte... Et en tous cas, aux yeux du Seigneur, cela ne nous valorise pas.

POUR FAIRE LE LIEN

RESPONSABILITÉ P. 20

CONSCIENCE P. 200

PÉCHÉ P. 168

Et toi ?

Avant de parler, tourne ta langue plusieurs fois dans ta bouche. Si l'envie te démange de dire du mal de quelqu'un, retiens-toi et confie-toi au Seigneur. Aimerais-tu qu'un autre dise la même chose de toi ? Certainement pas. Et rappelle-toi ce proverbe : « La parole est d'argent et le silence est d'or ! »

Question d'aujourd'hui

DOIT-ON ARRÊTER DE BAVARDER ?

Bien sûr, il y a ces « langues de vipère » qui ne peuvent s'empêcher de dire du mal des autres... Mais le bavardage, ce peut être aussi ces amis qui conversent, et dont l'un, en cours de route, annonce une grande nouvelle, confie un lourd secret, demande un coup de main. Car c'est parfois au cours d'une conversation très futile que se disent des choses importantes. À condition de savoir écouter... Le « bavardage » n'est bénéfique que lorsqu'il est associé à une vraie écoute de l'autre – ce qui suppose de se taire. On dit que Dieu nous a donné deux oreilles et une seule bouche pour écouter deux fois plus qu'on ne parle.

LES TROIS TAMIS

CINQ SIÈCLES AVANT LA VENUE DU CHRIST, LE PHILOSOPHE GREC SOCRATE AVAIT DÉJÀ CONSCIENCE DES RAVAGES QUE PEUT FAIRE LE BAVARDAGE. C'EST POURQUOI IL CONSEILLE À L'UN DE SES ÉLÈVES DE NE PARLER QU'APRÈS AVOIR PENSÉ AUX TROIS TAMIS...

Un jour quelqu'un vint voir Socrate et lui dit :
« Écoute, Socrate, il faut que je te raconte comment ton ami s'est conduit.
– Arrête ! interrompit l'homme sage. As-tu passé ce que tu as à me dire à travers les trois tamis ?
– Trois tamis ? répond l'autre, rempli d'étonnement.
– Oui, mon bon ami : trois tamis. Examinons si ce que tu as à me dire peut passer par les trois tamis. Le premier est celui de la vérité. As-tu contrôlé si tout ce que tu veux me raconter est vrai ?
– Non, je l'ai entendu raconter...
– Bien, bien. Mais assurément tu l'as fait passer à travers le deuxième tamis. C'est celui de la bonté. Est-ce que ce que tu veux me raconter, si ce n'est pas tout à fait vrai, c'est au moins quelque chose de bon ? »
Hésitant, l'autre répondit :
« Non ce n'est pas quelque chose de bon, au contraire...
– Hum ! dit le sage. Essayons de nous servir du troisième tamis, et voyons s'il est utile de me raconter ce que tu as envie de me dire...
– Utile ? Pas précisément...
– Eh bien ! dit Socrate en souriant, si ce que tu as à me dire n'est ni vrai, ni bon, ni utile, je préfère ne pas le savoir. Et quant à toi, je te conseille de l'oublier... »

LA JOIE DES ENFANTS DE DIEU

DANS NOTRE MONDE OÙ IL Y A TANT D'HORREURS ET DE SOUFFRANCES, COMMENT PEUT-ON PARLER DE JOIE ? PEUT-ON VRAIMENT ÊTRE JOYEUX ?

Quelle joie d'avoir une bonne note, de se faire un nouvel ami, de gagner un match de foot, de partager un repas en famille... Ces joies au quotidien sont belles et bonnes. Mais il y a aussi de grandes souffrances, dans notre vie ou dans notre monde : accident, divorce, décès, maladie, guerre... Alors, la joie des chrétiens, est-ce une illusion ?

Dieu connaît nos peines

Notre foi ne nous protège pas contre les difficultés de la vie. Dieu le sait bien. Il ne nous demande pas de mimer la joie en toutes circonstances, même les plus terribles.
Dieu ne nous anesthésie pas non plus. Il ne nous dit pas : « Souffrez en silence, la joie sera pour plus tard... Là-haut... Un jour... » Non. Il vient nous aider à porter nos souffrances et nos peines. Il nous ouvre ses bras pour que nous retrouvions un peu de paix dans la prière. Dieu nous aime, et se tient à nos côtés dans nos épreuves.

Témoin d'hier

SAINT DOMINIQUE SAVIO

Dominique essaie d'avoir l'air grave et triste. Pour devenir un saint, il pense qu'il faut multiplier les sacrifices, les pénitences... Voyant cela, son professeur, Don Bosco, lui dit : « Demeure en gaieté. La joie est le propre des enfants de Dieu, de ses amis, de ceux qui l'aiment et le servent. La joie permanente au service des autres, voilà ta sainteté. » Peu après, Dominique s'exclame : « Je ne croyais pas que c'était si facile. Maintenant j'ai compris que l'on peut arriver à être un saint en restant joyeux. » Joyeux, Dominique le sera jusqu'à sa mort, à 14 ans, en 1857. Ses camarades diront de lui : « À son sourire, on ne résistait pas, on était forcé de répondre par le nôtre ! »

“Béni soit Dieu, le Père de notre Seigneur Jésus-Christ,
le Père plein de tendresse, le Dieu de qui vient tout réconfort.
Dans toutes nos détresses il nous réconforte ; ainsi, nous pouvons réconforter tous ceux qui sont dans la détresse, grâce au réconfort que nous recevons nous-mêmes de Dieu.”

2 CORINTHIENS 1, 3-4

Une espérance qui nous fait vivre

« Réjouis-toi ! » C'est la salutation de l'ange Gabriel à la Vierge Marie lorsqu'il lui annonce qu'elle va être la mère du Sauveur. Cette bonne nouvelle s'adresse également à nous. Réjouissons-nous car Jésus vient nous sauver. Il nous le promet : un jour, nous serons définitivement dans la joie. Dieu créera un monde nouveau, où les hommes ne connaîtront plus la souffrance : « Dieu essuiera toute larme de leurs yeux, et la mort ne sera plus, et il n'y aura plus ni deuil, ni cri, ni douleur » (Apocalypse 21, 4). Voilà notre espérance : l'amour est plus fort que la mort. Dès maintenant, tous nos gestes d'amour construisent le Royaume de Dieu.

POUR FAIRE LE LIEN

SOUFFRANCE P. 113, 146

SALUT P. 117

ESPÉRANCE P. 301

PRIÈRE P. 58

Et toi ?

Sais-tu que nous pouvons toujours nous aider les uns les autres dans les moments difficiles ? Se confier à quelqu'un en qui on a confiance, pouvoir exprimer ce que l'on a sur le cœur, c'est vraiment un soulagement. Si tu es dans ce cas, n'hésite pas à le faire. Et si tout va bien pour toi, sois attentif aux personnes de ton entourage qui souffrent : ta grand-mère qui se sent si seule depuis qu'elle est veuve, cette amie dont les parents se séparent... Une visite, un coup de téléphone, un sourire, et tu répands autour de toi la joie de Dieu, une joie qui n'oublie pas la tristesse de chacun.

Témoin d'aujourd'hui

CLAIRE DE CASTELBAJAC

Le 22 janvier 1975, Claire de Castelbajac meurt de maladie. Elle n'a que 21 ans. Toute sa courte vie, elle a été un témoin de la joie de Dieu malgré une santé fragile qui la tracasse au quotidien. Voici ce qu'elle écrit :

« Il faut absolument que je témoigne de Dieu dans la joie... Suffit pas de belles phrases. »
« J'ai du bonheur en trop, ça déborde. Voulez-vous que je vous le donne ? Je suis contente, contente, toute remplie d'un bonheur (la joie des enfants de Dieu, peut-être ?) d'un bonheur qui ne peut pas se définir. »

« Je continue à nager dans la joie et la paix intérieure. J'aime tout le monde et j'ai envie de rendre tout le monde heureux : ça doit être ça, la joie des enfants de Dieu ! Depuis le temps que je la cherche ! »

LA PAIX SOIT AVEC VOUS !

L'ÉGLISE NOUS DEMANDE TOUJOURS DE PRIER POUR LA PAIX MAIS ÇA NE SERT À RIEN. IL Y A TOUJOURS DES GUERRES !

Ne mange pas, tu auras de nouveau faim, ne bois pas, tu auras de nouveau soif, ne te lave pas, tu seras de nouveau sale. Ne prie pas pour la paix car il y aura toujours des guerres. Est-ce que cet argument est sérieux ? Es-tu certain que cela ne change rien ?

Le monde a besoin de toi !

L'Église nous appelle à rester constant dans le mariage, à être honnête, à vivre la charité... Pourtant il y aura toujours des divorces, des voleurs ou des égoïstes. Cela signifie-t-il pour autant que nous devrions baisser les bras, ne plus rien faire, ne plus prier sous prétexte que cela ne change rien ? Non ! Bien sûr, nous savons qu'il y aura d'autres guerres dans le monde. Mais parfois aussi, la paix triomphe. Il arrive que ceux qui se battaient autrefois vivent désormais comme des frères. Certes, cela demande du temps et de la patience mais ça marche ! Voilà pourquoi il faut prier pour la paix et ses artisans. D'ailleurs, le Christ ne nous a-t-il pas dit : « Si deux d'entre vous sur la terre se mettent d'accord pour demander quoique ce soit, ils l'obtiendront de mon Père qui est au cieux » (Matthieu 18, 19) ? Le monde a besoin de toi : ne baisse pas les bras !

Le miracle de la persévérance

Évidemment, la prière n'est pas un coup de baguette magique qui va aussitôt suspendre un conflit ou désamorcer toutes les bombes. Elle agit pour la paix dans la durée et en profondeur. Celui qui prie contribue à changer le cœur des hommes... et le sien. Le tien, par conséquent. Tu as la chance de ne pas vivre dans un pays en guerre... Pourtant, tu rencontres bien des conflits ! La guerre prend bien des visages, elle peut déchirer une famille, séparer deux amis, mettre de côté un camarade de classe. C'est à tous ces petits conflits que tu dois d'abord penser quand tu pries pour la paix. Ta prière te semblera d'ailleurs bien plus utile... et plus difficile, surtout si tu es impliqué dans le conflit !

Commençons par nous

Il est bien plus confortable de prier pour la paix à l'autre bout du monde que de demander à Dieu de nous aider à faire

Jésus dit de nouveau [à ses disciples] :
"La paix soit avec vous !
De même que le Père m'a envoyé,
moi aussi, je vous envoie." Ayant ainsi parlé,
il souffla sur eux et il leur dit : "Recevez l'Esprit Saint."

JEAN 20, 21-22

la paix avec un grand frère poison ou une amie qui nous a trahis. Pourtant, Dieu nous le demande. Soyons donc des artisans de paix dans nos familles, au collège ou dans la rue. Commençons à la maison en apprenant à demander pardon après une dispute par exemple. Cela peut tout changer ! Au quotidien, nous pouvons contribuer à bâtir une civilisation d'amour.
« La paix commence par un sourire, disait mère Teresa. Souriez cinq fois par jour à quelqu'un à qui vous n'avez vraiment pas envie de sourire et faites-le pour la paix. Ainsi, rayonnons de la paix de Dieu et, ainsi, brillons de sa lumière et éteignons dans le monde et dans les cœurs de tous les hommes toute haine et tout amour du pouvoir. »

POUR FAIRE LE LIEN

ESPRIT SAINT	P. 17
FAMILLE	P. 82
AMITIÉ	P. 98
PAIX	P. 17
PRIÈRE	P. 58

Et toi ?

Penses-tu à prier pour cette personne proche de toi que tu n'aimes pas ? Penses-tu à demander à Dieu de t'aider à mieux la connaître pour changer ton regard sur elle ? Pourtant, c'est aussi cela, prier pour la paix !

Témoin d'aujourd'hui

ROBERT SCHUMAN

En 1940, Robert Schuman est enfermé par les Allemands pendant sept mois. Il est un homme politique reconnu. Il est germanophone, originaire de Lorraine, il est né allemand et les Allemands espèrent le rallier au Reich. Toutes leurs intimidations ou flatteries n'y feront rien. Mis en résidence surveillée, Robert Schuman s'évade et passe à la clandestinité. Jusqu'à la fin de la guerre il sera pourchassé par la Gestapo, la police allemande.

La paix revenue en France, Robert Schuman aurait pu détester les Allemands. Mais l'homme est profondément chrétien et un fervent défenseur de la paix. Pour lui, cette paix ne peut pas être totale et durable si la France et l'Allemagne entretiennent chacune des rancœurs. Il ose alors parler de réconciliation et d'entente entre les deux pays. Avec Jean Monnet, il est l'initiateur de la CECA, l'ancêtre de l'Union européenne.

L'impensable arrive en 1950 : la France et l'Allemagne marchent désormais main dans la main. Pour Robert Schuman, cette année est doublement symbolique. En effet, 1950 est une année sainte, une « année de la trêve de Dieu » proclamée par le pape Pie XII. Décidément, Dieu n'est pas étranger à cette aventure...

LE DÉCALOGUE POUR LA PAIX

EN JANVIER 2002, LES CHEFS DES GRANDES RELIGIONS
DANS LE MONDE SE RETROUVAIENT À ASSISE, EN ITALIE.
À L'ISSUE DE LA RÉUNION, ILS PROPOSAIENT CE TEXTE POUR LA PAIX.

1. Nous nous engageons à proclamer notre ferme conviction que la violence et le terrorisme s'opposent au véritable esprit religieux et, en condamnant tout recours à la violence et à la guerre au nom de Dieu ou de la religion, nous nous engageons à faire tout ce qui est possible pour éradiquer les causes du terrorisme.
2. Nous nous engageons à éduquer les personnes au respect et à l'estime mutuels, afin que l'on puisse parvenir à une coexistence pacifique et solidaire entre les membres d'ethnies, de cultures et de religions différentes.
3. Nous nous engageons à promouvoir la culture du dialogue.
4. Nous nous engageons à défendre le droit de toute personne humaine à mener une existence digne, conforme à son identité culturelle.
5. Nous nous engageons à dialoguer avec sincérité et patience, ne considérant pas ce qui nous sépare comme un mur insurmontable, mais, au contraire, reconnaissant que la confrontation avec la diversité des autres peut devenir une occasion de plus grande compréhension réciproque.
6. Nous nous engageons à nous pardonner mutuellement les erreurs et les préjudices du passé et du présent.
7. Nous nous engageons à être du côté de ceux qui souffrent de la misère et de l'abandon.
8. Nous nous engageons à faire nôtre le cri de ceux qui ne se résignent pas à la violence et au mal.
9. Nous nous engageons à encourager toute initiative qui promeut l'amitié entre les peuples, convaincus que, s'il manque une entente solide entre les peuples, le progrès technologique expose le monde à des risques croissants de destruction et de mort.
10. Nous nous engageons à demander aux responsables des nations de faire tous les efforts possibles pour que, aux niveaux national et international, soit édifié et consolidé un monde de solidarité et de paix fondé sur la justice.

SOS SUICIDE

QUE FAIRE LORSQU'UN AMI NOUS PARLE DE SUICIDE ?

« Je suis sûr qu'il veut se faire remarquer ! Il ne le fera jamais. C'est du bluff ! »... STOP ! La vie est trop précieuse pour que celui qui menace de se tuer fasse juste du cinéma. Sous la provocation se cache un véritable appel au secours.

Cet ami a besoin de toi. Il a l'impression que sa vie ne vaut pas la peine d'être vécue et que cela ne changera jamais. Toi, dans la foi, tu sais que c'est faux ! Tu sais que Dieu aime cet ami, comme il t'aime, et qu'il ne l'abandonnera pas à son désespoir. Ton espérance peut être contagieuse et redonner peu à peu à ton ami les couleurs de la vie.

C'est du sérieux

Mais attention ! N'endosse pas immédiatement ton costume de Zorro ! Malgré toute ta bonne volonté, tu ne peux pas aider tout seul cet ami. C'est bien trop grave et risqué. Une personne suicidaire est dans un état psychologique qui nécessite l'intervention de spécialistes. Commence par demander conseil à tes parents, à un médecin ou à un service d'écoute téléphonique. Ils t'aideront à faire les choses au mieux pour ton ami.

À ta mesure

Bien entendu, cela ne veut pas dire que tu ne peux rien faire du tout pour lui. Ton amitié, ta présence fidèles sont très importantes. Il a besoin de beaucoup d'attention, de délicatesse et surtout qu'on

Prière

Marie, Notre Dame de la Vie,
Voici ton peuple, le peuple des jeunes. Ils sont tes fils et tes filles :
Ceux qui sont brisés par la souffrance, et ceux qui sont remplis d'espérance. Ceux qui se sentent impuissants à changer quoi que ce soit dans leur vie.
Ceux à qui on a fait beaucoup de mal.
Ceux qui attaquent leur propre corps.
Ceux qui veulent mourir ou juste s'endormir.
Ceux qui appellent les adultes pour qu'ils viennent les en sortir.
Notre Dame de la jeunesse, garde tes enfants dans l'intégrité de leur corps et de leur esprit.
Donne-leur cette vie qu'ils cherchent tant.
Révèle au plus profond d'eux-mêmes, l'Esprit Saint dans leur vie.
Amen.

“Parce que tu as du prix à mes yeux, que tu as de la valeur et que je t'aime [...]. Ne crains pas, car je suis avec toi.”

ISAÏE 43, 4 ET 5

l'écoute en prenant au sérieux sa souffrance. Il a besoin aussi qu'on l'aide, par des moyens tout simples, à ta portée, à sortir de ces idées suicidaires. S'il est doué en maths, demande-lui conseil. C'est en lui changeant les idées que tu pourras contribuer à rendre le goût de la vie à ton ami.

Courage !

Et même si tu ne vois pas d'amélioration sensible tout de suite, ne baisse pas les bras ! Une personne tentée par le suicide a besoin d'aide. Tu ne peux pas la lui refuser. C'est ton devoir de chrétien, c'est ton devoir d'ami. La vie est le plus précieux des dons de Dieu.

POUR FAIRE LE LIEN

ESPÉRANCE P. 245

DON DE LA VIE P. 130

AIMÉS DE DIEU P. 42

C'est ce que l'Église affirme en déclarant que le suicide est un acte gravement contraire à la volonté de Dieu. Bien évidemment, elle ne juge pas les personnes dont la souffrance était telle qu'elles ont mis fin à leurs jours. Elle aide, soutient, écoute... comme tu dois le faire.

Et toi ?

Aider une personne qui veut cesser de vivre est difficile et éprouvant. Tu peux te sentir responsable alors que tu n'y es pour rien. Tu peux aussi être vite débordé par la souffrance de cet ami et devenir incapable de l'aider vraiment. Si l'on te confie des choses trop lourdes à porter, mets dans la confidence un adulte en qui tu as confiance. Et n'hésite pas à demander conseil à des services d'écoute, ou à donner ces numéros à ton ami :

- **Suicide Écoute 01 45 39 40 00**
- **SOS Amitié 01 42 96 26 26**
- **SOS Chrétiens à l'écoute 01 45 35 55 56**
- **SOS Dépression 01 40 47 95 95**
- **SOS Suicide Phénix 01 40 44 46 45**

Question d'aujourd'hui

EST-CE QU'UNE PERSONNE QUI SE SUICIDE VA EN ENFER ?

L'Église affirme que le suicide est un acte grave. Dieu nous a donné la vie, il a voulu que nous en soyons responsables, et le suicide est contraire à ce dessein. Mais rien ne nous autorise à dire que celui ou celle qui a mis fin à ses jours était responsable de son acte. C'est pour cela que l'Église nous appelle à ne pas désespérer du salut éternel de ceux qui se sont donné la mort. La miséricorde de Dieu est immense. Lui seul sait à qui il la donne. Lui seul connaît la véritable détresse de ceux qui se sont donné la mort.

LE TEMPS DES CHOIX

J'AI DES TONNES D'ACTIVITÉS : RUGBY, PIANO, AUMÔNERIE, SCOUTISME, CHANT… CETTE ANNÉE, MES PARENTS M'ONT DIT DE N'EN GARDER QUE TROIS. QUE CHOISIR ?

Mauvaise nouvelle, les journées ne durent que 24 heures ! Et il faut tout caser : dormir, se nourrir, suivre des cours, avoir des activités en famille, des loisirs et aussi du temps pour ne rien faire. Difficile alors d'avoir des tonnes d'activités sans risquer le gros coup de fatigue. Difficile aussi, de tout bien faire…

Trouver le juste milieu

Le choix n'est pas facile. Un bon moyen de se guider est de se demander ce qui permet de s'épanouir le mieux et le plus en harmonie possible. Avoir un corps sain et en bonne santé est important. Développer ses talents artistiques l'est également. Dieu donne, il ne veut pas nous voir gaspiller ses dons. Mais savoir servir les autres donne aussi l'élan nécessaire pour réussir sa vie. Sans oublier que le temps consacré à Dieu, le temps passé sous son regard profite à tout le reste : c'est lui qui aide chacun dans ses engagements, qui nous accompagne pour aller au bout…

Faire de ton mieux au quotidien

L'essentiel n'est pas d'être

Question d'aujourd'hui

ET LE TEMPS DE NE RIEN FAIRE ?

Tout le monde n'est pas capable de faire trente mille choses dans une même journée, certains ont besoin de plus de concentration. Mais surtout, cela ne sert à rien d'empiler les activités, comme d'autres enfilent les perles. Car si le rythme d'activités dépend de chacun, le rythme d'inactivité est… nécessaire à tous.

N'oublie pas de ne rien inscrire à certaines heures sur ton agenda. Nous ne savons plus prendre du temps pour ne rien faire. Nous ne savons plus nous poser un moment et réfléchir à notre journée, à notre vie. Ou nous taire, simplement, en bonne compagnie, amis ou frères et sœurs. Nous ne savons plus nous accorder un temps de silence pour parler au Seigneur. Ce sont des minutes nécessaires pour être épanoui et heureux, ce peut être aussi des moments agréables.

« Il y a un moment pour tout,
et un temps pour chaque chose sous le ciel. »

ECCLÉSIASTE 3, 1

le plus fort en tout. Ce qui compte, c'est de donner le meilleur de toi-même et de rester fidèle. T'engager dans une activité, c'est promettre de faire tout ton possible pour y arriver. Cela demande une forte dose d'énergie, ce qui suppose aussi des moments de pause. C'est important dans ta vie de chrétien de respecter ton engagement vis-à-vis de toi-même et vis-à-vis des autres, de maintenir ton effort. C'est important de souffler, aussi, et de regarder ta vie à la lumière de l'Évangile.Tu t'apercevras alors qu'elle n'est pas une simple succession d'activités passionnantes. Elle est aussi une accumulation de petits moments quotidiens. Certes, tu es un virtuose du piano, mais prends-tu le temps d'aider tes parents, de parler avec ta grande sœur ou de jouer avec ton petit frère ? Si tu es trop fatigué pour ces petites attentions ou si tu n'y vois aucun intérêt, tu passes à côté de l'essentiel. Car le Seigneur te demande aussi de t'engager dans ta vie de tous les jours pour la rendre plus belle.

POUR FAIRE LE LIEN

RESPECT DU CORPS P. 61, 222, 225

DONS ET TALENTS P. 75

AGIR ET CHOISIR P. 79

Témoin d'aujourd'hui

JEAN GUITTON

Jean Guitton est mort à 98 ans en 1999. Pour ce grand philosophe catholique, le plus important n'était pas de faire tout, mais de bien faire et d'utiliser correctement le temps que le Seigneur nous offre :

« Mon Dieu, apprenez-moi à bien user du temps
que vous me donnez et à le bien employer sans en rien perdre.
Apprenez-moi à prévoir sans me tourmenter.
Apprenez-moi à tirer profit des erreurs passées
sans me laisser aller au scrupule.
Apprenez-moi à imaginer l'avenir
en sachant qu'il ne sera pas comme je l'imagine.
Apprenez-moi à pleurer mes fautes
sans tomber dans l'inquiétude.
Apprenez-moi à agir sans me presser
et à me hâter sans précipitation.
Apprenez-moi à unir la sérénité et la ferveur,
le zèle et la paix.
Aidez-moi quand je commence
parce que c'est alors que je suis faible.
Veillez sur mon attention quand je travaille.
Et surtout comblez vous-même les vides de mes œuvres. »

LA DROGUE ? NON MERCI !

DES JEUNES VENDENT DE LA DROGUE À LA SORTIE DU COLLÈGE. PRESQUE TOUT LE MONDE A ESSAYÉ ET PERSONNE N'EN EST MORT ! EST-CE VRAIMENT SI DANGEREUX ?

Ce n'est pas parce que presque tout le monde a touché à la drogue, comme tu le dis, que tu dois le faire. D'autant plus que la drogue, quelle qu'elle soit, est toujours dangereuse.

Attention danger

Tous les médicaments prescrits par le médecin sont vendus avec une notice. Ce n'est pas le cas pour un joint de cannabis ou un cachet d'ecstasy. Pourtant, les risques et les effets secondaires existent pour eux aussi. Si certains sont désirés (euphorie, hallucinations), d'autres sont franchement indésirables. Troubles de la mémoire ou du langage, atteintes neurologiques irrémédiables, troubles psychiques... la liste est longue.

À elle seule, elle devrait suffire à dégoûter de ces produits, sauf à vouloir prendre des risques inutiles.

Paradis artificiels

Mais prendre soin de sa santé n'est pas la seule ni la meilleure raison d'éviter la drogue. Au fond, à quoi sert-elle ?

Témoin d'aujourd'hui

LAURENT GAY

Laurent Gay a 12 ans lorsqu'il touche pour la première fois à la drogue. Il vient de mettre les pieds en enfer ! Pendant quinze ans, la drogue va empoisonner sa vie et son corps et l'amener jusqu'en prison. C'est là qu'il va rencontrer le Christ et passer « des ténèbres à la lumière, du monde de la mort au monde des vivants, de la haine à l'amour ».

Aujourd'hui, Laurent va au-devant des jeunes pour leur dire : « Rien n'est plus sérieux que la drogue qui anesthésie et détruit les jeunes. Elle est une arme puissante qui démolit l'espoir d'accomplir un jour ses rêves... »

À s'évader, à fuir la réalité pour atteindre des paradis artificiels. Difficile pour celui qui espère le paradis que Dieu promet de se contenter de bonheurs clinquants et éphémères. Plus que la peur de la mort, c'est l'amour de la vie qui peut nous garder de la drogue – mais on parle là de la vraie vie, celle que l'on construit en étant vraiment soi-même, sans prendre de substance pour rêver ou déformer la réalité. Pas besoin de joint pour être quelqu'un de sympathique et détendu en soirée, pas besoin d'ecstasy pour avoir la pêche et danser toute la nuit, pas besoin d'hallucinogènes pour rêver d'un monde meilleur.

Cultures morbides

Comment oublier, enfin, que la drogue a des conséquences désastreuses au niveau planétaire. Les cultures de cannabis, d'opium ou de coca ne respectent ni l'environnement ni les populations locales ; les dealers profitent des plus faibles pour s'enrichir ; la prostitution et le trafic d'armes vont souvent de pair avec l'argent de la drogue... Et ce sont les mêmes qui contrôlent le trafic de produits apparemment « inoffensifs », et d'autres franchement mortels.

POUR FAIRE LE LIEN

RESPECT DU CORPS P. 61, 222, 225, 280

CONSCIENCE P. 70

LIBERTÉ P. 86, 267

« Dans le Seigneur, vous êtes lumière ; conduisez-vous comme des enfants de lumière or la lumière a pour fruit tout ce qui est bonté, justice et vérité et sachez reconnaître ce qui est capable de plaire au Seigneur. Ne prenez aucune part aux activités des ténèbres, elles ne produisent rien de bon. »

ÉPHÉSIENS 5, 8-11

Et toi ?

Certains vont te dire que si tu n'essayes qu'une fois, et un tout petit peu, « cela ne te fera rien ». Mais dans ce cas, pourquoi le faire ? Dans tous les cas, essayer un produit, c'est prendre le risque que ton corps ne le supporte pas, que le produit soit mauvais (c'est assez souvent le cas), ou que... tu trouves ça génial. Et dans ce cas, la dépendance menace.

Question d'aujourd'hui

LES DROGUES « DOUCES » SONT-ELLES MOINS DANGEREUSES QUE LES AUTRES ?

Les spécialistes de la toxicomanie le disent tous : il n'y a pas de drogues douces ou dures. Toutes sont potentiellement dangereuses. Elles créent toutes un phénomène d'accoutumance (on a besoin de plus en plus de produit pour ressentir le même effet) et de dépendance (on ne peut plus s'en passer). Sont considérées comme des drogues (par ordre alphabétique, et non de dangerosité !) : l'alcool, le cannabis, les colles et solvants, la cocaïne et son dérivé le crack, l'ecstasy, l'héroïne, le LSD et le tabac. Pour en savoir plus sur leurs méfaits, tu peux contacter Drogues-Alcool-Tabac info services au 0 800 23 13 13.

Moi dans dix ans...
Vive la liberté !
LUCIE + THOMAS = AMOUR

Plus TARD, je serai...

PRODUCTEUR-RÉALISATEUR : DIEU

DIEU SAIT-IL DÉJÀ SI JE VAIS ME MARIER, AVOIR DES ENFANTS, EXERCER UN MÉTIER INTÉRESSANT, ETC. ?

Bien sûr que Dieu connaît chacun d'entre nous, ce que nous sommes, ce que nous serons, puisque c'est lui qui nous crée ! Mais souvent quand on pense à Dieu, à ce qu'il est, à ce qu'il fait, on projette nos propres façons de voir, de penser ou d'agir. Alors on « imagine » Dieu comme s'il était un grand horloger qui maîtrise parfaitement la belle mécanique qu'il a agencée. Mais les pensées de Dieu ne sont pas celles des hommes, le temps de Dieu n'est pas celui des hommes, la volonté de Dieu n'est pas vouloir humain. Dieu est infini, hors du temps et de l'espace, Dieu est Tout-Autre. On appelle cela la transcendance de Dieu. Mais Jésus nous a révélé que sa grandeur infinie était à la mesure de son amour, infini lui aussi. Et, de quel amour nous aimerait-il s'il n'était pas actif dans notre histoire personnelle ?

Témoins d'hier

LES PROPHÈTES

Dans l'Ancien Testament, les prophètes jalonnent l'histoire du peuple de Dieu. Ils appellent sans cesse à la conversion et annoncent, parfois au péril de leur vie, les temps futurs : sécheresses, guerres, malheurs, mais aussi paix, joie et bienfaits de toutes sortes. En quoi sont-ils différents des voyants, devins et astrologues qui font nos horoscopes, et qui existaient déjà à l'époque antique ? La différence, c'est qu'ils parlent au nom de Dieu. Ils sont ses porte-parole car c'est l'Esprit qui parle par leur bouche. Et ce que Dieu dit, il le fait – si bien que ces vrais prophètes ne peuvent pas se tromper, eux !

Le meilleur des films

Admettons que notre vie oit comme un film. Eh bien, Dieu n'a pas déjà vu notre histoire avant même que nous ayons endossé le rôle. Dieu nous laisse libres de penser, d'agir, de construire notre vie. Mais, pour poursuivre la comparaison, il est un peu comme un réalisateur qui souhaiterait faire un film dont la fin s'achève en « happy end ». Seulement, ici, les acteurs improvisent à leur gré

et le scénario change sans cesse. Pourtant, le réalisateur s'efforce, à sa manière, de guider quand même ses acteurs vers une fin heureuse car Dieu n'agit pas en forçant les gens ou en imposant ses séquences. Discrètement présent sur le plateau, il manie avec subtilité les éclairages qui vont toucher chaque comédien.

Un film à gros budget

L'histoire de notre vie est comme un film à gros budget. L'investissement du

> « Beaucoup de faux prophètes se lèveront, et ils égareront bien des gens. À cause de l'ampleur du mal, la charité de la plupart des hommes se refroidira. Mais celui qui aura persévéré jusqu'à la fin, celui-là sera sauvé. »
>
> MATTHIEU 24, 11-13

réalisateur est gigantesque, le succès n'est pas garanti. C'est un énorme pari. Dieu nous aime et c'est la raison pour laquelle il sait que nous sommes capables d'accéder au bonheur. Pourquoi ? Parce qu'il nous aime malgré nos imperfections, nos limites et nos incertitudes. Dieu veut construire un chemin de bonheur avec nous (et pas malgré nous). Et même lorsque nous nous écartons du chemin, le Seigneur ne va pas nous remettre sur les rails par magie – mais il n'abandonnera pas non plus l'idée de nous attendre, de nous aider, il nous donne toujours la possibilité d'atteindre le bonheur qu'il souhaite pour nous.

POUR FAIRE LE LIEN

LIBERTÉ P. 52

RESPONSABLE P. 70

BONHEUR P. 301

Et toi ?

Si tu mets Dieu au cœur de ta vie, il t'aidera à bâtir un projet de bonheur. Et surtout ne sois pas effrayé : cela ne te mènera pas où tu ne veux pas vraiment aller. Dieu t'aime trop pour te forcer la main, il t'apprendra à le suivre avec patience, même si sa pédagogie peut parfois être un peu radicale !

Question d'aujourd'hui

EST-CE MAL D'ALLER VOIR UNE VOYANTE ?

L'acteur Richard Burton aurait sans doute mieux fait de ne jamais rendre visite à une voyante. Tout jeune, il va « consulter », et voilà que la femme lui prédit qu'il va mourir jeune. Hanté par cette idée obsédante, le comédien américain sombre dans l'angoisse... et l'alcool. En réalité, il mourra à 59 ans, la santé délabrée. C'est la prédiction, et la peur qu'elle lui a donnée, qui ont précipité les choses. Ceux qui consultent un médium semblent avoir oublié que Dieu nous a créés libres. Les horoscopes, les cartes, les boules de cristal, les lignes de la main : tout cela ne sert qu'à nous distraire de l'essentiel, c'est-à-dire aimer Dieu et son prochain.

VIVE LA LIBERTÉ !

QUAND JE SERAI MAJEUR, EST-CE QUE JE POURRAI FAIRE TOUT CE QUE JE VEUX ?

18 ans + 1 seconde ! Te voici majeur, vive la liberté ! À toi le permis de conduire, le droit de vote ; tu peux aller où bon te semble sans avoir besoin d'une autorisation parentale… Sauf que la réalité est loin d'être aussi tranchée : sans doute habites-tu encore chez tes parents et ne gagnes-tu pas d'argent. En bref, tu es un majeur en liberté surveillée. Mais quand bien même, si, du jour au lendemain, tu devenais libre de faire exactement ce que tu veux, dans un monde utopique où rien ne serait interdit, tu t'apercevrais très vite que c'est impossible, ne serait-ce que parce que les journées n'ont que 24 heures…

Témoin d'hier

SAINT AUGUSTIN

« Aime et fais ce que tu veux. » C'est la définition qu'Augustin donne de la liberté au IVe siècle. L'évêque d'Hippone, en Algérie, ne veut pas dire pour autant qu'il suffit d'aimer quelque chose pour le faire, ou que tout est possible au nom de l'amour. On peut aimer de mauvaises choses… Et Augustin est bien placé pour le savoir. Avant de se convertir sous l'influence de sa mère Monique, il menait une vie de débauche – il choisissait en fonction de son bon plaisir. Mais Augustin rencontre Dieu, se met à l'aimer, et écrira des pages superbes pour dire sa grandeur. Sa devise signifie que celui qui aime en vérité le fait comme Dieu lui-même. Quoi qu'il fasse alors, il choisira toujours le bien.

Liberté, liberté chérie

Toute liberté suppose des choix. Or c'est souvent difficile de choisir ; mais c'est beau de pouvoir le faire. Reste à bien utiliser cette liberté. Elle est un don de Dieu et il n'y a pas d'âge pour apprendre à s'en servir. Même si tu « pratiques » le bon usage de ta liberté depuis ta tendre enfance, souviens-toi que rien n'est jamais acquis.
La confiance en Dieu, et en ceux qu'il met sur ta route, est une bonne boussole. Mais s'il n'existe aucun manuel du « parfait homme libre », il y a un exemple à suivre, Jésus : il a suivi la volonté du Père, mais a toujours conduit sa vie selon

une extrême liberté. Jamais il ne s'est laissé détourner de sa mission. Toutes ses paroles et tous ses actes témoignent de sa parfaite liberté. Même dans les jours et les heures qui précèdent son arrestation et sa mort, Jésus reste toujours le maître du jeu.

Choisir le bien

La vraie liberté ne consiste pas à faire n'importe quoi, n'importe quand – à ce régime-là on devient vite prisonnier de ses envies, de ses désirs, de ses pulsions – mais de choisir le bien. Cette définition de la liberté peut paraître exigeante, mais c'est

« Un homme avait deux fils. Il vint trouver le premier et lui dit : "Mon enfant, va travailler aujourd'hui à la vigne." Celui-ci répondit : "Je ne veux pas." Mais ensuite, s'étant repenti, il y alla. Puis le père alla trouver le second et lui parla de la même manière. Celui-ci répondit : "Oui, Seigneur !" et il n'y alla pas. Lequel des deux a fait la volonté du père ? »

MATTHIEU 21, 28-31

pourtant la seule voie pour être en paix avec soi-même et atteindre le véritable bonheur. Certains voudraient faire croire que tous les choix se valent, à partir du moment où l'on est sincère et en accord avec soi-même. C'est faux. Chaque acte a un sens, chaque acte a un prix. Chacun peut choisir le bien, en suivant la volonté du Père, chacun peut aussi le refuser, et ce n'est pas égal. N'oublie pas que Dieu prend l'homme au sérieux, ses choix ne comptent pas « pour du beurre ».

POUR FAIRE LE LIEN
LIBERTÉ P. 10
FAMILLE P. 82
PATIENCE P. 67

Et toi ?

Tu n'as pas à attendre ta majorité pour faire usage de ta liberté. Même si tes parents sont là pour te guider, tu as certainement des plages de liberté. Profites-en pour forger ta capacité à choisir le bonheur, plutôt qu'un plaisir éphémère. Et puisque tu as Jésus pour modèle, tu peux le prier quand tu as un choix difficile à faire : « Jésus, toi seul sais où est mon vrai bien. Rends-moi capable de le voir, de l'aimer et de le choisir. » C'est le secret de la vraie joie. Car l'obéissance à Dieu n'est pas une soumission. Sinon nous ne serions pas libres ! L'obéissance à Dieu, c'est la voie royale pour devenir vraiment libre, vraiment soi-même, vraiment fils de Dieu.

PRÊTRE OU PAS PRÊTRE ? LÀ EST LA QUESTION...

ET SI DIEU M'APPELLE À DEVENIR PRÊTRE ?

Tu viens de faire une récollection avec les jeunes de ta classe dans un monastère ? Tu rentres d'un camp scout ? La messe et les discussions avec l'aumônier étaient super ? Tu viens de lire le témoignage d'un jeune prêtre vivant dans un bidonville ? Et voilà qu'un petit clignotant s'allume en toi : « Et si Dieu me demandait à moi aussi de devenir prêtre ? », « Comment en être sûr ? », « Et si je ne veux pas ou si je ne me sens pas prêt ? »

N'aie pas peur

Beaucoup de prêtres racontent que l'idée de leur vocation est venue assez tôt. Elle a ensuite mûri lentement. Quelquefois même, certains n'y ont plus pensé pendant un petit ou un long moment. Une chose est sûre, cet appel du Seigneur est un appel au bonheur – celui qui voit une possible vocation comme une menace à l'horizon doit retrouver la paix. Dieu nous veut heureux, il n'a pas besoin de prêtres aigris, sinistres ou malheureux.
Mais il peut y avoir une autre peur, ce vertige qu'on ressent devant l'importance de cet engagement (peur légitime que même les amoureux éprouvent avant leur mariage !). Dans ce cas, pas de doute, le temps apaise et construit – Dieu saura être patient, et personne n'est obligé d'entrer au séminaire à la sortie du collège.

Témoin d'hier

SAMUEL

Samuel dormait dans le temple du Seigneur. Le Seigneur l'appela et Samuel courut vers le prêtre Éli en disant : « Tu m'as appelé, me voici. » Éli répondit : « Je ne t'ai pas appelé. Retourne te coucher. » Une deuxième puis une troisième fois, le Seigneur appela Samuel qui se leva et vint trouver Éli. La troisième fois, Éli comprit que c'était le Seigneur qui appelait l'enfant. Il lui dit : « Retourne te coucher, et si l'on t'appelle, tu diras : "Parle, Seigneur, ton serviteur écoute." » Samuel retourna se coucher. Le Seigneur vint se placer près de lui et il appela comme les autres fois : « Samuel ! Samuel ! » et Samuel répondit : « Parle, ton serviteur écoute. » (1 Samuel 3, 2-10)

“Comme il marchait le long de la mer de Galilée il vit deux frères, Simon,
appelé Pierre, et son frère André, qui jetaient leurs filets dans la mer ;
car c'étaient des pêcheurs. Jésus leur dit : "Venez à ma suite,
et je vous ferai pêcheurs d'hommes." Aussitôt, laissant leurs filets ils le suivirent.
De là, il avança et il vit deux autres frères, Jacques, fils de Zébédée,
et son frère Jean, qui étaient dans la barque avec leur père, en train de réparer leurs filets.
Il les appela. Aussitôt, laissant la barque et leur père, ils le suivirent.”

MATTHIEU 4, 18-22

Désireux et libre

On ne devient pas religieux parce que, selon ses parents, on a le profil idéal, ni parce que, étant servant de messe, un prêtre nous y a fortement encouragés. Non. Chacun est libre de faire ses choix de vocation mais cela ne nous empêche pas d'écouter ceux qui nous en parlent.
Choisir de devenir prêtre, c'est comme choisir de se marier. C'est autant un « appel » qu'une décision personnelle. On le décide par amour de l'autre. Dans le cas du sacerdoce il s'agit de l'amour de Dieu et des autres. Si c'est seulement pour faire un beau sacrifice à Dieu, ce sera insupportable à vivre ; si c'est pour pouvoir prier tranquille, en tête à tête avec Dieu, mieux vaut envisager la vie monastique. L'Église a besoin de prêtres heureux, pour qu'ils se mettent au service des hommes, des femmes et des jeunes que Dieu placera sur leur chemin. La vie des prêtres est souvent harassante – catéchisme, aumônerie, messes, confessions, réunions –, leur agenda n'a pas le moindre espace libre et parfois ils sont très seuls... mais Dieu leur promet la joie des serviteurs.

Et toi ?

Si tu te poses pour toi-même la question de la vocation, prends ton temps et demande au Seigneur de t'éclairer dans la prière. N'hésite pas non plus à te confier à tes parents, à ton parrain et ta marraine ou à un prêtre. Ils t'aideront à discerner ce qui est véritablement ta vocation.

Question d'aujourd'hui

POURQUOI LES PRÊTRES NE SE MARIENT-ILS PAS ?

Ce n'est pas Jésus lui-même qui a demandé à ce que les prêtres ne se marient pas, c'est l'Église. Elle a voulu mettre en valeur un conseil que Jésus donne dans l'Évangile et que saint Paul a repris ensuite : « L'homme qui n'est pas marié a le souci des affaires du Seigneur. » Le fait de ne pas être marié signifie que le prêtre ou l'évêque consacre entièrement sa vie et sa capacité d'aimer, à Dieu et à son prochain, sans exclusivité.

POUR FAIRE LE LIEN

VOCATION P. 175
FOI P. 106
ÉGLISE P. 158
PRIÈRE P. 58

LE MARIAGE, ON Y CROIT !

COMMENT PEUT-ON ENCORE OSER SE MARIER QUAND ON VOIT LE NOMBRE DE DIVORCES AUJOURD'HUI ?

C'est l'histoire du verre à moitié vide ou à moitié plein : les statistiques disent que les divorces sont de plus en plus nombreux, mais il reste davantage de couples qui ne rompent pas, malgré les tentations, la facilité, la presque évidence qu'« on ne peut pas s'aimer toute sa vie »... Un mariage heureux, ça peut durer, ça n'est pas condamné à l'échec. Le mariage n'est pas une sorte de loterie. Même si la vie et ses hasards interviennent, la plupart des choses dépendent de nous.

Question d'aujourd'hui

EST-CE QUE DEUX PERSONNES DE MÊME SEXE PEUVENT SE MARIER ?

En France, la loi autorise désormais deux personnes de même sexe à se marier, mais les lois ne sont pas toutes justes et celle-ci ne l'est pas. Le mariage civil est un cadre législatif qui a pour but de lier les époux l'un à l'autre et d'assurer l'éducation de leurs enfants. Or deux hommes ou deux femmes ne pourront jamais avoir d'enfants ensemble. Faire croire que cela sera possible est un mensonge : la loi ne peut aller contre la nature. Et tout enfant a le droit d'avoir la chance de grandir avec un papa et une maman.

Jour après jour

Pour réussir son mariage, il faut y croire ! Et y croire tous les jours. La robe blanche et l'échange des alliances n'ont qu'un temps, le mariage, lui, se vit au quotidien. Les époux doivent se redire tous les jours le « oui » de leur mariage. Ils peuvent se prouver leur amour d'une façon très belle, à travers les petits gestes du quotidien. Être de bonne humeur, travailler pour faire vivre sa famille, veiller à la bonne tenue de la maison, s'occuper des enfants, se faire des surprises, redire son amour, discuter, s'intéresser à l'autre. Toutes ces petites attentions faites avec amour sont comme de petits « oui » qui fortifient tous les jours le mariage. Trop souvent, les couples qui divorcent se sont laissé séparer par des

L'amour prend patience ; l'amour rend service ; l'amour ne jalouse pas ;
il ne se vante pas, ne se gonfle pas d'orgueil ; il ne fait rien d'inconvenant ;
il ne cherche pas son intérêt ; il ne s'emporte pas ; il n'entretient pas de rancune ;
il ne se réjouit pas de ce qui est injuste, mais il trouve sa joie dans ce qui est vrai ;
il supporte tout, il fait confiance en tout, il espère tout, il endure tout.
L'amour ne passera jamais.

1 CORINTHIENS 13, 4-8

préoccupations extérieures à leur amour : réussite professionnelle, désir de séduire un autre que leur conjoint, incompréhension non dite, etc. Ou bien ils ont laissé l'habitude, les disputes, la répétition ou l'ennui les déborder.

Mariage à trois

Pour vivre son mariage pleinement, il faut aussi y impliquer le Seigneur. Quand un homme et une femme s'unissent par le sacrement de mariage, ils reconnaissent que Dieu est au cœur de leur amour, dans les moments heureux comme dans les difficultés. Et en cas de conflit, les époux peuvent se tourner vers lui afin de retrouver la grâce de leur sacrement. Bien entendu, se marier devant Dieu n'est pas un vaccin contre le divorce. Ce n'est pas parce qu'un homme et une femme se sont mariés à l'église qu'ils sont à l'abri des conflits, des difficultés ou même des séparations. Mais pour vivre ensemble toute une vie, cette grâce du sacrement de mariage n'est pas superflue !

POUR FAIRE LE LIEN
DIVORCE P. 89
FIDÉLITÉ P. 172, 277, 280
SACREMENT P. 130
VOLONTÉ P. 77

Témoin d'aujourd'hui

ILS NOUS PARLENT DE LEUR AMOUR

Philippe et Élisabeth

« Personne n'est figé. Dans un couple, on a sans cesse à regarder l'autre, à être attentif à son évolution. Une des premières exigences de l'amour, c'est en effet de ne pas chercher à changer l'autre à tout prix mais de le respecter tel qu'il est et de respecter aussi son évolution, même si elle est différente de ce qu'on souhaitait ou imaginait… »

Valérie et Nicolas

« L'amour s'entretient comme un jardin. L'autre est une personne, un mystère qu'on n'a jamais fini de découvrir. Beaucoup aujourd'hui voient l'amour comme une fusion. Dès qu'arrive le conflit, c'est la déception. Or, un couple sans conflit, ça n'existe pas ! La vie de couple n'est pas toujours rose, mais elle est chemin d'épanouissement et de bonheur si nous savons nous ajuster, nous pardonner et nous dépasser pour l'amour de l'autre. »

André et Cécile

« Nous restons toujours aussi différents mais ces différences deviennent une richesse. Nous découvrons que nous sommes complémentaires. Quand il nous arrive de nous opposer, nous prions : "Seigneur, tu t'es engagé avec nous par notre sacrement de mariage, viens nous aider à y voir plus clair, à trouver la bonne solution, la bonne attitude…" »

LE MARIAGE JOUR APRÈS JOUR

« Cela m'étonne toujours, dit Dieu, d'entendre les gens dire "Nous sommes mariés !"... Comme si on se mariait un jour ! Laissez-moi rire. Comme si on se mariait une fois pour toutes. Ils croient que c'est arrivé, et qu'ils peuvent vivre, vivre de leurs rentes d'amour de gens mariés.

Comme si on se mariait un jour. Comme s'il suffisait de se donner une fois, une fois pour toutes. Comme si moi-même, j'avais fait le monde en un jour ; comme s'il ne fallait pas, à tout prix, par un bon sens enfin, se marier tous les jours que je fais.

Les hommes ne doutent de rien ! Deux moitiés ont tant à marier ! Quand on a été vingt ans seul, jeune homme seul, jeune fille seule, si différents, de souches étrangères l'une à l'autre depuis des générations d'antan. Que de choses à donner et à recevoir. Que de choses à recevoir et à donner, mes enfants ! »

Charles Péguy

UN JOUR MON PRINCE VIENDRA...

COMMENT SAVOIR SI ON A RENCONTRÉ LE GRAND AMOUR LORSQU'ON N'A JAMAIS EU DE « PETITS COPAINS » AVANT ?

À 28 ans, Pauline est ravissante. Tous les garçons ne cessent de le lui dire, et côté garçons, Pauline s'y connaît : elle les collectionne depuis l'adolescence... Charlotte, son amie, est ravissante elle aussi. Son mari le lui répète souvent. Avant, elle se demandait si elle serait un jour amoureuse, car aucun garçon ne lui plaisait suffisamment. Mais aujourd'hui, Charlotte a trouvé le grand amour.

Témoin d'hier

SAINT VALENTIN

Valentin deviendra le patron des amoureux, mais il commence par le payer de sa vie. Au IIIe siècle, l'empereur romain Claude trouve que ses légions ont perdu leur courage au combat : les soldats ne veulent pas quitter leur fiancée ou leur femme pour partir à la guerre. L'empereur décide donc de faire annuler tous les mariages et les fiançailles. Pour Valentin, disciple du Christ, cette atteinte à l'amour est inacceptable. Il commence donc à marier en secret ceux qui s'aiment. Mais on ne défie pas longtemps l'empereur. Valentin est arrêté, on l'emprisonne, on l'interroge longuement. Il est si convaincant que l'empereur est sur le point de se convertir. Mais la guerre n'attend pas et... Valentin est exécuté.

Inutile de courir

En amour, inutile de tester pour trouver sa « moitié ». Plutôt que d'éclairer, la multiplication des histoires amoureuses risque d'enfoncer dans le doute et la déprime. Ceux qui racontent leurs aventures oublient de dire qu'elles se terminent – et à chaque fois, ils souffrent, ils perdent la confiance qu'ils avaient en eux. Le jour où ils croiseront le véritable amour, ils risquent de passer à côté, de peur d'être de nouveau blessés. Pour être prêt le jour où on rencontre le grand amour, mieux vaut collectionner les « bons copains » que les « petits copains ». L'adolescence est le temps de l'amitié et pas encore celui de l'amour. Il ne sert à rien de vouloir brûler les étapes.

« La voix de mon bien-aimé ! C'est lui, il vient… Il bondit sur les montagnes,
il court sur les collines, mon bien-aimé, pareil à la gazelle, au faon de la biche. […]
Il parle, mon bien-aimé, il me dit : "Lève-toi, mon amie, ma toute belle,
et viens… Vois, l'hiver s'en est allé, les pluies ont cessé, elles se sont enfuies. […]
Le figuier a formé ses premiers fruits, la vigne fleurie exhale sa bonne odeur.
Lève-toi, mon amie, ma toute belle, et viens…" »

CANTIQUE DES CANTIQUES 2, 8-13

Écoute ton cœur et ta tête

L'amitié, elle, enseigne beaucoup sur l'amour. Elle permet de se construire, de mieux se connaître, de confronter ses idéaux et ses projets. Bref, on prépare son bagage, pour le partager plus tard avec celui ou celle qui nous accompagnera pour la vie. Et puis un jour, on rencontre le grand amour. Ce jour-là, il n'y a aucun doute, en général, même sans avoir jamais eu de « petits copains » (ou de « petites copines ») avant. On est saisi d'un élan vers cette personne, son corps, son esprit, ses passions, ses idées qui nous plaisent et nous émeuvent. Puis, la tête vient confirmer ce que le cœur murmure. Et on se découvre des passions communes, des projets semblables et, on peut l'espérer, une même foi. Alors tout est prêt pour un amour qui ne finira jamais !

POUR FAIRE LE LIEN

SEXUALITÉ P. 64, 222

MARIAGE P. 172

LIBERTÉ P. 267

Et toi ?

Ce n'est pas parce que tout le monde a un « petit copain » ou « une petite copine » autour de toi qu'il faut en avoir un(e). D'ailleurs, certains se comportent comme des couples avant l'heure : toujours ensemble, jamais avec les autres… Toi, tu vis avec les autres, pour rire, t'amuser, discuter.

Témoin d'aujourd'hui

PÈRE DENIS SONET

Il a beau être prêtre, le père Sonet est un spécialiste de l'amour… Il a accompagné tant de jeunes qu'il est capable de répondre à toutes leurs questions sur ce sujet :

« Tu ne peux avoir la certitude d'aimer que si tu éprouves pour une fille cinq grandes aspirations :

1. Un désir physique incontestable : si ton corps n'éprouve aucun besoin charnel envers elle, arrête les frais. Et inutile de faire un essai : vous irez tous deux au fiasco.
2. Une tendresse qui rêve de s'épancher.
3. Une avidité de communiquer, de partager avec elle tes projets, ton idéal de vie.
4. Le rêve lointain peut-être, mais réel, de voir votre amour se réaliser dans la venue d'un enfant.
5. Une admiration réciproque qui regarde l'autre comme une personne et jamais comme un objet.

Et j'ajouterais volontiers un sixième critère : un ardent désir de se tourner à deux vers les autres, car sans les autres votre vie n'est rien. »

RIEN NE VAUT LA FIDÉLITÉ

IL PARAÎT QUE LE PAPE EST CONTRE LES PRÉSERVATIFS. IL NE PENSE DONC PAS AU SIDA ?

Le pape n'est pas contre les préservatifs, il est pour la fidélité. C'est très différent. L'Église et le pape veulent simplement changer le regard des hommes sur la question de la sexualité. Pour le pape, le préservatif n'est pas le meilleur remède contre le sida. Il a une autre voix à faire entendre : il clame haut et fort qu'il faut être fidèle.

Vieux jeu, l'Église ?

On trouve souvent l'Église un peu vieux jeu. On lui reproche de vivre hors de son temps. Reste à savoir si toutes les idées et les façons de faire de notre temps sont bonnes... À propos de sexualité, la fidélité que l'Église encourage est contraignante, c'est certain. Mais elle est très belle. Et c'est aussi une excellente parade contre le sida : deux personnes fidèles n'ont besoin de rien d'autre pour se protéger de la maladie.

Le pape n'est pas médecin !

Lorsqu'une personne ne peut s'empêcher d'avoir des relations sexuelles avec de nombreux partenaires, l'Église sait bien qu'il est préférable pour elle (et pour les autres) de se protéger des maladies sexuellement transmissibles. Pourtant, elle ne fait pas campagne pour le préservatif. Ce n'est pas son rôle. Les médecins et les responsables de la santé

Témoin d'aujourd'hui

CARITAS INTERNATIONALIS

En 1951, plusieurs œuvres de charité catholique se regroupent pour former *Caritas Internationalis,* dont le nom signifie « l'amour entre les nations ». Cette association, connue en France sous le nom de *Secours catholique*, est présente dans 165 pays. Elle est l'une des organisations humanitaires les plus étendues dans le monde.
Depuis la découverte du sida et la propagation de la maladie, *Caritas* œuvre dans plus de soixante pays pour venir en aide aux malades et à leurs familles, et mettre en place des actions de prévention. Elle n'est pas seule et travaille main dans la main avec d'autres associations catholiques et des religieux présents dans les pays.

sont là pour cela. L'Église, elle, est là pour témoigner d'une réalité – l'existence de Dieu qui veut le bonheur des hommes, les chemins à suivre pour y parvenir – qui dépasse de beaucoup les problèmes sanitaires. On n'attend pas d'abord d'un prêtre qu'il rappelle les règles de la diététique ou les dangers du tabac. En revanche, il est de sa mission d'éclairer les consciences sur les comportements qui sont en accord avec l'Évangile et ceux qui ne le sont pas. L'homme est corps et esprit. On ne peut jamais séparer l'un de l'autre.

L'Église au service des malades

Cela ne veut pas dire que

« Mais voici le fruit de l'Esprit :
amour, joie, paix, patience, bonté, bienveillance, fidélité, douceur et maîtrise de soi. [...]
Ceux qui sont au Christ Jésus ont crucifié en eux la chair,
avec ses passions et ses convoitises.
Puisque l'Esprit nous fait vivre, marchons sous la conduite de l'Esprit. »

GALATES 5, 22-25

l'Église est indifférente à la maladie et la souffrance. Les chrétiens ne détournent pas les yeux face au sida, et ils ont souvent été parmi les premiers à créer des associations pour accompagner les malades et les soigner.
L'Église connaît les maux de ce temps, elle essaye de les guérir. Mais son remède est plus exigeant que les autres.
Il engage toute notre personne, notre corps, notre âme, notre vie. Ce remède, c'est l'amour vécu dans la fidélité et la chasteté.
Quelles que soient les attaques dont l'Église sera la cible, elle ne modifiera pas ce qu'elle croit et ce qu'elle dit. Non pas parce qu'elle est têtue mais parce que c'est plus qu'une opinion. C'est le reflet, dans notre vie humaine, de ce qu'est Dieu : la fidélité absolue. L'Église sait que la voie du vrai bonheur est là.

POUR FAIRE LE LIEN
FIDÉLITÉ P. 280
RESPECT DU CORPS P. 258
LIBERTÉ P. 267
RESPONSABLE P. 70

Et toi ?

La fidélité est encore plus fiable que le préservatif pour se protéger des maladies – dans ce cas, aucun risque. Mais elle est aussi plus difficile, et repose sur une confiance mutuelle, « ré-offerte » et « re-méritée » à chaque instant. Dès maintenant, tu peux commencer à la mettre au cœur de ta vie. Sois fidèle à tes amis, à ta famille, à tes idées, à tes engagements...

LE SECRET DE LA RÉUSSITE

COMMENT FONT LES AUTRES ? ILS RÉUSSISSENT TOUT CE QU'ILS FONT. MOI, AU CONTRAIRE, JE SUIS NUL EN CLASSE, J'AI PEU D'AMIS... JE NE RÉUSSIRAI JAMAIS DANS LA VIE !

Tu n'as qu'une vie et tu veux la réussir. Malheureusement, tu n'arrives pas toujours à faire ce que tu veux : mauvaises notes, dispute, amitié déçue... Parfois, ces échecs te désespèrent. Ce n'est pas mauvais signe, au contraire. Ta tristesse montre que tu ne te contentes pas d'à-peu-près et que tu veux vivre de belles choses.
On ne réussit pas tout, tout de suite. L'important est de progresser. Imagine un acrobate qui exécute une figure périlleuse : combien de fois s'est-il entraîné, et combien de chutes avant de réussir ? Et il n'est pas à l'abri de tomber encore.

Témoin d'hier

SAINT VINCENT DE PAUL

Le jeune père Vincent est dévoré par l'ambition. Il veut être quelqu'un, il veut briller à Paris, dans la haute société, et devenir un « abbé de cour ». Et il y arrive ! À 29 ans, il est nommé aumônier de la reine Margot. Réussite totale pour ce fils de paysan landais... Pourtant, petit à petit, Vincent s'aperçoit que sa vie est plus vide qu'il n'y paraît. Sa place, il comprend qu'elle est auprès des déshérités. Jusqu'à sa mort, en 1660, il ne cessera plus de venir en aide à ceux qui souffrent : les pauvres, les galériens, les aliénés, les enfants des rues... Quitte à se servir de ses relations à la cour pour trouver des hospices, de l'argent, du pain. Vincent est un grand homme dans la pauvreté.

Accepte tes limites

Aller au-delà de ses limites, c'est un étrange défi, très en vogue, qui consiste parfois à se dépasser, souvent à se renier. Chacun a des points forts, des points faibles – chacun peut les travailler, mais aussi accepter de vivre et de grandir avec. Le courage consistera alors à les voir non comme des boulets qu'il faut traîner, mais comme des moteurs pour avancer, autrement. Donner le meilleur de soi-même, ce n'est pas un vain mot, ce n'est pas non plus une course au record. Le Seigneur ne demande à personne des choses impossibles, des exploits.

Il donne des capacités avec générosité, il sait qu'en les développant chacun peut réaliser le projet de bonheur qu'il a esquissé. Et il accompagne chacun sur ce chemin de progrès, d'apprentissage, de modestie aussi, d'humour et d'ambition sans orgueil. Et quand nous échouons, il nous remet toujours debout.

Réussir sa vie et celle des autres

Beaucoup pensent que réussir c'est gagner de l'argent, avoir du pouvoir ou être célèbre à la télévision... Mais qui parle de

« Ne vous faites pas de trésors sur la terre, là où les mites et les vers les dévorent, où les voleurs percent les murs pour voler. Mais faites-vous des trésors dans le ciel, là où il n'y a pas de mites ni de rouille qui dévorent, pas de voleurs qui percent les murs pour voler. Car là où est ton trésor, là aussi sera ton coeur. »

MATTHIEU 6, 19-21

cette infirmière qui veille au chevet d'un malade, de cette association pour les drogués ? Ces personnes remportent pourtant de belles victoires. Elles ne reçoivent pas de médailles, mais pourtant elles « réussissent » et ces réussites n'ont pas de prix.
Le milliardaire veut réussir dans la vie. Celui qui sert les autres veut réussir sa vie. Jésus a réussi sa vie parce qu'il l'a donnée. Il n'a pas cherché à être une vedette. Il s'est abaissé pour servir. Chacun de ceux qui nous entourent attend de nous quelque chose, et chacun a aussi des qualités que nous n'avons pas, qui vont nous enrichir. Réussir sa vie, c'est aussi ne pas oublier de réussir celle des autres.

POUR FAIRE LE LIEN
S'AIMER SOI-MÊME P. 61
DONS ET TALENTS P. 73
AGIR P. 77
ATTENTION AUX AUTRES P. 203, 238

Et toi ?

Une réussite ? Rends grâce pour ce que le Seigneur accomplit, remercie-le de passer par toi. Un échec ? Note sur un carnet pourquoi cela n'a pas marché. Tu en retireras une expérience pour la prochaine fois. Puis, offre ton échec à Dieu. Et n'oublie pas : si tu perds aux yeux des hommes, tu ne perds jamais aux yeux de Jésus qui t'aime et te donne sa force.

Témoin d'aujourd'hui

STAN ROUGIER

Avant d'être ordonné prêtre en 1960, Stan fut éducateur et infirmier. Il est aussi aumônier de jeunes, prédicateur à la radio et écrivain. Tout au long de sa vie, il a essayé de faire fructifier les dons que Dieu a mis en lui. « Je veux dire au jeune qui cherche son chemin : "Tu as peut-être fait fausse route, mais cela peut te permettre de mieux comprendre les autres et d'avancer. Ce n'est pas d'éviter la chute qui t'était demandé mais de te relever. Dieu nous utilise malgré notre misère... Cela ne sert à rien d'être angoissé. On n'améliore pas les choses en les prenant au tragique... J'essaie de m'appuyer sur la vision positive du monde et des êtres que m'offre la Bible." »

DUR, DUR DE TRAVAILLER !

PARFOIS, J'EN AI MARRE DES COURS. JE VOUDRAIS DÉJÀ ÊTRE À LA RETRAITE ! POURQUOI FAUT-IL TOUJOURS TRAVAILLER ?

Ah ! Qu'il était bon le temps où il suffisait juste de cueillir les fruits des arbres du jardin d'Éden pour se nourrir ! Mais depuis le jour où Adam a tout gâché, l'homme doit travailler pour se nourrir et pour vivre.

Le travail, c'est la santé... du Royaume

Pourtant, le travail n'est pas une punition. Certes il y a des métiers pénibles, mais il en est aussi qui sont source d'épanouissement. Cela est particulièrement vrai de la période scolaire et estudiantine : après tout, chaque jour, on découvre, on ouvre son esprit, on prépare son avenir... Plus qu'à tout âge, ce travail est alors enrichissant. Dieu offre aussi à chacun de se réaliser par son travail et par tout le bien qu'il peut mettre en œuvre. Et en nous donnant ainsi des occasions de progrès, Dieu nous appelle à être de bons ouvriers pour prendre soin de sa création, afin que notre monde devienne meilleur et plus humain. Rien n'est plus beau que notre mission : nous rapprocher du Royaume de Dieu par les fruits de notre travail.

Au quotidien

Travailler, ce n'est pas seulement se rendre tous les jours à son bureau avec sa petite mallette et son

Témoin d'hier

SAINT BENOÎT

Ora et labora, « prière et travail » sont les deux piliers de la règle rédigée par Benoît pour son ordre (les Bénédictins) fondé en 529. Selon lui, même les moines, même malades ou affaiblis, doivent s'occuper. Car la paresse est l'ennemie de l'âme. Aussi, à certains moments, les frères doivent être occupés à travailler de leurs mains. À d'autres moments, ils doivent être occupés à la lecture de l'Écriture Sainte. » « Quand ils doivent rentrer les récoltes eux-mêmes, parce que c'est nécessaire là où ils sont, ou bien parce qu'ils sont pauvres, ils ne seront pas tristes. En effet, quand ils vivent du travail de leurs mains, comme nos Pères et les Apôtres, alors ils sont vraiment moines. »

« Si quelqu'un ne veut pas travailler, qu'il ne mange pas non plus.
Or, nous apprenons que certains d'entre vous mènent une vie déréglée, affairés sans rien faire. À ceux-là, nous adressons dans le Seigneur Jésus Christ cet ordre et cet appel : qu'ils travaillent dans le calme pour manger le pain qu'ils auront gagné. »

2 THESSALONICIENS 3, 10-12

costume, ou à l'usine avec son bleu. Chacun a sa propre tâche, à sa mesure. Pour les jeunes, cela concerne les cours bien sûr, mais aussi toutes ces petites tâches qui font le quotidien. Dans cet ouvrage de construction du monde, loisirs, contemplation et prière ont aussi leur place. Ils pourront nous enrichir au même titre que le travail. Le tout est de respecter le bon dosage. Chacun peut trouver sa place dans la société par ce qu'il fait, y compris un enfant, ou un collégien. Nous travaillons ensemble à l'œuvre du Seigneur et il est plus facile de s'y mettre quand on prend conscience du rôle de chacun. Même si on travaille pour assurer sa subsistance et celle de ses proches, la plus belle récompense est de savoir qu'on travaille aussi pour les autres. Le travail devient alors un vrai outil pour mieux aimer. On peut même dire qu'il devient un instrument de charité.

POUR FAIRE LE LIEN

DONS ET TALENTS P. 73

TRAVAIL P. 73

ARGENT P. 235

Et toi ?

Lorsque tu travailles, vas-tu jusqu'au bout de ce que tu as à faire ? Aimer le travail bien fait, c'est décider de toujours terminer ce que tu as commencé, pour ne pas laisser dormir les talents que Dieu t'a donnés. Et puis, aux heures de grande paresse, pense à tous ces jeunes de ton âge qui n'ont pas d'autres horizons que la misère et qui vivent sans livre, sans école, exclus de toute possibilité d'apprendre. La misère intellectuelle est aussi grave, si ce n'est plus, que le manque d'argent.

Témoin d'aujourd'hui

LÉON HARMEL

L'usine de Léon Harmel ne ressemble à aucune autre, sans doute parce que les ouvriers s'y sentent particulièrement bien. Léon Harmel, le patron, n'ignore pas leurs difficultés quotidiennes et il souhaite leur venir en aide. Il propose à ses employés des crèches pour leurs enfants, une hôtellerie, des facilités pour emprunter de l'argent, des cours de gymnastique, des places de théâtre… Il a fait bâtir une chapelle dans son usine pour que chacun puisse venir s'y ressourcer. Après tout, les hommes ne sont pas des « machines à travailler ». Et ça marche ! Les ouvriers font tourner les chaînes, et ils ont du temps pour leur vie de famille… Léon mourra en 1915. Son action inspirera de nombreuses associations d'action sociale.

A VOTÉ !

À LA MESSE, LE PRÊTRE A RAPPELÉ À TOUT LE MONDE QU'IL FALLAIT ALLER VOTER. POURQUOI ? À QUOI ÇA SERT DE SE DÉPLACER SI AUCUN HOMME POLITIQUE NE NOUS PLAÎT ?

« D'après les sondages, on attend plus de 30 % d'abstention aux prochaines élections. » Cela signifie qu'une personne sur trois en âge de voter ne s'intéresse pas à son pays. Comment peut-on ne pas se sentir concerné par ce qui se passe dans nos villes, nos régions, l'Europe ? Après tout, cela change des choses concrètes, à l'école, dans la rue, parfois dans nos familles, dans le travail de nos proches...

Respectons la politique

En principe, un homme ou une femme politique souhaite servir son pays, il ou elle a envie de faire avancer les choses. Les ambitions personnelles des uns et des autres, et de sombres histoires d'intérêts gâchent parfois cet idéal.
Il n'empêche que dire « tous pourris », c'est un peu court, et franchement faux. Il faut un certain courage pour s'engager dans la vie politique. Qui consentirait à être régulièrement critiqué dans les journaux ? Qui serait prêt à travailler autant que ces hommes et ces femmes ? S'il est bon d'avoir un esprit critique, la critique systématique et sans fondement est en revanche stérile. Cette vertu peut s'appliquer à bien des domaines

Témoin d'hier

SAINT THOMAS MORE

C'est un choix terrible que doit faire Thomas. Le roi d'Angleterre Henri VIII, son ami, veut divorcer de Catherine d'Aragon, stérile, pour épouser Anne Boleyn. Et puisque l'Église s'y oppose, le souverain a décidé de la mettre sous sa coupe. Que faire ? Thomas est le brillant chancelier du royaume – l'équivalent d'un Premier ministre. Ses livres sont admirés par l'Europe entière. Mais bien qu'il soit « un fidèle serviteur du Roi, il demeure avant tout celui de Dieu ». Il refuse donc de suivre Henri VIII et donne sa démission. Il sait qu'il vient de signer son arrêt de mort. Il sera décapité en 1535 – mais en montant sur l'échafaud, il plaisantera encore avec ses bourreaux, la conscience en paix.

“Les scribes et les grands prêtres interrogèrent [Jésus] en disant :
"Maître, nous le savons : tu parles et tu enseignes avec droiture [...].
Nous est-il permis, oui ou non, de payer l'impôt à César, l'empereur ?"
Mais Jésus [...] leur dit : "Montrez-moi une pièce d'argent.
De qui porte-t-elle l'effigie et l'inscription ?" "De César", répondirent-ils.
Il leur dit : "Alors rendez à César ce qui est à César, et à Dieu ce qui est à Dieu."”

LUC 20, 21-25

mais elle n'exclut pas d'avoir un regard de charité, non sur les idées que l'on peut juger mauvaises ou néfastes, mais sur les hommes, y compris sur des hommes politiques.

Citoyen et chrétien

Les gens ne votent pas, disent-ils, parce qu'ils n'ont pas trouvé le candidat idéal. Et pour cause, il n'existe pas... Chez chacun, il y aura toujours des défauts, des faiblesses, des propositions discutables, moins intéressantes. On ne trouve jamais son compte dans les programmes politiques, sauf à en être l'auteur. Ce n'est pas une raison pour rejeter tout en bloc et refuser de voter. À chacun de savoir faire le tri entre ce qui paraît bon ou mauvais. Ensuite, et seulement ensuite, on peut choisir le candidat... en toute intelligence et connaissance de cause.
Car si ces hommes politiques sont chargés de proposer et de mettre en œuvre de nouvelles orientations pour notre société, s'ils peuvent assurer l'épanouissement du plus grand nombre, nous, chrétiens, avons notre rôle à jouer dans cette aventure.

POUR FAIRE LE LIEN
RESPONSABILITÉ P. 10, 70
ENVIRONNEMENT P. 10

Et toi ?

Tu n'as pas encore l'âge de voter, mais tu peux déjà t'intéresser un peu à la politique. Commence par essayer de comprendre le fonctionnement de la vie politique, les élections, les différentes assemblées, les ministères... Puis, essaye de distinguer les différences principales entre les partis politiques. Enfin, comme tu l'as sans doute remarqué à la messe, tu peux prier pour ceux qui ont la charge du pays.

Témoin d'aujourd'hui

EDMOND MICHELET

Servir les autres, et son pays, voici sans doute ce qu'aurait pu être la devise d'Edmond Michelet. Père de famille, militant d'association catholique ou homme politique, il n'a en effet qu'une seule chose en tête, se mettre au service des autres. Edmond Michelet est de ceux qui placent leur intérêt derrière le bien commun, quitte à risquer sa vie dans la Résistance, quitte à se frotter aussi au délicat exercice du pouvoir. Après tout, pense-t-il, c'est en étant ministre qu'on peut rendre le monde plus juste et charitable – à condition de garder sa liberté. Lorsqu'il mourra en 1970, André Malraux dira de lui : « Il a été toute sa vie l'aumônier de la France. »

SCIENTIFIQUE ET CROYANT, C'EST POSSIBLE !

JE VOUDRAIS FAIRE DE LA RECHERCHE SUR LES ORIGINES DE L'HOMME. COMMENT CONCILIER CE TRAVAIL AVEC CE QUE DIT LA BIBLE SUR ADAM ET ÈVE ?

Il est loin le temps où personne ne croyait Galilée... Aujourd'hui, tout le monde, y compris l'Église, admet que la Terre est ronde et tourne autour du Soleil. Et quand les paléontologues découvrent un squelette de plusieurs millions d'années, les évêques ne crient pas au scandale en clamant que l'homme descend d'Adam et Ève...

Le pourquoi et le comment

Le texte de la Genèse sur Adam et Ève n'est pas un traité scientifique qui évoquerait la « construction » de l'humanité. Il a été écrit pour aider l'être humain à comprendre les raisons de son existence : Dieu donne vie à l'homme afin qu'il vive en relation avec Lui. En bref, la Bible explique pourquoi l'homme existe, la science cherche à découvrir comment c'est arrivé.
Un scientifique chrétien peut très bien étudier les origines de l'être humain tout en sachant qu'il y a dans la vie une part de mystère qui n'appartient qu'à Dieu. Admettre cela ne signifie pas

Témoin d'hier

LOUIS PASTEUR

« Un peu de science éloigne de Dieu mais beaucoup y ramène », écrit Louis Pasteur. Et il sait de quoi il parle... Pasteur ne s'est pas « contenté » d'inventer les vaccins. Il a aussi découvert que la stérilisation des instruments de chirurgie permettait d'éviter l'infection – une avancée qui épargne encore des milliers de vies tous les jours... Cela n'empêche pas le grand homme de demeurer fidèle à sa foi, alors que certains estiment à l'époque que la science va remplacer la religion. « Ses études scientifiques lui faisaient découvrir de plus en plus, au fond de toutes choses, le Dieu infini qui illuminait et consolait son âme, qui lui inspirait sa charité », dira de lui le pape Pie XI.

renoncer à comprendre. Au contraire, nous devons utiliser notre intelligence pour mieux comprendre qui est Dieu, ce qu'il fait et pourquoi il le fait. Dans le couple science et foi, la science dit : « Je cherche », la foi dit : « Je crois. » Et l'un et l'autre ne sont pas contradictoires.

Dieu n'est pas visible au microscope

Il arrive que certains scientifiques s'aventurent sur le terrain philosophique ou religieux pour exprimer leur doute sur l'existence de Dieu. À l'inverse, certains croyants voudraient bien que la science cloue le bec aux sceptiques. Mais nul ne peut

« Heureux qui trouve la sagesse, qui accède à la raison ! [...]
La sagesse est plus précieuse que les perles, rien ne l'égale. »

PROVERBES 3, 13 ET 15

« saisir » Dieu sur une lamelle de microscope ou dans une lunette astronomique. Quand certains savants disent deviner sa présence lorsqu'ils découvrent les merveilles de notre monde, il s'agit d'un bel acte de foi... pas d'une grande découverte scientifique. Il est important que le monde de la science compte parmi ses chercheurs des hommes et des femmes de foi. La recherche est merveilleuse pourvu qu'elle ne s'aveugle ni sur les moyens qu'elle utilise, ni sur les fins qu'elle poursuit. C'est si facile d'ignorer la dignité de l'homme dans un laboratoire.

POUR FAIRE LE LIEN
DIEU CRÉATEUR P. 6
L'HOMME P. 42
FOI P. 20, 55, 110

Et toi ?

Il faut prier pour que les scientifiques du monde entier travaillent au bien de l'homme et non à sa destruction ou à sa dénaturation. Et si la science t'intéresse, n'hésite pas : travaille ! Mais surtout ne crois pas que tu auras des réponses à tes doutes ou à tes questions métaphysiques... La science n'est pas là pour cela, tout comme la Bible n'est pas un traité scientifique.

Témoin d'aujourd'hui

PIERRE TEILHARD DE CHARDIN

Scientifique et prêtre, Pierre Teilhard de Chardin réussit à concilier deux univers bien différents. Il se spécialise dans l'étude des origines de l'homme et, selon lui, l'accord entre la science et la foi se fait tout naturellement. Ce qu'il étudie par la voie scientifique ne fait que le conforter dans sa foi. « Dieu qui a fait l'homme pour que celui-ci le trouve... Dieu que nous cherchons à saisir par le tâtonnement de nos vies... Ce Dieu nous enveloppe de partout comme le monde lui-même... »

Mais l'Église oppose une forte résistance aux écrits du père de Chardin, qui termine sa vie en 1955 dans le silence et la souffrance. Elle ne reconnaîtra la valeur de son travail que bien des années après sa mort.

CHRÉTIEN EN UNIFORME

MON BEAU-FRÈRE EST MILITAIRE.
EN MISSION, IL A ÉTÉ AMENÉ À TUER.
COMMENT PEUT-ON ÊTRE CHRÉTIEN ET MILITAIRE ?

As-tu déjà demandé à ton beau-frère pourquoi il avait choisi de devenir militaire ? Crois-tu qu'il te répondrait « pour tuer » ? On ne choisit pas de devenir militaire pour cela, mais pour défendre sa patrie. Malheureusement, dans certaines situations, un soldat ne peut faire autrement qu'ôter la vie.

En mon âme et conscience

La Bible nous dit : « Tu ne tueras pas. » Mais elle ne nous demande pas de nous laisser agresser, ni de ne pas bouger face aux menaces. Lorsqu'un pays est attaqué, le militaire qui se défend et protège la population est dans une situation de légitime défense. S'il tue un homme alors, il ne commet pas un péché. Mais que penser des militaires qui ne se limitent pas à défendre leurs positions, et qui attaquent l'ennemi ? L'important pour un chrétien, soldat ou pas, c'est d'agir selon sa conscience. Un homme qui refuserait systématiquement d'attaquer ne peut pas être soldat. Un autre qui attaquerait sans jamais

Témoin d'hier

SAINT SÉBASTIEN

Quand Sébastien part pour Rome, il sait que sa foi va être mise à rude épreuve : les persécutions contre les chrétiens font rage dans la capitale impériale. L'empereur Dioclétien le nomme capitaine de sa première compagnie de gardes. À ce poste, Sébastien peut soutenir ses frères dans l'épreuve. Mais on le trahit, et l'empereur lui demande de renoncer à sa foi. Pour la première fois, Sébastien va désobéir à un ordre : Dieu est son premier chef, et sa foi l'empêche de renier sa religion. Il refuse. Il sera alors condamné à mourir criblé de flèches. Il survit, mais l'empereur le fait finalement assommer à coups de gourdin, jusqu'à ce que mort s'ensuive, en janvier 288.

réfléchir ne peut pas vivre en chrétien. Un soldat chrétien, c'est celui qui connaît les enjeux d'une mission et les accepte parce qu'il les trouve justes. S'il faut venir en aide à une population en usant de la force parce qu'il n'y a pas d'autre solution, il peut adhérer à cette cause – et être malheureusement amené à tuer pour cela. Si, en revanche, il estime qu'une guerre a lieu pour étendre le pouvoir de son pays sur un autre, par exemple, il doit trouver le courage de s'y opposer, au risque de mettre sa carrière en danger.

Dieu parmi eux

Un militaire qui a la foi ne vit pas dans la contradiction. Sa foi donnera une humanité supplémentaire à ses actes. Il est témoin de Jésus sur le champ de bataille par sa sollicitude envers ses camarades, par sa droiture. Et s'il participe à une mission de paix – ce qui est de plus en plus fréquent –, c'est l'occasion pour lui de vivre concrètement sa foi. Dieu ne refuse pas d'être présent auprès des militaires sous prétexte qu'ils tuent parfois d'autres hommes. Il est présent, par l'intermédiaire des aumôniers militaires notamment, pour soutenir et aider tous ces hommes qui ont de difficiles décisions à prendre.

« Des soldats demandèrent à leur tour [à Jean le Baptiste] : "Et nous, que devons-nous faire ?" Il leur répondit : "Ne faites violence à personne, n'accusez personne à tort ; et contentez-vous de votre solde." »

LUC 3, 14

POUR FAIRE LE LIEN

LÉGITIME DÉFENSE P. 92

PAIX P. 253

RESPONSABLE P. 70

CONSCIENCE P. 200

Et toi ?

De nos jours, les militaires sont de plus en plus des ouvriers de paix. Ils agissent pour venir en aide aux populations, préserver la paix et garantir la sécurité de certains peuples. Prie pour eux et pour la paix.

Témoin d'aujourd'hui

GÉNÉRAL JACQUES DE BOLLARDIÈRE

Quel tollé ! Nous sommes en 1962 et le général Jacques de Bollardière vient de donner sa démission. Il s'oppose à la torture, employée à grande échelle en Algérie. Par ce geste, il signifie clairement qu'il ne peut agir contre ses valeurs chrétiennes, dût-il y sacrifier sa carrière. « La guerre n'est qu'une dangereuse maladie d'une humanité infantile qui cherche douloureusement sa voie, écrit-il. La torture, ce dialogue dans l'horreur, n'est que l'envers affreux de la communication fraternelle. Elle dégrade celui qui l'inflige plus encore que celui qui la subit. Céder à la violence et à la torture, c'est, par impuissance à croire en l'homme, renoncer à construire un monde plus humain. »

« Le souffle de l'Esprit anime le monde. Une seule cause peut le sauver : c'est celle de l'homme libéré de lui-même, vainqueur de la haine et du mépris [...]. »

L'ÂGE D'OR DE LA VIEILLESSE

JE SUIS ALLÉ RENDRE VISITE À UNE VIEILLE DAME. C'EST TRISTE DE VOIR DES PERSONNES ÂGÉES QUI NE PEUVENT PLUS SE DÉBROUILLER SEULES. J'AI PEUR DE VIEILLIR COMME ELLES.

Autrefois, les « anciens » représentaient le savoir. Ils racontaient l'histoire du pays et de la famille, transmettaient les recettes et les remèdes à leurs proches, aimaient aussi raconter aux plus jeunes des récits de la Bible. Aujourd'hui, les personnes âgées vivent souvent isolées, parfois « oubliées » dans des maisons de retraite. Elles vivent plus vieilles et même si elles sont très entourées, leur corps est plus fatigué, les deuils qu'elles subissent sont plus nombreux, les trous de mémoire les déstabilisent et leurs souvenirs sont parfois douloureux. Certaines tombent même dans une si grande faiblesse qu'elles ne peuvent plus vivre seules et deviennent fragiles comme des enfants.

Admirables vieillards !

La vieillesse, c'est l'âge où surviennent les petits ou les grands problèmes de santé. Mais c'est aussi cet âge formidable où on n'a plus le souci de l'éducation des enfants, les tracas de la vie professionnelle. On a le temps qu'il faut pour lire, penser, écouter, aimer, prier. Si bien qu'il y a des personnes âgées auxquelles tout le monde aimerait ressembler malgré leur grand âge ! Un vieil oncle qui a des histoires passionnantes à raconter,

Témoin d'hier

BIENHEUREUSE JEANNE JUGAN

« Mes petites, disait Jeanne Jugan aux novices qui entraient chez les Petites Sœurs des pauvres, il faut toujours être de bonne humeur ; nos petits vieillards n'aiment pas les figures tristes ! [...] Être comme une mère pour ceux qui sont reconnaissants et aussi pour ceux qui ne savent pas reconnaître tout ce que vous faites pour eux. Dites en vous-mêmes : “C'est pour vous, mon Jésus !” » En 1839, Jeanne a ramené chez elle une vieille dame qui vivait à la rue. Elle lui offre son lit. Deux, trois, puis douze pensionnaires vont suivre. Les quelques femmes qui lui donnent un coup de main sont d'accord pour faire plus, mieux... Les Petites Sœurs des pauvres sont nées.

une grand-mère qui trouve toujours le mot juste pour réconforter, des grands-parents qui s'aiment depuis si longtemps qu'ils aident à croire dans le mariage, une vieille dame qui sait parler de la foi mieux que personne… Les richesses de la vieillesse sont innombrables pourvu que l'on prenne la peine et le temps de les découvrir.

Cultiver l'espérance

On a l'impression qu'avec la vieillesse on aborde une étape de la vie où on ne maîtrise plus vraiment rien… Et pourtant, le bonheur dépend encore de la façon dont on appréhende l'existence. On peut se laisser submerger par le chagrin, l'ennui, et vivre douloureusement cette période de la vie. On peut

> Ce que tu n'as pas amassé dans ta jeunesse,
> comment le trouverais-tu dans ta vieillesse ?
> Qu'il est beau, à l'âge des cheveux blancs, d'avoir du jugement et,
> dans la vieillesse, de savoir conseiller !
> Qu'elle est belle, la sagesse des anciens, de même que la réflexion
> et le conseil, chez les gens vénérables !
> La couronne des vieillards, c'est leur grande expérience ;
> leur fierté, c'est la crainte du Seigneur.

ECCLÉSIASTIQUE 25, 3-6

au contraire l'accepter avec foi et espérance pour transformer ce temps de la vie en quelque chose de très beau. Cette force, cette vie, les personnes âgées peuvent la communiquer. Alors qu'on croit « donner » quelque chose – son temps ou une petite douceur – en allant voir cette vieille dame, on reçoit un trésor : une espérance.

POUR FAIRE LE LIEN

FAMILLE P. 82
JOIE P. 195
BONHEUR P. 301

Témoin d'aujourd'hui

ARMAND MARQUISET

Armand est une étoile montante : brillant musicien, il est la coqueluche des salons... Mais sa grand-mère meurt, et c'est un électrochoc. Le jeune homme laisse tout tomber pour se consacrer aux plus pauvres. Au sortir de la guerre, ce sont les vieillards qui sont les plus éprouvés et appauvris. Armand crée les Petits Frères des pauvres en 1946. Dès le premier jour, le mot d'ordre pour les membres de l'association est d'aimer et de servir les anciens. Les bénévoles leur apportent des repas à domicile pour leur éviter d'aller à la soupe populaire, ils distribuent charbon, colis de victuailles... et beaucoup d'amour, de tendresse et de sourires. Car le geste seul ne suffit pas, il faut le rendre humain et aimant.

LE BONHEUR... C'EST POSSIBLE !

AU NOUVEL AN, TOUT LE MONDE ÉCHANGE DES VŒUX DE BONHEUR. C'EST FACILE À DIRE MAIS PAS À RÉALISER ! COMMENT TROUVER LE BONHEUR ?

« Bonne année ! », « Sois heureux ! », « Tous nos vœux de bonheur ! » Le jour du nouvel an, à un mariage, pour un anniversaire, au moment d'un déménagement, on s'échange des vœux de bonheur et de réussite. Cela n'est pas vain. C'est une façon de montrer que nous comptons les uns pour les autres.

Des marques d'affection

Bien entendu, ce n'est pas parce que l'on se souhaite le bonheur que tout ira bien, d'un coup de baguette magique. Un homme atteint d'une maladie grave ne guérira pas du jour au lendemain parce qu'on lui a dit : « Bonne année ! » Une personne en deuil devra continuer de vivre avec son chagrin même si on lui présente des vœux. Pourtant, ces marques d'affection aident à vivre. De se savoir aimé et entouré, le malade trouvera sans doute en lui le courage d'affronter sa maladie. Celui qui vient de perdre un être cher pourra réapprendre à sourire grâce à ceux qui le soutiennent.

Témoin d'hier

HERMANN COHEN

« Le bonheur, je l'ai cherché dans la vie élégante, dans l'étourdissement des bals et des fêtes ; je l'ai cherché dans la possession de l'or, dans l'émotion du jeu, dans l'intimité des hommes célèbres, dans tous les plaisirs des sens et de l'esprit... La plupart des hommes se trompent sur la nature même du bonheur ; et ils le cherchent là où il n'est pas... On aime le bonheur, et Jésus-Christ, le seul bonheur possible, n'est pas aimé... [...] Je ne croyais pas en Jésus-Christ, et c'est précisément pour cela que j'étais malheureux ! » Après une vie mondaine et artistique, le jeune Hermann Cohen découvre le Christ et... le vrai bonheur. Ce juif de naissance devient catholique et remet sa vie entre les mains de Dieu. En 1849, l'ancien amoureux du luxe quitte le monde pour entrer au Carmel sous le nom de père Augustin-Marie.

Le bonheur pour tous

Dieu a inscrit dans notre cœur un désir de bonheur, et ce que nous espérons n'est pas inaccessible. À condition

d'apprendre à le reconnaître, le bonheur se manifeste à chaque instant. Argent, pouvoir, santé, amis, ou beau métier... tout cela peut y contribuer, mais ce n'est pas l'essentiel. Le bonheur consiste à savoir mettre l'espérance dans tout ce que l'on fait : notre vie a un sens, nous sommes effectivement précieux, comme le Seigneur nous le dit dans la Bible.
Et nous sommes promis au bonheur pour toujours.

Tous les jours

Le bonheur consiste à ne pas se décourager quand tout semble aller mal – voir le petit coin de ciel bleu lorsqu'il pleut des cordes, pardonner

> Voyant les foules, Jésus gravit la montagne.
> Il s'assit, et ses disciples s'approchèrent de lui.
> Alors, ouvrant la bouche, il les enseignait. Il disait :
> "Heureux les pauvres de cœur, car le royaume des Cieux est à eux.
> Heureux ceux qui pleurent, car ils seront consolés.
> Heureux les doux, car ils recevront la terre en héritage.
> Heureux ceux qui ont faim et soif de la justice, car ils seront rassasiés.
> Heureux les miséricordieux, car ils obtiendront miséricorde.
> Heureux les cœurs purs, car ils verront Dieu.
> Heureux les artisans de paix, car ils seront appelés fils de Dieu.
> Heureux ceux qui sont persécutés pour la justice, car le royaume des Cieux est à eux."

MATTHIEU 5, 1-10

à celui qui nous a fait du mal pour que l'amour et la vie prennent le dessus sur la rancœur et la mort, repartir du bon pied quand la journée a mal commencé… Il consiste à mettre Dieu et l'Esprit Saint au cœur de notre vie. Savoir appeler l'Esprit à l'aide lorsqu'on se sent démuni face à une situation, et remercier le Seigneur pour toutes les petites joies qui illuminent notre journée.

POUR FAIRE LE LIEN

ESPRIT SAINT	P. 17
PAIX	P. 17, 253
ÉTERNITÉ	P. 67
ESPÉRANCE	P. 245
VOLONTÉ	P. 55

Et toi ?

Lorsque tu échanges des vœux de bonheur avec quelqu'un, joins les actes à la parole. Le soir, dans le silence de la prière, recommande à Dieu cette personne pour qu'elle trouve le bonheur que tu lui as souhaité.

INDEX DES TÉMOINS

A

Abbé de l'Épée : 95
Abbé Stock : 202
Abraham de Mésopotamie (st) : 133
Antoine du Désert (st) : 23
Antonioz-de Gaulle Geneviève : 237
Athanase d'Alexandrie (st) : 216
Augustin (st) : 267

B

Baden-Powell (lord) : 203
Benoît (st) : 286
Benoît XVI : 222
Bernadette (ste) : 113
Bernard (st) : 175
Blandine (ste) : 92
Bollardière Jacques (de) : 297
Bon larron : 228
Borros Adémas (de) : 54
Buzzini Rosa : 225

C

Caffarel Henri : 174
Caritas Internationalis : 280
Carrel Alexis : 144
Chergé Christian (de) : 119
Cocteau Jean : 103
Cohen Hermann : 301
Conrad (st) : 219
Curé d'Ars (st) : 168

D

Damien de Molokai (st) : 238
Daniel Brottier (bienheureux) : 60
Decker Jacqueline (de) : 149
Delbrêl Madeleine : 167
Dominique Savio (st) : 245

E

Élie : 130
Élisabeth de la Trinité (ste) : 14
Ero (bienheureux) : 36
Étienne (st) : 98

F

Fesch Jacques : 230
Foucauld Charles (de) bienheureux : 57
Fra Angelico : 73
François (Pape) : 91
François d'Assise (st) : 6
François d'Assise et le sultan (st) : 110
Françoise Romaine (ste) : 26

G

Garnier Jeanne : 146
Gay Laurent : 258
Geneviève (ste) : 20
Guénard Tim : 214
Guigné Anne (de) : 164
Guitton Jean : 257

H

Harmel Léon : 287
Hélène (ste) : 117
Hildegarde (ste) : 12

I

Ignace de Loyola (st) : 77

J

Jacob : 67
Jean (st) : 152
Jean Bosco (st) : 86
Jean Chrysostome (st) : 165
Jean l'Aumônier (st) : 235
Jean XXIII (st) : 197
Jean-François Régis (st) : 162
Jeanne Delanoue (ste) : 232
Jeanne Jugan (bienheureuse) : 298
Jean-Paul II (st) : 50
Job : 122
Joseph Cafasso (st) : 61

L

La Tour du Pin Patrice (de) : 183
Leisner Karl : 129
Lemaître Georges : 8
Léon Le Grand (st) : 192
Lépreux samaritain : 142
Londres Albert : 218
Lubin (st) : 178
Luc (st) : 188
Luther King Martin : 44

M

Maria Goretti (ste) : 100
Marie (ste) : 55
Maritain Jacques : 103
Marquiset Armand : 300
Martin de Porrès (st) : 42
Martyrs d'Angers : 181
Merton Thomas : 177
Michelet Edmond : 291

N

Nicodème : 45

O

Ozanam Frédéric : 172

P

Padre Pio : 28
Pasteur Louis : 292
Patrick (st) : 13
Paul (st) : 48
Paul VI : 75
Philippe Béniti (st) : 212
Philippe Néri (st) : 195
Pierre (st) : 158
Prophètes : 264

Q

Quattrocchi
Luigi et Maria : 82

R

Romero Oscar : 94
Rougier Stan : 285

S

Salomon : 200
Salsa (ste) : 139
Samuel : 270
Sébastien (st) : 295
Séraphim de Sarov (st) : 17
Sevin Jacques : 72
Sonet Denis : 279
Surin Jean-Joseph : 30

T

Tarcisius (st) : 127
Teresa Mère
(bienheureuse) : 234
Teilhard de Chardin
Pierre : 294
Thérèse de Lisieux (ste) : 35
Thomas Becket (st) : 101
Thomas More (st) : 289
Thomas (st) : 106

V

Valentin (st) : 277
Van Marcel : 125
Vincent de Paul (st) : 283

Y

Yves (st) : 209

INDEX THÉMATIQUE

LES INDICATIONS DE PAGES CORRESPONDENT À LA PREMIÈRE PAGE DES QUESTIONS OÙ LE THÈME EST ABORDÉ.

A

Adorer : 58, 123, 139
Agir : 77, 165, 181, 255, 283
Aimer les autres : 48, 192, 203
Aimés de Dieu : 42, 95, 225, 252
Amitié : 98, 101, 252
Amour de Dieu : 6, 13, 20, 36, 45, 52, 55, 89, 106, 139, 142
Anges : 26, 48, 188
Annonciation : 20, 26
Argent : 219, 232, 235, 285
Attention aux autres : 92, 194, 195, 200, 203, 219, 235, 238, 283

B

Baptême : 17, 45, 133, 149, 158
Bien et mal : 70, 101, 200
Bonheur : 86, 152, 264, 298, 301

C

Charité/sourire : 195, 238
Choisir : 55, 70, 77, 200
Communion des saints : 30, 33, 158, 185
Confiance : 52, 55, 58, 70, 86, 98, 101, 216, 219
Confirmation : 17, 45, 130, 133
Conscience : 70, 86, 101, 136, 200, 209, 216, 219, 241, 258, 295
Corps : 61, 64
Courage : 30, 92
Création : 6, 10, 20, 42
Croire : 106, 142
Croix de Jésus : 77, 117, 192
Croix : 117, 149

D

Diable : 23, 30
Dieu créateur : 6, 20, 120, 139, 292
Dieu écoute : 58, 120, 123
Dieu Père : 20, 45, 52, 55
Dieu tout-puissant : 20, 52
Différence : 42, 64, 95, 110
Divorce : 89, 273
Don de la vie : 130, 252
Donner/recevoir : 95, 203, 283
Donner sa vie : 185, 212
Dons et talents : 73, 255, 283, 286

E

Écologie : 10, 70
Effort : 67, 73, 77
Église : 130, 158, 181, 270
Enfant de Dieu : 45, 95, 162
Enfer : 23, 206
Entraide : 95, 238
Environnement : 10, 120, 238, 289
Espérance : 33, 36, 146, 152, 245, 252, 301
Esprit Saint : 17, 45, 67, 127, 130, 133, 149, 178, 200, 248, 301
Éternité : 36, 67, 152, 301
Etre sauvé : 98, 117, 142, 228, 245
Eucharistie : 127, 139, 181
Euthanasie : 151

F

Famille : 45, 82, 86, 195, 248, 267, 298
Fidélité : 89, 172, 273, 277, 280
Fin des temps : 30, 36, 152
Foi : 13, 20, 33, 55, 106, 110, 130, 133, 270, 292
Former sa conscience : 86, 200

G

Gender : 64
Grandir dans la foi : 45, 55, 67, 70, 77, 110, 130, 133, 149, 162
Guérison : 113, 178

H

Homme et femme : 6, 20, 42, 64
Humour : 61, 82, 195

J

Jésus : 13, 17, 20, 23, 52, 64
- sauveur : 55, 106, 117, 149, 188
- souffrance et passion : 55, 98, 113, 117, 120, 158, 192
- ressuscité : 30, 33, 36, 158, 168, 185
- naissance de : 120, 188
- retour de : 153
- prière de : 52, 149
- amour de : 95, 98, 165, 168
- liberté de : 55, 267

Joie : 168, 195, 248, 301
Justice/loi : 92, 209, 228

L

L'au-delà : 20, 30, 33, 36, 185
L'homme : 6, 42, 292
Légitime défense : 92, 212, 295
Liberté : 10, 20, 52, 55, 70, 83, 86, 101 136, 209, 241, 258, 264, 267, 277, 280
Loi/justice : 92, 209, 228

M

Maîtrise de soi : 77, 192
Mal : 23, 120, 234
Mariage : 82, 89, 172, 222, 273, 277
Marie : 20, 55, 113, 245
Messe : 127, 181
Miracles : 113, 142
Mort : 33, 36, 146, 149, 152
Mystère : 13, 17, 36, 117, 127

O

Offrir sa vie : 77, 117, 149, 165, 175, 212

P

Paix : 17, 82, 98, 130, 168, 178, 212, 248, 253, 295, 301
Pardon : 52, 55, 89, 98, 168, 200, 206, 209, 212, 228
Partage : 192, 235, 238
Patience de Dieu : 67, 168
Patience : 67, 267
Péché : 23, 117, 120, 168, 206, 241
Persévérer : 58, 67, 123
Peur : 23, 30, 92, 136, 152, 165, 212
Présence de Dieu : 52, 142, 264
Prier : 58, 123, 139
Prière avec d'autres : 123, 181
Prière missionnaire : 165, 175
Prière : 26, 33, 48, 58, 113, 123, 146, 172, 175, 181, 185, 192, 245, 248, 270
Prudence : 86, 136
Pudeur : 61, 64

R

Réconciliation : 98, 168
Respect de la vie : 42, 222, 225, 228
Respect du corps : 61, 64, 222, 225, 255, 258, 280
Responsabilité : 10, 20, 52, 70, 133, 149, 162, 206, 225, 241, 264, 280, 289, 295
Résurrection : 36, 117, 146, 152, 185
Réussir : 73, 283
Révolte : 146, 149
Royaume de Dieu : 45, 152, 301

S

S'aimer soi-même : 61, 283
Sacrement des malades : 113, 178
Sacrement : 89, 127, 130, 168, 172, 178, 273
Saint : 26, 48, 55, 58, 185
Sainteté : 48, 192, 203
Saint-Sacrement : 127, 139
Salut : 98, 117, 142, 228, 245
Scandale du mal : 6, 120
Science et foi : 6, 292
Sexualité : 64, 222, 277
Simplicité : 232, 235
Souffrance : 113, 146, 149, 245

T

Témoigner : 17, 92, 106, 133, 149, 158, 165, 188
Travail : 73, 232, 286

U

Un seul Dieu : 13, 106

V

Vérité : 98, 101, 216
Victoire sur le mal : 23, 152
Vie éternelle : 6, 33, 36, 146
Violence : 92, 209, 212
Vocation : 175, 270
Volonté : 55, 77, 273

INDEX DES CITATIONS BIBLIQUES

Genèse

Genèse 1, 3 : 20
Genèse 1, 27-28 : 66
Genèse 1, 31 : 7
Genèse 28, 12 : 26

Exode

Exode 20, 1-17 (d'après) : 88

Lévitique

Lévitique 19, 1-2 : 50

Deutéronome

Deutéronome 5, 7-9 : 140

Samuel

1 Samuel 3, 2-10 : 270

Rois

1 Rois 3 : 200
1 Rois 19, 11-13 : 130

Tobie

Tobie 7, 13-14 : 173

Isaïe

Isaïe 43, 4-5 : 253

Psaumes

Psaume 8, 4-7 : 11
Psaume 36, 1-2 et 5-8 : 210
Psaume 138, 1-4, 13-14 et 23 : 53
Psaume 138, 13-15 : 226

Proverbes

Proverbes 3, 13 et 15 : 294
Proverbes 28, 10 : 220

Cantique des cantiques

Cantique des cantiques 2, 8-13 : 278
Cantique des cantiques 8, 6-7 : 224

Ecclésiaste

Ecclésiaste 3, 1 : 256

Sagesse

Sagesse 3, 1-3 : 148

Ecclésiastique

Ecclésiastique 15, 11-15 : 202
Ecclésiastique 25, 3-6 : 300

Matthieu

Matthieu 3, 16-17 : 15
Matthieu 4, 18-22 : 271
Matthieu 5, 1-10 : 303
Matthieu 5, 14-15 : 167
Matthieu 6, 6 : 124
Matthieu 6, 16-18 : 193
Matthieu 6, 19-21 : 285
Matthieu 7, 7-11 : 59
Matthieu 7, 21 : 57
Matthieu 11, 28-29 : 150
Matthieu 13, 31-32 : 75
Matthieu 16, 15-17 : 108
Matthieu 18, 10 : 96
Matthieu 18, 15-17 : 103
Matthieu 18, 19 : 248
Matthieu 18, 21-23 : 100
Matthieu 19, 3-6 : 91
Matthieu 21, 28-31 : 269
Matthieu 23, 8-10 : 137
Matthieu 24, 11-13 : 266
Matthieu 25, 34-40 : 205
Matthieu 25, 36 : 229
Matthieu 26, 39 : 57
Matthieu 28, 19 : 14
Matthieu 28, 20 : 52, 131

Marc

Marc 1, 23-27 : 32
Marc 6, 13 : 180
Marc 14, 66-72 : 94

Luc

Luc 1, 1-4 : 135
Luc 1, 26-38 : 21
Luc 1, 31 et 34-35 : 22
Luc 1, 38 : 55
Luc 1, 46-49 : 55
Luc 2, 1-7 : 190
Luc 3, 14 : 297
Luc 11, 1 : 123

Luc 14, 15 (d'après) : 182
Luc 15, 20-24 : 170
Luc 16, 10 : 71
Luc 16, 13 : 233
Luc 17, 14-19 : 142
Luc 18, 35-43 : 143
Luc 20, 21-25 : 290
Luc 22, 42 : 146
Luc 23, 32 et 39-43 : 118

Jean

Jean 2, 1-12 : 113
Jean 3, 1-5 : 45
Jean 3, 20-21 : 218
Jean 6, 1-13 : 127
Jean 8, 44 : 23
Jean 10, 30 : 14
Jean 13, 34-35 : 83
Jean 14, 2-4 : 35
Jean 14, 16-17 : 19
Jean 14, 26 : 14
Jean 19, 25-27 : 115
Jean 20, 21-22 : 249

Actes des Apôtres

Actes des Apôtres 17, 26-28 : 43

Romains

Romains 8, 14-15 : 46
Romains 8, 20-21 : 121
Romains 12, 15 : 196

Corinthiens

1 Corinthiens 6, 19-20 : 62
1 Corinthiens 11, 23-25 : 128
1 Corinthiens 12, 4-5 : 176
1 Corinthiens 12, 12, 26-27 : 159
1 Corinthiens 13, 1 et 3 : 239
1 Corinthiens 13, 4-8 : 274
2 Corinthiens 1, 3-4 : 246
2 Corinthiens 9, 7-8 : 237

Galates

Galates 5, 22-25 : 282

Éphésiens

Éphésiens 5, 8-11 : 260

Philippiens

Philippiens 3, 12-14 : 79

Colossiens

Colossiens 3, 12-14 : 68
Colossiens 3, 20-21 : 88

Thessaloniciens

2 Thessaloniciens 3, 10-12 : 287

Timothée

1 Timothée 4, 12 et 14 : 163
2 Timothée 1, 12 : 111

Hébreux

Hébreux 1, 14 : 27

Jacques

Jacques 3, 2 et 8-10 : 242
Jacques 5, 14-15 : 180

Pierre

1 Pierre 2, 20-23 : 214
2 Pierre 3, 8 : 152

Jean

1 Jean 1, 8-9 : 207
1 Jean 3, 2-3 : 187

Apocalypse

Apocalypse 12, 9-12 : 24
Apocalypse 21, 1-4 : 154
Apocalypse 21, 3-4 : 38
Apocalypse 21, 4 : 247

TABLE DES MATIÈRES

Le monde VISIBLE ET invisible

Est-ce vrai que Dieu a créé le monde ? 6

Les écologistes parlent du réchauffement de la planète, de la pollution, des forêts que l'on décime... Pourquoi faut-il prendre soin de la planète ? 10

Nous croyons en un seul Dieu en trois personnes. Pourquoi ne pas plutôt croire en trois dieux ? Ce serait moins compliqué à comprendre ! 13

Il faudrait se mettre d'accord ! L'Esprit Saint est-il une colombe, une langue de feu ou un souffle ? 17

Dans le Credo, on dit que Dieu est tout-puissant. Ça me fait peur. Est-ce qu'il télécommande tout de là où il est ? 20

J'aime avoir la chair de poule. Pourtant les trucs diaboliques me font peur. Est-ce que le diable existe vraiment ? N'est-ce pas une invention ? 23

Ma grand-mère m'a dit que j'avais un ange gardien et que je pouvais le prier. Les anges ne sont-ils pas le fruit de notre imagination ? S'ils existent, où sont-ils et à quoi servent-ils ? 26

Des copains m'ont dit qu'ils se réunissaient pour faire tourner des tables. Est-ce que ça marche vraiment ? 30

Mon parrain est mort très jeune. Je l'aimais beaucoup. Est-ce que je le retrouverai au ciel ? Est-ce que je peux encore me confier à lui ? 33

J'aimerais tant savoir ce qu'il y a après la mort... Parfois, j'ai peur de m'embêter au paradis. Ça va être long, l'éternité ! 36

Qui SUIS-je ?

Dieu nous a créés à son image… Pourquoi alors sommes-nous tous différents ? 42

Mon petit cousin a été baptisé à trois ans. Le prêtre a dit qu'il était maintenant « enfant de Dieu ». Cela veut-il dire qu'il ne l'était pas avant ? 45

Je porte le prénom d'un « grand » saint. Pourtant, il n'a pas toujours été exemplaire. Tout le monde peut donc devenir saint ? Même moi ? 48

Dieu voit-il tout ce que je fais ? 52

Dans le Notre Père, on dit : « Que ta volonté soit faite. » Mais si Dieu me demande quelque chose d'impossible ou quelque chose que je n'ai pas envie de faire… 55

Avec tout ce qui se passe de grave dans le monde, Dieu a bien trop de choses à faire. Pourquoi écouterait-il ma prière et mes demandes ? 58

J'ai les cheveux gras et des boutons sur la figure. Je suis moche ! Je déteste mon corps ! 61

Je n'aime pas trop les filles… Est-ce que cela veut dire que je suis homosexuel ? 64

Encore deux semaines avant les vacances. Je n'en peux plus ! Je n'aurai jamais la patience d'attendre jusque-là ! 67

Mes parents n'arrêtent pas de me dire : « Sois responsable ! » De quoi suis-je responsable ? 70

Je suis doué pour le piano mais je n'aime pas les cours. Tout le monde me dit que je gâche mon talent. Est-ce grave ? 73

À la montagne, mes cousins font beaucoup de randonnées. Moi, je trouve que c'est idiot de marcher toute la journée en portant un gros sac ! Vive la chaise longue ! 77

Ma FAMILLE, mes amis !

À la maison, tout le monde veut sans arrêt faire des activités en famille. J'en ai marre ! 82

Mes parents me disent souvent « non ». Je voudrais bien qu'ils me laissent un peu plus libre ! 86

Mes parents sont divorcés. Pourtant, ils avaient promis devant Dieu de s'aimer toujours. Est-ce que Dieu leur pardonne ? 89

J'ai un copain qui s'est fait insulter mais je n'ai pas osé intervenir. 92

Un ami a un frère handicapé. Il veut m'inviter chez lui, mais j'ai un peu peur. Je ne sais pas si j'oserai parler à son frère. 95

J'avais confié un grand secret à une amie et elle l'a répété à toute la classe. Elle m'a trahie. Je ne lui pardonnerai jamais. 98

Ma meilleure amie s'est mal comportée. Est-ce que je peux lui dire ce que j'en pense ? 101

OUI ! je crois

Certains copains pensent que Dieu est une invention des hommes... Moi, je sais que Dieu existe parce que j'ai la foi. Comment leur expliquer ce que c'est « avoir la foi » ? 106

Au collège, des élèves musulmans ne vont pas à la cantine pendant le ramadan. Moi chrétien, cela m'impressionne. Comment savoir si j'ai la bonne religion ? 110

Je suis allée à Lourdes. C'est un lieu de prière extraordinaire. Est-ce que c'est vraiment Marie qui fait des miracles ? 113

Certaines de mes amies portent des bijoux en forme de croix. Pourtant, elles ne sont pas chrétiennes. Comment leur expliquer ce que représente la croix pour moi ? 117

Aux informations, on annonce tous les jours une nouvelle catastrophe. Mais que fait Dieu pendant ce temps ? 120

Je n'arrive pas à prier. Parfois je manque de temps. D'autres fois, je suis distraite ou je ne sais pas quoi dire... En fait, je ne sais pas comment prier. 123

Un ami non croyant m'a demandé quel goût avait l'hostie. Comment lui expliquer que c'est à la fois du pain et le corps du Christ ? 127

J'ai été confirmé et je n'ai rien ressenti. Je suis déçu. Je pensais que ça me ferait vraiment quelque chose de fort. 130

Je n'ai jamais vraiment parlé de ma vie chrétienne avec mon parrain et ma marraine de baptême. Puis-je choisir un nouveau parrain de confirmation ? 133

Au collège, on nous met en garde contre certains tracts pour des cours particuliers. Il paraît qu'il s'agit d'une secte. Pourquoi est-ce si dangereux ? 136

Je suis fan du dernier groupe de rock à la mode. Je dis tout le temps que « je l'adore ». Mes parents répondent qu'« on n'adore que Dieu ». 139

La mère d'un ami est sortie indemne d'un accident de voiture. Elle dit à tout le monde que c'est un miracle. Pourtant, elle n'est pas croyante. 142

Cet été, durant mon camp scout, un chef s'est tué dans un accident de voiture. Il avait 18 ans... Même si on a la foi, c'est très difficile à vivre. 146

Ma grand-mère est morte après avoir beaucoup souffert. Est-ce que la souffrance sert à quelque chose ? 149

La fin des temps et l'Apocalypse, ça fait froid dans le dos. Et si ça arrivait demain ? 152

L'ÉGLISE et moi...

Je suis chrétien. Mais je n'ai pas besoin de l'Église pour vivre ma foi. 158

On nous dit que les JMJ ce n'est pas pour notre âge. Mais à 13 ans, je ne suis plus une enfant. Alors, pour l'Église, c'est quoi la jeunesse ? 162

Au collège, des élèves se sont moqués d'une fille qui portait une médaille. Je n'ai pas osé dire que, moi aussi, j'étais catholique. 164

Est-ce que je dois forcément aller voir un prêtre pour que Dieu me pardonne ? 168

J'ai des copains dont les parents ne sont pas mariés. Pourtant, ils vivent ensemble depuis des années et ils s'aiment. Qu'est-ce que le mariage apporte en plus ? 172

Un de mes cousins entre au couvent. À quoi ça sert de rester enfermé toute la journée pour prier ? Il y a tant de gens malheureux à secourir et à aimer ! 175

À la messe, le prêtre a proposé le sacrement des malades à ceux qui le souhaitaient. Une fille de mon âge s'est avancée. Est-ce qu'elle va mourir ? 178

Je m'ennuie pendant la messe. C'est toujours la même chose. 181

Tous mes copains vont participer à Halloween. Est-ce que je peux fêter Halloween et la Toussaint ? 185

Certains de mes amis ne sont pas chrétiens. Pourtant, ils ont reçu des cadeaux à Noël. Est-ce aussi une fête pour les musulmans et les juifs ? 188

Le vendredi pendant le Carême, ma grand-mère nous prépare toujours du poisson. Je ne vois vraiment pas à quoi ça sert ! 192

Faut-il toujours avoir l'air sérieux quand on parle de religion ? 195

BIEN *dans ma* TÊTE !

Comment savoir ce qui est bien et ce qui est mal ? 200

J'aide un élève à faire ses devoirs. Mes copains disent qu'il pourrait se débrouiller seul. Comment être gentil sans passer pour une « bonne poire » ? 203

Est-ce vrai qu'il existe des « péchés mortels » ? Mènent-ils directement en enfer ? Comment savoir si on a commis un de ces péchés ? 206

Pour avoir détérioré du matériel de classe, un élève a été renvoyé deux jours et un autre n'a eu que des heures de retenue. C'est injuste ! La loi devrait être la même pour tout le monde ! 209

Jésus dit qu'il faut tendre l'autre joue… Mais quand on se fait agresser à la sortie du collège, est-ce qu'il faut se laisser faire ? 212

Un ami vient d'apprendre que son père était gravement malade. Ses parents ne veulent rien dire à sa petite sœur. Mais lui a l'impression que se taire, c'est mal agir. 216

À la fin d'un baby-sitting, j'ai signalé aux parents qu'ils m'avaient donné cinq euros de trop. Ils les ont repris. Si j'avais su, je n'aurais rien dit ! 219

J'ai dit à des amies que je ne voulais pas avoir de relations sexuelles avant mon mariage, certaines se sont moquées de moi. 222

Une élève du lycée a dû quitter les cours parce qu'elle allait bientôt avoir un bébé. Elle a voulu le garder alors que tout le monde lui disait d'avorter. 225

Aux États-Unis, on applique encore, dans certains États, la peine de mort. A-t-on le droit de tuer quelqu'un qui a commis un meurtre ? 228

Jésus était pauvre. Est-ce mal d'avoir de l'argent ? 232

Sur le chemin du collège, je croise deux hommes qui mendient. Est-ce que je suis obligé de leur donner de l'argent ? 235

Les informations nous montrent chaque jour des victimes de catastrophes dans le monde. Je voudrais m'engager pour les aider... 238

Hier soir, ma meilleure amie est venue dormir à la maison. On a critiqué les gens de notre classe pendant des heures... 241

Dans notre monde où il y a tant d'horreurs et de souffrances, comment peut-on parler de joie ? Peut-on vraiment être joyeux ? 245

L'Église nous demande toujours de prier pour la paix mais ça ne sert à rien. Il y a toujours des guerres ! 248

Que faire lorsqu'un ami nous parle de suicide ? 252

J'ai des tonnes d'activités : rugby, piano, aumônerie, scoutisme, chant... Cette année, mes parents m'ont dit de n'en garder que trois. Que choisir ? 255

Des jeunes vendent de la drogue à la sortie du collège. Presque tout le monde a essayé et personne n'en est mort ! Est-ce vraiment si dangereux ? 258

Plus TARD, je serai...

Dieu sait-il déjà si je vais me marier, avoir des enfants, exercer un métier intéressant, etc. ? 264

Quand je serai majeur, est-ce que je pourrai faire tout ce que je veux ? 267

Et si Dieu m'appelle à devenir prêtre ? 270

Comment peut-on encore oser se marier quand on voit le nombre de divorces aujourd'hui ? 273

Comment savoir si on a rencontré le grand amour lorsqu'on n'a jamais eu de « petits copains » avant ? 277

Il paraît que le pape est contre les préservatifs. Il ne pense donc pas au sida ? 280

Comment font les autres ? Ils réussissent tout ce qu'ils font. Moi, au contraire, je suis nul en classe, j'ai peu d'amis... Je ne réussirai jamais dans la vie ! 283

Parfois, j'en ai marre des cours.
Je voudrais déjà être à la retraite !
Pourquoi faut-il toujours travailler ? 286

À la messe, le prêtre a rappelé
à tout le monde qu'il fallait aller voter.
Pourquoi ? À quoi ça sert de se déplacer
si aucun homme politique
ne nous plaît ? 289

Je voudrais faire de la recherche sur
les origines de l'homme. Comment
concilier ce travail avec ce que dit
la Bible sur Adam et Ève ? 292

Mon beau-frère est militaire. En mission,
il a été amené à tuer. Comment peut-on
être chrétien et militaire ? 295

Je suis allé rendre visite à une vieille dame.
C'est triste de voir des personnes âgées
qui ne peuvent plus se débrouiller seules.
J'ai peur de vieillir comme elles. 298

Au nouvel an, tout le monde échange
des vœux de bonheur. C'est facile à dire
mais pas à réaliser ! Comment trouver
le bonheur ? 301

Index des témoins....... 304

Index thématique....... 306

Index des citations bibliques....... 308

Crédits photographiques

Textes cités

Les illustrateurs

Lili la baleine

Pages : 4, 9, 10, 19, 29, 34, 50, 56, 68, 80, 90, 102, 104, 116, 124, 140, 147, 173, 236, 253, 268, 281, 302.

Julie Olivier

Couverture et pages : 28, 32, 40, 47, 49, 70, 71, 87, 99, 118, 137, 163, 187, 198, 201, 223, 239, 242, 246, 259, 287.

Florian Thouret

Pages : 7, 11, 21, 31, 37, 43, 44, 53, 55, 59, 74, 78, 83, 93, 96, 111, 121, 134, 156, 182, 196, 204, 210, 213, 229, 233, 256, 262, 265, 278, 284, 293, 296, 299.

Achevé d'imprimer en février 2014 par Estella print en Espagne.
N° d'édition : 14067 Dépôt légal : avril 2014.